düttge

Lehr- und Handbücher der Politikwissenschaft

Herausgegeben von
Dr. Arno Mohr

Bisher erschienene Werke:

Bellers, Politische Kultur und Außenpolitik im Vergleich
Bellers · Kipke, Einführung in die Politikwissenschaft, 3. Auflage
Gabriel · Holtmann, Handbuch
Politisches System der Bundesrepublik Deutschland, 2. Auflage
Glöckler-Fuchs, Institutionalisierung der europäischen Außenpolitik
Jäger · Welz, Regierungssystem der USA, 2. Auflage
Lehmkuhl, Theorien Internationaler Politik, 2. Auflage
Lietzmann · Bleek, Politikwissenschaft – Geschichte und Entwicklung
Mohr (Hrg. mit Claußen, Falter, Prätorius, Schiller, Schmidt, Waschkuhn, Winkler, Woyke),
Grundzüge der Politikwissenschaft, 2. Auflage
Naßmacher, Politikwissenschaft, 3. Auflage
Pilz · Ortwein, Das politische System Deutschlands, 2. Auflage
Schmid, Verbände
Schumann, Repräsentative Umfrage, 2. Auflage
Sommer, Institutionelle Verantwortung
Wagschal, Statistik für Politikwissenschaftler
Waschkuhn, Demokratietheorien
Waschkuhn, Kritischer Rationalismus
Waschkuhn · Thumfart, Politik in Ostdeutschland
Woyke, Europäische Union

Einführung in die Politikwissenschaft

Von
Professor
Dr. Jürgen Bellers
und
Professor
Dr. Rüdiger Kipke

3., völlig überarbeitete Auflage

R. Oldenbourg Verlag München Wien

Die Deutsche Bibliothek - CIP-Einheitsaufnahme

Bellers, Jürgen:
Einführung in die Politikwissenschaft / von Jürgen Bellers und
Rüdiger Kipke. – 3., völlig überarb. Aufl. – München ; Wien :
Oldenbourg, 1999
  (Lehr- und Handbücher der Politikwissenschaft)
  ISBN 3-486-25207-0

© 1999 R. Oldenbourg Verlag
Rosenheimer Straße 145, D-81671 München
Telefon: (089) 45051-0, Internet: http://www.oldenbourg.de

Das Werk einschließlich aller Abbildungen ist urheberrechtlich geschützt. Jede Verwertung außerhalb der Grenzen des Urheberrechtsgesetzes ist ohne Zustimmung des Verlages unzulässig und strafbar. Das gilt insbesondere für Vervielfältigungen, Übersetzungen, Mikroverfilmungen und die Einspeicherung und Bearbeitung in elektronischen Systemen.

Gedruckt auf säure- und chlorfreiem Papier
Gesamtherstellung: Druckhaus „Thomas Müntzer" GmbH, Bad Langensalza

ISBN 3-486-25207-0

Inhaltsverzeichnis

1	**Geschichte der Politikwissenschaft**	**5**
1.1	Eine Disziplin mit langer Tradition	5
1.2	Politikwissenschaft in der Bundesrepublik Deutschland .	10
	1.2.1 Der normativ-pädagogische Anfang	10
	1.2.2 Das Aufkommen der empirischen Sozialwissenschaften	13
	1.2.3 Marxismus und Kritische Theorie in den Siebzigern	17
	1.2.4 Gegenwärtige Entwicklungen	20
1.3	Politik und Politikwissenschaft	23
2	**Organisation der Universität und des Studiums**	**27**
2.1	Einleitung	27
2.2	Der organisatorische Aufbau von Universitäten	28
2.3	Organisation des Studiums	48
	2.3.1 Organisation des Grund- und Hauptstudiums	48
	2.3.2 Tätigkeitsfelder von Politologen	49
	2.3.3 Einige Regeln, wie ich mein Studium bewältigen kann	51
2.4	Der sozial- und politikwissenschaftliche Forschungsprozeß	54
	2.4.1 Einleitung	54
	2.4.2 Die Fragestellung	56
	2.4.3 Definitionen	59
	2.4.4 Hypothesen	65
	2.4.5 Die Untersuchung	67
	2.4.6 Der „Verwertungszusammenhang"	70

3 Methoden der Politikwissenschaft   73
  3.1 Definitionen 73
  3.2 Methoden im einzelnen 79
      3.2.1 Korrelative Methoden 79
      3.2.2 Das szientifisch-positivistische Verfahren 81
      3.2.3 Das Isomorphie-Verfahren 84
      3.2.4 Input-Output-Analyse 87
  3.3 Indikatorische Methoden 88
  3.4 Holistische Methoden 90
  3.5 Verstehende Methoden (Hermeneutik) 95
  3.6 Normative Methoden 103
  3.7 Erhebungstechniken 109
      3.7.1 Die Befragung 109
      3.7.2 Die Inhaltsanalyse 115
      3.7.3 Event- und Transaction-Analysis (EA) 117
      3.7.4 Die Spieltheorie 120
      3.7.5 Simulationen und Prognosen 122
      3.7.6 Darstellungsweisen 126
  3.8 Abschließende Bemerkungen 127

4 Teildisziplinen der Politikwissenschaft   131
  4.1 Politisches System der Bundesrepublik Deutschland . . 131
      4.1.1 Parlament und Regierung 134
      4.1.2 Der Bundesrat 138
      4.1.3 Die Verwaltung 140
      4.1.4 Der Bundesstaat 140
      4.1.5 Das Bundesverfassungsgericht 143
      4.1.6 Die Parteien 144
      4.1.7 Die Verbände 147
      4.1.8 Die politische Kultur 150
      4.1.9 Handlungsfelder der Politik 153
  4.2 Vergleichende Politikwissenschaft 155
  4.3 Außen- und internationale Politik 160
      4.3.1 Einleitung 160
      4.3.2 Theorien des Teilfaches „Internationale Politik/
            Beziehungen" 161
      4.3.3 Die Struktur des modernen Staatensystems . . . 182

4.4 Politische Philosophie und Geistesgeschichte 194
    4.4.1 Einleitung 194
    4.4.2 Grundtrends geistesgeschichtlicher Entwicklungen 197

5 Die Politikwissenschaft im System der Wissenschaften 217
    5.1 Einleitende Bemerkungen 217
    5.2 Grundprinzipien der Wissenschaftsgemeinschaft 219
    5.3 Politikwissenschaft und Soziologie 224
    5.4 Politikwissenschaft und Ökonomie 229
    5.5 Politikwissenschaft, Anthropologie und Psychologie . . . 235
    5.6 Politikwissenschaft und Pädagogik 238
    5.7 Politikwissenschaft und Publizistik 239
    5.8 Politikwissenschaft und Philosophie 242
    5.9 Politikwissenschaft und Geschichtswissenschaft 246
    5.10 Politikwissenschaft und Sprachwissenschaften 249
    5.11 Politik-, Verwaltungs-, und Rechtswissenschaft 252
    5.12 Politikwissenschaft und Geographie 254
    5.13 Politikwissenschaft und Verhaltensforschung 257
    5.14 Politikwissenschaften und Naturwissenschaften 259
    5.15 Politikwissenschaft und Strukturwissenschaften 260
    5.16 Politikwissenschaft und Theologie 262

6 Grundbegriffe der Politikwissenschaft   **267**

Kapitel 1

Geschichte der Politikwissenschaft

1.1 Eine Disziplin mit langer Tradition

Politik und damit auch die Wissenschaft von der Politik gibt es, seitdem es sich in der Geschichte der Menschheit als notwendig herausgestellt hat, daß Gesellschaften einer zentralisierten politischen Instanz zur allgemein verbindlichen, für alle Gesellschaftsmitglieder verpflichtenden Regelung ihrer gemeinsamen Angelegenheiten bedürfen. Entwicklungsgeschichtlich wurden die Gesellschaften immer komplexer und arbeitsteiliger: Es bildeten sich Städte heraus mit eigener handwerklicher und kleinindustrieller Produktion und mit Handelsbetrieben, was natürlich unabdingbar zur Voraussetzung hatte, daß die Landwirtschaft die Städte mit den erforderlichen Nahrungsmitteln belieferte. Denn die Städter waren kaum noch landwirtschaftlich tätig. Diese Lieferungen wurden wiederum mit den städtischen Produkten bezahlt. Damit dieses Ineinanderspielen funktionierte, mußte eine Stadt und Land umgreifende, gesamtgesellschaftliche, eben politische Institution eingerichtet werden, die Regularien erließ und verbindlich durchzusetzen in der Lage war, sodaß Gewähr und Sicherheit über die Einhaltung der Regeln bestand. Nur auf einer solchen Rechts- und Sicherheitsbasis konnte sich Arbeitsteilung entwickeln. Diese für alle Bürger verbindliche Regelungsleistung ist der Kern von Politik, dieses

1.1. EINE DISZIPLIN MIT LANGER TRADITION

Merkmal kann auch als allgemeine Definition von Politik genommen werden.

Politik in diesem Sinne war am frühesten in den alten Fluß- oder „hydraulischen" Gesellschaften (Wittfogel) Chinas, Indiens und Mesopotamiens vonnöten, Gesellschaften, die – um zu bestehen – gesamtgesellschaftlich die Zuführung des Wassers aus den Flüssen zur trockenen und regenarmen Umgebung regeln mußten. Nur durch ein Kanalsystem, das wiederum nur durch eine zentrale politische Instanz auch gegen Widerstreben einzelner Interessen durchgesetzt werden kann, ist dies zu realisieren. Aus dieser Zeit stammen auch die ersten Überlieferungen dessen, was man als politische Reflexion bezeichnen könnte. Man denke nur an die Schriften Konfuzius' (551-479 v.Chr.) oder an die Gesetzestafel von Hammurabi (1728-1686 v.Chr.).

Hier sind auch Anfänge von Herrschaftskritik zu verzeichnen, wenn Politik die ihr übertragene Regelungskompetenz in selbstsüchtigem Eigeninteresse der Herrschenden mißbraucht.

Für den abendländischen Kulturkreis erlebte die Reflexion über Politik ihren ersten, bis heute wirkenden Höhepunkt in den griechischen polis-Gemein-schaften (Stadtstaaten) des 4. und 3. Jahrhunderts v.Chr. Angesichts des Zerfalls des politischen Lebens dieser Zeit unternahmen es Platon und sein Schüler Aristoteles, systematisch (und das heißt wissenschaftlich) die Bedingungen herauszuarbeiten, unter denen ein politisches System langfristig stabil und gerecht ist, damit die Voraussetzungen für ein ethisch gutes Leben gesichert sind. Denn nur in einer intakten Gemeinschaft war für sie ein gutes Leben möglich. Eine insbesondere von Aristoteles zu diesem Zweck angewandte Methode war die des Vergleichs von politischen Systemen im Mittelmeerraum unter dem Aspekt, welche sozialen, ökonomischen, ethischen, geographischen usw. Bedingungen Stabilität und eine gerechte politische Struktur begünstigen und welche nicht. (siehe zum normativ-ontologischen Ansatz des Aristoteles S. 219). So war ein breiter und wohlhabender Mittelstand aus seiner Sicht Bedingung eines gut funktionierenden politischen Systems, denn er ist weder zu reich, um die Mißgunst der Armen zu erregen, noch zu arm, um eine revolutionäre Änderung der Verhältnisse anzustreben.

Aus diesen politisch-philosophischen Untersuchungen erwuchs al-

KAPITEL 1. GESCHICHTE DER POLITIKWISSENSCHAFT

lerdings keine gesonderte Einzelwissenschaft wie die Politikwissenschaft im heutigen Sinne, vielmehr waren Politik und die Lehre von der Politik – wie alle anderen Wissens- und Gegenstandsbereiche der Zeit auch – eingebunden in eine umfassende kosmologisch-theologische Weltvorstellung: In dieser Welt, wie sie aus griechischer Sicht letztlich von einem göttlichen Beweger durchwaltet ist, hat jedes Ding und jede soziale sowie politische Institution ein (vom Göttlichen) vorgegebenes Ziel (*telos*), das es zu erfüllen gilt. Und so wurde es auch als das inhärente, vorgegebene Ziel von Politik betrachtet, das allen Bürgern gemeinsame Gute, das Gemeinwohl, anzustreben und zu realisieren. Diese Erde und Weltall allmächtig durchziehende Zielstruktur, diese allgemeine Gerichtetheit der natürlichen und sozialen Dinge verhinderte das Entstehen spezialisierter Einzelwissenschaften wie in der Neuzeit, da letztlich alles in einer theologischen Weltvorstellung fundiert war.

Einen erneuten, wenn auch christlich überformten Höhepunkt erlebte die aristotelische politische Philosophie im katholischen Mittelalter insbesondere unter dem Einfluß des hl. Thomas von Aquin. Politik wurde als eine Bedingung christlicher Lebensführung verstanden. Sie galt es daher nach christlichen Grundsätzen – und das hieß für Thomas immer auch – nach vernunftgemäß – allgemein einsichtigen Grundsätzen auszugestalten. An den mittelalterlichen Universitäten war sie daher ein – allerdings eher nachrangiger – Bestandteil des Lehrgefüges, sowohl in der praktischen Philosophie als auch „im Anschluß an die Ethik ..., gelegentlich auch in Verbindung mit der Ökonomik...". (Maier 1985: 34)

In der Zeit der absolutistischen Staatenbildung des 17. und 18. Jahrhunderts gab es zwar einen gewissen Bedarf an Politikwissenschaft, denn der aufgeklärte Staat begann planend in den wirtschaftlichen und sozialen Prozeß einzugreifen. Straßen wurden gebaut, Landstriche bevölkert. Die derart zunehmend schwieriger und im Aufgabenbereich umfangreicher werdende Politik, die immer mehr in die Lebensverhältnisse der Untertanen eingriff, mußte hierfür Techniken und Instrumente, Regeln und Ziele entwickeln, und hier kam die Politikwissenschaft sehr zupaß. So wurden eine Reihe von policy-wissenschaftlichen und kameralistischen Lehrstühlen – so wurde die Politik- oder

1.1. EINE DISZIPLIN MIT LANGER TRADITION

Staatswissenschaft damals genannt – gegründet, die u.a. auch der Rechtfertigung dieses staatlichen Handelns dienten. (vgl. Maier 1980)

Dem kantisch-idealistischen Wissenschaftsverständnis fiel diese Art von Politikwissenschaft im 19. Jahrhundert aber zum Opfer, denn es galt zunehmend nur noch das als wissenschaftsfähig, was in ein mathematisches oder sonstwie deduktiv geordnetes, naturwissenschaftliches und möglichst quantitatives System eingeordnet werden konnte. Die alte Politikwissenschaft war aber eher eine Weisheitslehre, die Ratschläge, Faustregeln, Erfahrungen aus der Vergangenheit vermittelte. Das ist aber nur ungefähres Wissen (dadurch aber nicht weniger bedeutend), während die Naturwissenschaften absolut sicheres zu liefern vorgeben (was Politik und Politikwissenschaft – wie überhaupt Sozialwissenschaften – natürlich nicht können, da der Mensch immer auch anders entscheiden kann – je nach Situation unterschiedlich und nur begrenzt vorhersehbar, während ein Stein immer zu Boden fällt).

In reduzierter Form überwinterte die Politikwissenschaft in den juristischen und staatswissenschaftlichen Fakultäten, in denen es ja bis heute Lehrstühle für „öffentliches Recht und Politik" gibt. Geistesgeschichtlich dominant war im 19. Jahrhundert ein Machtstaatsdenken, das in machiavellistischer Tradition den Hauptzweck von Politik in der (militärischen) Stärke des Nationalstaates angesichts einer feindlichen internationalen Umwelt sah („Primat der Außenpolitik"). In der Staatenwelt herrsche ein „Kampf aller gegen alle", in dem der Nationalstaat sich zu behaupten habe, wenn er nicht untergehen will. Die ständige Kampfesbereitschaft führte zu einer allgemeinen inneren und äußeren Militarisierung der damaligen Gesellschaften. Dies kulminierte geistesgeschichtlich im Rechtspositivismus, der die staatlich gesetzten rechtlichen Normen von der als unwissenschaftlich betrachteten, ethischen Frage nach Recht und Gerechtigkeit trennte, obwohl nicht jedes Recht auch gerecht ist. Es wurde behauptet, die Rechtssprechung und die Rechtswissenschaft könnten und dürften nicht prüfen, ob die Gesetze, wie sie von der politischen Führung verabschiedet würden, auch allgemeinen Grundsätzen von Menschlichkeit und Gerechtigkeit entsprächen, das sei alleinig Sache der Politik. Der Rechtssprechung und der Rechtswissenschaft fehlten dazu die allgemein akzeptablen und akzeptierten Kriterien. Sie hätten auszugehen nur von den gegebenen,

KAPITEL 1. GESCHICHTE DER POLITIKWISSENSCHAFT

„positiven" Gesetzen.

Aber noch im wilhelminischen Kaiserreich wurde vereinzelt die Begrenztheit dieses Ansatzes offenbar. Man erkannte, daß zur Ausbildung der administrativen, aber auch parteipolitischen Träger von Politik, wie z.B. der Diplomaten oder höheren Verwaltungsbeamten, eigene universitäre Einrichtungen und eine eigene Disziplin vonnöten seien – ähnlich wie die „École libre des sciences politiques" in Frankreich oder wie die bis auf das Jahr 1880 zurückzuverfolgende politikwissenschaftliche Tradition in den USA. (vgl. Wilske 1990: 272) In einer komplexeren und arbeitsteiligeren Weltpolitik bedurfte es hochqualifizierter Politiker und Diplomaten. Dazu kam die Forderung nach einer „patriotischen" Bildungsarbeit in Schule und Öffentlichkeit als Teil des Kampfes gegen die als „Staatsfeind" betrachtete Sozialdemokratie.

Dieses pädagogisch-erzieherische Moment wurde mit um so größerer Notwendigkeit aufgegriffen, als es seit 1919 galt, die Weimarer Republik – eine Demokratie ohne Demokraten – in den Wertvorstellungen der Bevölkerung und der Politiker zu verankern. Weite Teile der Bevölkerung waren noch monarchistisch-antirepublikanisch eingestellt, dem entgegengewirkt werden sollte. Mit diesem Ziel gründete der Liberale Friedrich Naumann die Deutsche Hochschule für Politik in Berlin. Ursprünglich war das Studium an der Hochschule nur aufbauend und ergänzend zu bereits absolvierten akademischen Studien konzipiert, mit der Zeit entwickelte sich jedoch ein eigenständiger politikwissenschaftlicher Studiengang mit Diplomabschluß und eine eigenständige wissenschaftliche Forschung. Die Hochschule wurde 1933 von den Nationalsozialisten aufgelöst, nach dem Zweiten Weltkrieg aber wieder aufgebaut.

Die zwei hier u.a. dargestellten Strömungen politischen und politikwissenschaftlichen Denkens – die pädagogische und die aristotelisch-ontologische – sowie, nach 1945, als neue Elemente: die marxistisch beeinflußte Kritische Theorie so wie der amerikanisch inspirierte Positivismus sollten die Politikwissenschaft der Bundesrepublik Deutschland prägen. Die Auseinandersetzung zwischen diesen Positionen fand und findet z.T. in kritischer Diskussion und Distanz statt, z.T. in einem historischen Prozeß des dialektischen Aufeinanderfolgens, in dessen Verlauf die Diskussion einer Position von den Diskussionen anderer Positionen überlagert oder abgelöst wurde, ohne daß gesagt werden kann, eine der vier Richtungen habe die andere je gänzlich aus der Diskussion verdrängt. Es gab hier nur unterschiedliche Mischungsverhältnisse und zeitweilige Dominanzen bestimmter Positionen. Die deutsche Tradition des Machtstaatsdenkens fand nach 1945 keine Fortsetzung. (Auf diese wissenschaftlichen und wissenschaftstheoretischen Grundpositionen wird auch in den folgenden Kapiteln noch mehrmals eingegangen, insbesondere im Kapitel zu den Methoden der Politikwissenschaft und im Kapitel zur politikwissenschaftlichen Teildisziplin der Geistes- und Ideengeschichte.)

1.2 Politikwissenschaft in der Bundesrepublik Deutschland

1.2.1 Der normativ-pädagogische Anfang

Seit Beginn der 50er Jahre begann die Reetablierung von politikwissenschaftlichen Lehrstühlen und Instituten an den Universitäten der Bundesrepublik – und zwar aus einer ähnlichen Situation heraus wie 1918/1919. Es galt, den zweiten deutschen Versuch zur Errichtung einer Demokratie wissenschaftlich, bildungspolitisch und erzieherisch zu begleiten und zu unterstützen. Dies sowie die Einführung sozialkundlicher Fächer an den Schulen (für die die universitäre Politikwissenschaft u.a. die Lehrer ausbildete) sind im Kontext der Umerziehungs-Bemühungen insbesondere der amerikanischen Besatzungsmacht (Demokratisierung, Entnazifizierung) zu sehen: Die Deutschen sollten nach der Nazi-Zeit zu Demokraten erzogen werden.

Deutscherseits wurde die Einführung der Politikwissenschaft von einer Reihe von deutschen Emigranten aus den USA, die mit den Erfahrungen der alten amerikanischen Politikwissenschaft zurückgekehrt waren, sowie vor allem von sozialdemokratischen Bildungspolitikern gefordert und gefördert. (vgl. Blanke u.a. 1975: 54 f.) Dabei stieß man allerdings auf erhebliche Widerstände seitens traditioneller Wissenschaftsdisziplinen, die um ihre Pfründe fürchteten, z.T. daher die Exi-

KAPITEL 1. GESCHICHTE DER POLITIKWISSENSCHAFT

stenz eines eigenständigen Gegenstandsbereichs „Politik" bestritten, dieses besser bei den Juristen und Historikern untergebracht glaubten oder die Politikerziehung besser an den Pädagogischen Hochschulen aufgehoben fanden.

Trotz der anfänglichen Widerstände expandierte das Fach – vor allem wegen des Bedarfs an Sozialkundelehrern – vergleichsweise schnell: 1954 regte die Westdeutsche Rektorenkonferenz die Einrichtung politikwissenschaftlicher Lehrstühle an.

Für das Jahr 1960 sind bereits 24 Professuren zu verzeichnen (1965: 51; 1975: 133; 1985: 278). Mitte der 60er Jahre waren fast 1500 Studierende in Politikwissenschaft immatrikuliert (gegenwärtig über 20000 Hauptfach-Studierende). (nach Mohr 1986: 65 ff.) Die Konferenzen von Waldleiningen (1949) und Königstein (1950) legten erste inhaltliche Grundlinien des neuen Faches fest. 1959 wurde die oben erwähnte Hochschule für Politik als Otto-Suhr-Institut in die Freie Universität Berlin integriert.

Die Anfangsphase der Politikwissenschaft in den 50er und 60er Jahren war von wenigen Persönlichkeiten geprägt, die um sich Schulen bildeten, deren Schüler als Professoren die Disziplin der 60er und 70er Jahre wesentlich mitgestalteten. Genannt seien hier die Schulen um Bergsträsser in Freiburg, u.a. um Sternberger in Heidelberg, um Vögelin in München, um Hermens in Köln und um Abendroth in Marburg. (vgl. Schössler 1990: 40)

Sieht man von der marxistisch beeinflußten Schule um Abendroth ab, so gingen diese Schulen, die bis heute weiter wirken, von einem normativen und z.T. ontologischen Politikverständnis aus. Sowohl in methodischer als auch in inhaltlicher Hinsicht war die Politikwissenschaft dieser Zeit grundlegend normativ ausgerichtet. Man verstand sich als „Königs-" und „Integrationswissenschaft", die die eigenen Forschungen sowie das Wissen anderer Wissenschaften wertbezogen auf die Frage hin zu bündeln, zu integrieren habe, wie Demokratie und Freiheit möglich sind.

Die normative Zielsetzung zeigte und zeigt sich insbesondere in den ideengeschichtlichen Analysen zum Ursprung der Demokratie bei den Griechen sowie überhaupt in anthropolgischen Abhandlungen zum Ursprung von Herrschaft und zur geistesgeschichtlichen „Ortsbestimmung der Gegenwart". Darüber hinaus ist der normative Anspruch

1.2. POLITIKWISSENSCHAFT IN DER BUNDESREPUBLIK DEUTSCHLAND

– allerdings nicht so offen und so bewußt – in empirischen (=beobachtungsbezogenen) sowie historischen Arbeiten über den Kommunismus und den Faschismus/Nationalsozialismus präsent, die beide gleichermaßen als totalitäre, menschenverachtende Perversionen von Herrschaft begriffen und geistesgeschichtlich in eine Linie von Rousseau über Hegel bis Marx eingeordnet wurden.

Der angelsächsische Demokratietyp parlamentarisch-liberaler Art, insbesondere der Großbritanniens, wie er für die Bundesrepublik prägend wurde, erschien demgegenüber als die ausgewogene Mitte zwischen den Extremen rechter und linker Provenienz. Die Bedingungen der Stabilität dieser Regierungs- und Gesellschaftsform wurde insbesondere von Fränkel untersucht so wie Bracher die Ursachen des Scheiterns der Republik von Weimar historisch analysierte. Man sah den Erfolg einer parlamentarischen Demokratie insbesondere durch ein funktionierendes pluralistisches System bedingt, in dem sich alle wesentlichen gesellschaftlichen Interessen und Kräfte zu Parteien und Verbänden formieren. Diese kontrollieren sich wechselseitig und bilden – so die Vorstellung – ein Gleichgewicht, sodaß kein Interesse das alleinige Sagen hat. Aus diesen Auseinandersetzungen könne dann die jeweilige Regierung – quasi als Querschnitt der Interessen – das Gemeinwohl destillieren und realisieren. Das Gemeinwohl, d.h. die politischen Maßnahmen, die es zum Wohle aller oder zumindest der meisten zu verwirklichen gilt, wird also nicht von der Regierung autonom bestimmt, sondern ergibt sich als ein Kompromiß der Interessen, der von dieser Regierung gebildet wird. Man nennt das eine Gemeinwohlfindung „ex post".

In diesem Zusammenhang gewann die Parteien- und Verbändeforschung (z.B. Gräfin von Bethusy-Huc, Eschenburg) eine besondere demokratietheoretische Bedeutung, denn diese Akteure wurden als eine Basis der Demokratie betrachtet.

Dazu kamen didaktisch einführende Werke in die institutionelle Gesamtstruktur der jungen Bundesrepublik sowie einzelner ihrer Institutionen (Ellwein, später Sontheimer), die in der Tradition der Politischen Bildung standen (Hättich). Den Bürgern mußte die Funktionsweise des politischen Systems nahegebracht werden, sollten sie ihre Rechte und Pflichten wahrnehmen können. Dazu wurden auch eine Reihe von Zeitschriften gegründet, z.B. die „Sozialwissenschaftlichen

Informationen", die von G. Hufnagel herausgegeben werden. Ende der 50er Jahre und in den Sechzigern wurden die institutionellen Analysen zunehmend mit Einzeluntersuchungen zu konkreten Entscheidungsprozessen sowie zu den sozialen und ökonomischen Bedingungen von Politik unterfüttert. Wie kam es zum Gesetz gegen Wettbewerbsbeschränkungen, wer war maßgebend, inwieweit konnte die Wirtschaft die Entscheidungen beeinflussen?

Damit wurden Ansätze aufgegriffen, wie sie schon seit längerem durch die empirisch-soziologisch und ökonomisch orientierten Politologie eines Franz Neumann, eines Otto Suhr und eines Otto Stammer vertreten waren.

Damit kommen wir aber auch bereits zur zweiten, hier idealtypisch herausgearbeiteten Etappe der Nachkriegsgeschichte der Politikwissenschaft.

1.2.2 Das Aufkommen der empirischen Sozialwissenschaften

Politikwissenschaft als Sozialwissenschaft verstanden, wie sie in den USA dominiert, steht in der Cartesianischen und Kantischen Tradition. Alle Wissenschaften werden als Teile einer Einheitswissenschaft begriffen, in der nach dem Vorbild der exakten Naturwissenschaften geforscht werden soll. Nur das, was direkt oder indirekt beobachtet, wahrgenommen werden kann, soll einer wissenschaftlichen Behandlung zugänglich sein. Normen und Werte gelten daher als nicht wissenschaftsfähig und als wissenschaftlich nicht beweisbar, da sie nicht beobachtbar sind: „Du sollst ..." ist eine Forderung, die man nicht sehen, sondern höchstens in der Zukunft befolgen kann. (Die Normen, wie sie in einer Gesellschaft mehrheitlich vertreten werden, sind natürlich durch Befragung u. dgl. feststellbar, sie stellen allerdings keine konkrete Forderung an das Individuum dar, sie werden nur festgestellt.)

Wissenschaftsfähig sei nur das, was (a) ein Korrelat, einen Bezug zur empirisch, beobachtungsgemäß feststellbaren Realität hat und was (b) – wie in den Naturwissenschaften – mit einer gewissen Regelmäßigkeit vorkommt, sodaß es in Gesetzen oder zumindest Gesetzmäßigkeiten und wahrscheinlichen Trends (Generalisierungen) formuliert werden kann: „Immer, wenn die wirtschaftlichen Erwartungen von Mittel-

1.2. POLITIKWISSENSCHAFT IN DER BUNDESREPUBLIK DEUTSCHLAND

schichten enttäuscht werden, kommt es mit hoher Wahrscheinlichkeit zu politischen Umbrüchen". Diese Gesetzmäßigkeit entspricht dem naturwissenschaftlichen Gesetz: „Immer, wenn ich den Stein loslasse, fällt er aufgrund der Erdanziehungskraft zu Boden."

Dieses Wissenschaftsverständnis läuft der aristotelisch ausgerichtete Politikwissenschaft diametral zuwider: diese hält Gesetzmäßigkeiten in Geschichte und Politik nur für begrenzt möglich, da Politik und Geschichte kontingent seien, d.h. nicht Gesetzen unterworfen werden könnten. Es ist einmal so – und ein andermal anders. Menschliches handeln sei frei und damit nicht berechenbar. Zudem werden Normen auch im Rahmen von Wissenschaft als begründbar betrachtet – auf der Basis der – wie ausgeführt – teleologisch-ontologischen Struktur des Seins.

Das Programm der empirischen Sozialwissenschaften ist das Wissenschaftsprogramm des Positivismus oder des Kritischen Rationalismus, wie es mit großem Einfluß in der Politik und Politikwissenschaft der Bundesrepublik von Popper und Albert begründet wurde. Die Betonung dessen, was „Sache ist", hatte und hat aber auch einen durchaus kritischen Impetus, indem z.B. normative Behauptungen auf ihren Realitätsgehalt überprüft und ggf. als Ideologie und Schein entlarvt werden. Erweist sich die aristotelische These von der Mittelstandsgesellschaft als statistisch wirklich richtig? – mit all den normativen und politischen Folgen einer solchen Feststellung: Ganze mittelstandsorientierte politische und wirtschaftliche Programme können durch positivistisch gewonnene Ergebnisse in Frage gestellt werden.

Das Streben nach Generalisierung ist allerdings im positivistischen „Lager" unterschiedlich ausgeprägt. Am geringsten ist es z.B. bei den zahlreichen vergleichend angelegten Regionalstudien (*area studies*) und Analysen von Regierungssystemen zu verzeichnen. Hier erhofft man sich erst längerfristig über die Analyse der Unterschiede und Gleichförmigkeiten der untersuchten Gegenstandsbereiche vorsichtig generalisierende Aussagen über die Bedingungen des Entstehens, Bestandes und Untergehens bestimmter politischer Systeme (z.B. Kevenhörster). (siehe auch Kapitel „Organisation der Universität und des Studiums"

KAPITEL 1. GESCHICHTE DER POLITIKWISSENSCHAFT

und Kapitel „Methoden der Politikwissenschaft").

Am stärksten positivistisch orientiert ist die quantitativ-statistisch verfahrende Politikwissenschaft, die eng an die Soziologie angelehnt ist (Deutsch, Frei, Eberwein, Wittkämper, Weede, Pappi, Kaltefleiter, Scheuch, Herz u.a.). Sie versucht, politische Ereignisse und Prozesse nach Möglichkeit in Zahlen zu fassen. Indikatoren können z.B. sein: Zahl der Regierungswechsel pro Jahr, Höhe der deutschen Entwicklungshilfe an ein Entwicklungsland; Maß der politischen Unterstützung für eine Regierung seitens der eigenen Bevölkerung (u.a. meßbar durch systematische Befragung dieser Bevölkerung), usw. Solcherart Datenreihen, die meist nur noch mit einem Computer zu bewältigen sind, können dann in einem weiteren Schritt durch spezifische mathematische Verfahren (Korrelationsanalysen) so mit einander in Beziehung gesetzt werden, daß präzise Aussagen über die Stärke des Zusammenhanges zwischen den Indikatoren möglich werden, beispielsweise dahingehend, daß zwischen der Vergabe verstärkter Entwicklungshilfe an ein Land und dessen politischer Stabilität ein Zusammenhang besteht. Das genannte mathematische Verfahren kann hier nur einen Zusammenhang, kein Ursache-Wirkungsverhältnis aufzeigen, das muß eigens betont werden.

Ein solches Ergebnis ist daher nur dann sinnvoll kausal (ursächlich) interpretierbar, wenn es in einen größeren theoretischen Zusammenhang eingeordnet werden kann, z.B. über das außenpolitische Verhalten von Staaten, das – so sei hier als Hypothese vermutet – darauf zielt, möglichst stabile und vorhersehbare und friedliche Bedingungen in der internationalen Umwelt zu schaffen, da nur so längerfristig internationaler Handel betrieben werden könne. Denn Kaufleute vertreiben nur dann international ihre Produkte, wenn sie einigermaßen sicher sein können, daß dieser Vertrieb nicht durch internationale Konflikte oder Kriege zerstört wird. Der erwähnte empirische Zusammenhang ist eine mögliche Bestätigung dieser theoretischen Vermutung: Entwicklungshilfe gibt man nur dorthin, wo Stabilität herrscht und Sicherheit für die Entwicklungsprojekte besteht.

Politisch am einflußreichsten war und ist diese statistisch orientierte Politik- und Sozialwissenschaft in der Wahlforschung (Wildenmann, Klingemann, Kaase, u.a.), in der eben sehr gut z.B. die Einkommens-

1.2. POLITIKWISSENSCHAFT IN DER BUNDESREPUBLIK DEUTSCHLAND

lage einer Person mit deren Wahlverhalten in Bezug gesetzt werden kann: Bei politischen Wahlen ist nahezu alles quantifizierbar.

Zahlreichen Sozialwissenschaftlern dienen Systemtheorien verschiedenster Provenienz (Parsons, Easton, Etzioni usw.) – wie sie Ende der 60er Jahren von Narr und Naschold in der Bundesrepublik heimisch gemacht wurden – als der theoretische Bezugsrahmen, in den sie ihre empirisch-statistischen Ergebnisse einzuordnen und damit kausal zu erklären versuchen (siehe auch S. 107). Diese Theorien konzeptualisieren, begreifen nationalstaatlich organisierte Gesellschaften – und der Nationalstaat ist die dominante Vergemeinschaftsform unserer Zeit – heuristisch (versuchsweise) als eine hypothetische (angenommene) Gesamtheit, die in verschiedene untereinander zusammenhängende Sub-/Teilsysteme, Teileinheiten untergliedert ist: in Wirtschaft, Kultur, Erziehung und Politik.

Diese Subsysteme erfüllen spezifische Funktionen untereinander und für den Erhalt des Gesamtsystems. Die Kultur z.B. vermittelt, tradiert grundlegende Wertvorstellungen einer Gesellschaft von einer Generation zur nächsten. Das politische Subsystem im besonderen hat die gesamtgesellschaftliche Aufgabe der autoritativen Wertallokation, d.h. der verbindlichen Zuweisung, bzw. Nicht-Zuweisung materieller und immaterieller Werte (steuerliche Vorteile, Subventionen, Zugang zu Bildungsabschlüssen usw.) zu bestimmten sozialen Gruppen, Regionen und Institutionen. Das politische Subsystem muß – um seine Funktionen adäquat erfüllen zu können und die Stabilität des Gesamtsystems zu sichern – die Bedürfnisse und Interessenartikulationen („Inputs") der anderen Subsysteme aufnehmen, verarbeiten und zu Entscheidungen („Outputs") verdichten, die die Bedürfnisse zumindest z.T. befriedigen. (Inputs und Outputs sind prinzipiell quantifizierbar. Man kann zählen, wie viele Entscheidungen = Gesetze in einem Jahr gefällt werden, und man kann auch zählen, wie viele Eingaben u. dgl. von Verbänden an die Politik gerichtet werden.) Wenn die Politik diese Aufgabe zufriedenstellend erfüllt, so erhält sie – so die Konzeption – quasi als „Gegenleistung" die Zustimmung und Unterstützung seitens der anderen Subsysteme, seitens der Bevölkerung, seitens der Wirtschaft. Ohne solche Unterstützung sind demokratische Systeme und Regierungen heutzutage nicht mehr überlebensfähig.

1.2.3 Marxismus und Kritische Theorie in den Siebzigern

Ende der 60er und in den 70er Jahren wurde die Systemtheorie und der Positivismus insgesamt insbesondere von marxistischen Wissenschaftlern sowie von der marxistisch inspirierten Studentenrevolte angegriffen. Denn der Systemtheorie und der positivistischen Methode liege – so die Argumentation – immanent, unabwendbar ein Streben zugrunde, die jeweilige Gesellschaftsform zu stabilisieren, weil sich die Theorien am bestehend Gegebenen orientierten: Man gehe vom existierenden System aus oder überhaupt vom Gegebenen=Positiviertem. Und das war aus marxistischer Sicht die kapitalistische Gesellschaftsform der Bundesrepublik, die es gerade in ihren Folgen einer Ausbeutung und Verelendung des nationalen und internationalen Proletariats (in der Dritten Welt) mit geschichtsphilosophischer Blickrichtung auf die sozialistische Gesellschaft hin zu überwinden galt. Auch die hoch industrialisierten Wohlstandsgesellschaften des kapitalistischen Nordens waren aus dieser Sicht Gesellschaftsformationen, die die eigene Arbeiterschaft, aber auch und vor allem die Armen der Dritten und Vierten Welt ausbeuten, d.h. des ihnen ökonomisch Zustehenden berauben würden.

Allerdings bestand eine Haßliebe zwischen Systemtheorie und Marxismus, denn andererseits waren beide durchaus miteinander kommunikationsfähig, da ihnen gleichermaßen ein – wenn auch wissenschaftstheoretisch jeweils anders begründetes – Konzept von Gesamtgesellschaft als Ganzheit eigen ist. Nur auf dieser Basis war die Luhmann-Habermas-Kontroverse überhaupt möglich. Beide verstehen Gesellschaft als einen Gesamtzusammenhang und beschränken sich nicht nur analytisch auf die Untersuchung von Teilaspekten dieser Gesellschaft, wie es die „Positivisten" bevorzugen, mit dem Argument, nur die Teile, nicht das irgendwie nebulöse Ganze seien beobachtbar.

Marxistische Forschung und Lehre gewann in den Politik- und Sozialwissenschaften allerdings nicht die beinahe allgegenwärtig erscheinende Repräsentanz, wie es von manch' interessierter Seite in der Öffentlichkeit dargestellt wurde und wird. An einigen Universitäten war und ist sie sicherlich verstärkt vertreten (und zwar gerade nicht an

1.2. POLITIKWISSENSCHAFT IN DER BUNDESREPUBLIK DEUTSCHLAND

denen, wo sie dem allgemeinen Vorurteil nach dominant sein müßten); insgesamt stellt sie jedoch eine Minderheitenposition dar, die als Bestandteil eines pluralistisch-liberal organisierten Wissenschaftssystems, das sich zum Grundsatz das Prinzip der Toleranz auferlegt hat, und als befruchtendes Element der wissenschaftlichen Diskussion überhaupt zu respektieren und freudig zu begrüßen ist. Nichts ist schlimmer für Wissenschaft als das ständige Einerlei eines allgegenwärtigen Konsenses.

Glücklicherweise war die innermarxistische Diskussion selbst sehr kontrovers und nur in Randbereichen vom orthodoxen Marxismus der DDR („Theorie des staatsmonopolistischen Kapitalismus" Stamokap-Theorie) bestimmt. Aber auch diese Theorie ging – Marx-kritisch und quasi revisionistisch, d.h. marxsche Aussagen ändernd – von einer relativen und zeitweiligen Stabilisierung des kapitalistischen Gesellschaftssystems aus, die durch eine enge Kooperation von Staat und wirtschaftlichen Monopolen bewirkt werde. Das widersprach den Krisen- und Zusammenbruchsprognosen von Urvater Marx!

Bedeutender als diese DDR-Theorie war (und ist) eine Kritische Theorie (Adorno/Horkheimer) in allen ihren Variationen. Sie geht – darin eigentümlicherweise in Übereinstimmung mit der Stamokap-Theorie – von der so von Marx nicht prophezeiten relativen Stabilität des kapitalistischen Systems aus (es kam nicht zur proletarischen Revolution) und erklärt dies u.a. durch das verstärkte Eingreifen des Staates in den Wirtschaftsprozeß (Stichwort: Staatsinterventionismus), wodurch z.B. Konjunkturkrisen in ihrer Schärfe (Massenarbeitslosigkeit) abgemildert werden und ein relativ stetiges wirtschaftliches Wachstum sowie ausreichende Einkommenssteigerungen auch für die Arbeiterschaft gesichert werden können. Diese Selbststabilisierungsfähigkeit des Kapitalismus, wie sie auch in dem Stichwort: „Keynesianismus" zum Ausdruck kommt – war für Adorno und Horkheimer Anlaß, pessimistisch quasi das Ende des Geschichtsprozesses in einer durchaus saturierten, durch die „Bewußtseinsindustrie" (Medien) manipulierten und alles in allem verwalteten und unfreiheitlichen Welt vorauszu„schauen" („Kapitalismus" und vormaligen „Kommunismus" gleichermaßen umfassend). Es gebe keine Zukunft mehr, keinen Fortschritt hin zu mehr Freiheit, da alles gleichermaßen in dem Einerlei einer irgendwie kapitalistisch stabilisierten Gesellschaft ende, die in den

KAPITEL 1. GESCHICHTE DER POLITIKWISSENSCHAFT

Köpfen der Bevölkerung als ewige, nicht änderbare Institution durch die Medien von Radio und insbesondere von Fernsehen verankert werde. Auch das ehemals revolutionäre Proletariat sei in die Gesellschaft integriert und saturiert, ökonomisch befriedigt.

Jüngere Vertreter des Marxismus und dessen modernerer Version, der Kritischen Theorie, halten demgegenüber eine Reform oder Überwindung der kapitalistischen Gesellschaftsformation mit all ihren Ungerechtigkeiten für möglich. Noch die Studentenrevolte 1967/68 hatte – auf der Basis der Schriften von H. Marcuse – dieses Annahme zur Grundlage und hielt u.a. akademische Gruppen, „Outsiders" im allgemeinen, für das revolutionäre Subjekt, das die Revolution vollbringen könne. Habermas geht hier realistischer vor. Er differenziert – im Gegensatz zu Marx, aber in Anlehnung an gewisse systemtheoretische Ansätze – zwischen der Produktionssphäre einer Gesellschaft, die gänzlich der kapitalistischen Rationalität, dem Gewinnprinzip, unterworfen werden könne, auf der einen Seite, und der Sozialsphäre auf der anderen Seite, wo dies nur begrenzt gelingen könne, da das menschliche Bewußtsein und Handeln wegen seiner Gebundenheit an nicht hintergehbaren, unaufhebbare (apriorische) Normen nur begrenzt „kolonisierbar" sei, nur begrenzt der kapitalistischen Ziel-Mittel-Rationalität, dem Profitprinzip unterworfen werden könne: Wir wollen halt nicht nur wirtschaftlich genug haben, sondern auch persönliche Ziele, geheime Wünsche, Sinn verwirklicht sehen. Die Reibungen zwischen diesen unterschiedlichen Sphären könne – so Habermas – zu Konflikten führen, die zumindest einen emanzipatorischen, gesellschaftsüberwindenden, freiheitsorientierten Kontrapunkt zur kapitalistischen Profit-Logik zu setzen und vielleicht sogar diese Gesellschaft zu überwinden vermögen.

Offe sieht Konflikte vor allem in der Reproduktionssphäre einer Gesellschaft (Erziehung, Infrastruktureinrichtungen, Freizeit, usw.) aufbrechen, da dem Kapitalismus die Stabilisierung der Produktionssphäre (Eindämmung von Arbeitslosigkeit) mit ihren erheblichen staatlichen Aufwendungen (Staatsverschuldung) nur auf Kosten der Reproduktionssphäre gelungen sei. Vereinfacht gesagt: man hat so viel Geld ins kriselnde Ruhrgebiet gepumpt, um die von Arbeitslosigkeit direkt bedrohten und aufbegehrenden Kumpel zu beruhigen; zu Lasten u.a. der Universitäten, wo nur noch gespart wird. Hier, im Repro-

1.2. POLITIKWISSENSCHAFT IN DER BUNDESREPUBLIK DEUTSCHLAND

duktionsbereich, brächen nun die Krisen als Teilkrisen – wegen der unbefriedigten Wünsche der Bürger – um so stärker aus (Bürgerinitiativen, Umweltschutz-Bewegung, Aktionen gegen Lehrermangel usw.). Die als Folge dieser Entwicklungen vorhergesagte „Legitimations(=Glaubwürdigkeits-)krise des Kapitalismus" ist jedoch bisher ausgeblieben, denn Politik und Politiker der Bundesrepublik Deutschland werden zwar nach einer Reihe von Skandalen skeptischer betrachtet, aber es kann in keiner Weise davon die Rede sein, daß die Bürger nicht mehr an die Funktionsfähigkeit des politischen Systems insgesamt glauben würden.

Stets befruchtend hat die marxistisch orientierte Schule um Altvater und Krippendorff in Berlin den Marxismus durch intensive historische und wirtschaftswissenschaftliche Forschungen fundiert und damit gleichermaßen das zunächst einmal in der heutigen Zeit abstrakte Marxsche Ideen-System für die aktuelle Analyse angewandt (siehe auch Agnoli, Kühnl, Deppe, Hirsch). Neuerdings hat Krippendorff ein Werk zu den internationalen Beziehungen vorgelegt, in dem er die These aufstellt, daß Krieg erst dann überwunden sein wird, wenn die Menschheit die gegenwärtige staatliche Organisationsform ihrer Gesellschaften hinter sich gelassen haben wird.

Insgesamt ist jedoch die marxistische Kontroverse und ihr Sturmangriff auf das Wissenschaftssystem in den 80er Jahren eigentümlich abgeebbt und in kleinere Zirkel abgedrängt worden. Überhaupt kann man gegenwärtig von einer Entideologisierung der Politikwissenschaft sprechen. Die großen Ideologien und Konzepte, die alles erklären wollten, sind passé – und man wendet sich wieder begrenzteren Fragestellungen und Forschungsprojekten zu, die nun auch besser empirisch, d.h. beobachtungsmäßig abgesichert und erfaßt werden können.

1.2.4 Gegenwärtige Entwicklungen

Diese Entwicklung hat natürlich eine gewisse Fragmentierung, Binnendifferenzierung und Zerklüftung von Forschung und Lehre zur Kehrseite, es fehlt nun der alles umgreifende Zugriff – ähnlich, wie wir das auch in der Physik oder Geographie beobachten können: Jeder Forscher hat nun wieder seinen kleinen Acker, z.B. das Verbandswesen in der Bundesrepublik, den er intensiv bearbeitet. Die Beziehungen z.B. zur „Internationalen Politik" sind gering, zumal eine beide Bereiche umfassende Theorie, wie sie noch der Marxismus darstellte, nun fehlt.

Das sollte allerdings nicht beklagt, sondern auch als Normalisierungsphase einer Wissenschaft betrachtet werden, die die jugendlichen Sturm- und Drang-Jahre hinter sich gelassen hat. Eine etablierte Wissenschaft will nicht mehr die Welt in allen ihren Aspekten erfassen, sondern begnügt sich mit weniger. Pointiert: Lieber einen kleinen Bereich exakt erforscht als das All nur nebulös erschaut.

Einem fortgeschrittenen Stadium der wissenschaftsgeschichtlichen Entwicklung einer Disziplin entspricht es auch, daß man sich nicht ständig der Identität seines eigenen Faches vergewissern will (wie es noch auf manchen politikwissenschaftlichen Tagungen gang und gäbe ist). Man ist sich andauernd darüber ungewiß, was man sei und welche Funktionen man wahrzunehmen habe. Die Politikwissenschaft hat sich aber mittlerweile mit mindestens drei Professuren an fast allen deutschen Universitäten etabliert, sie ist fester Bestandteil der Sozialkunde-Lehrpläne an unseren Schulen, und sie verfolgt eine spezifische Fragestellung, die nur ihr als Wissenschaft eigen ist, nämlich die Frage nach den Bedingungen und Folgen (staatlicher) Herrschaft. Grüblerische Selbstzweifel sind daher unangebracht.

Selbstzweifel entspringen vielmehr einem substantialistischen Wissenschaftsverständnis mancher Politikwissenschaftler, als hätten die wissenschaftlichen Disziplinen einen ihnen je eigenen, genau abgrenzbaren Gegenstandsbereich, den es zu wahren und zu verteidigen gelte, z.B. den Bundestag in Bonn als dem „Hort" von Politik. Alle Sozial- und Geisteswissenschaften haben einen gemeinsamen Gegenstandsereich, nämlich die menschliche Gesellschaft, die sie – jeweils bezogen auf einen fachwissenschaftlich spezifischen Aspekt – analysieren. Die Politikwissenschaft – und das scheint mir unumstritten – untersucht den Aspekt von staatlicher Herrschaft, Macht und Steuerung (oder wie immer man es bezeichnen will) sowie deren politischen, ökonomischen, kulturellen usw. Beeinflussung – je nach der weltanschaulichen Einstellung des Forschers mit unterschiedlichen Methoden und theoretischen oder normativen Annahmen, die allerdings so zu formulieren sind, daß

1.2. POLITIKWISSENSCHAFT IN DER BUNDESREPUBLIK DEUTSCHLAND

sie im Forschungsprozeß bestätigt oder widerlegt werden können. Der Bundestag in Bonn wird halt nicht nur von Politikwissenschaftlern untersucht (die untersuchen nur den Aspekt der Herrschaft), sondern u.a. auch von Soziologen und Psychologen, die z.B. untersuchen, wie stressresistent Bundestagsabgeordnete sind.

Auf diese Vielfalt werden wir im Kapitel „Methoden" noch zurückkommen.

Konkrete Fragestellungen und die Beschränkung auf theoretische Aussagen „mittlerer Reichweite" (z.B. Theorien zum Verbandswesen, nicht zur gesamten Gesellschaft) bestimmen die gegenwärtige Arbeit der drei wissenschaftlichen Teildisziplinen der Politikwissenschaft: der (vergleichenden) Regierungslehre; der Politischen Philosophie und Ideengeschichte; und der Internationalen Politik. Der konkretere Bezug der innerdisziplinären Diskussion läßt zudem so manche Kontroverse der Vergangenheit obsolet erscheinen; unterschiedliche Positionen bewegen sich aufeinander zu, ohne daß sie in ihrer Eigenart gänzlich verschwinden müßten (dazu in den hierfür vorgesehenen Kapiteln mehr).

Dieser Normalisierung der politikwissenschaftlichen Forschungslandschaft entspricht es, daß die liberal-konservativ intendierte Abspaltung einer Reihe politikwissenschaftlicher Professoren von der 1951 gegründeten Deutschen Vereinigung für Politikwissenschaft (DVPW) und die daraufhin erfolgende Gegengründung der eher konservativen Deutschen Gesellschaft für Politikwissenschaft (DGfP) im Jahre 1983 manches von ihrer ursprünglichen Berechtigung verloren haben: Das Rechts-Links-Schema, bezogen auf die beiden Vereinigungen und die politikwissenschaftliche Kontroverse, erfaßt bei weitem nicht mehr die Realität. Die beiden politikwissenschaftlichen Fach-Verbände beginnen sich wieder anzunähern (was die politische Durchsetzungsfähigkeit und Glaubwürdigkeit der Politikwissenschaft insgesamt gegenüber Kultusbürokratien verbessern wird); Doppelmitgliedschaften in beiden Verbänden waren ohnehin immer möglich gewesen. Eine bewahrenswerte Funktion wird die DGfP aber auf jeden Fall weiterhin ausüben, nämlich ein inner- und interdisziplinär breit angelegtes Forum für die politikwissenschaftliche Kontroverse zu sein, was in der Deutschen Vereinigung wegen deren Größe (mehr als 1000 Mitglieder) und wegen ihrer starken Aufgliederung in fachspezifische Sektionen und Arbeitsgruppen nicht ohne weiteres möglich ist. In der DVPW ist die Diskussion meist begrenzt auf eine politikwissenschaftliche Teildisziplin, während die DGfP gerade die Diskussion zwischen den Teildisziplinen und mit sonstigen Disziplinen fördert.

1.3 Politik und Politikwissenschaft

So wie die „great debates" in der Politikwissenschaft abebbten, so gehören auch die heißen Diskussionen über das Verhältnis von Politik und Wissenschaft der Vergangenheit an. Darf sich die Politikwissenschaft überhaupt mit der Politik einlassen? Wird sie nicht schon durch Beratung über Gebühr vereinnahmt und für fremde, wohl möglich nicht zu rechtfertigende Interessen mißbraucht? Kann es andererseits die Politikwissenschaft verantworten, angesichts drängender Weltprobleme (Hunger, Unterernährung, Arbeitslosigkeit in der Dritten Welt) abseits im stillen Kämmerlein allein für sich zu stehen?

Hinsichtlich dieser Fragen hat sich eine natürliche und gelassene Normalität eingespielt. Die Kontroversen sind vorbei, das Entweder-Oder (Politikdistanz oder Politikengagement) ist überwunden: alle „Lager" – links oder rechts – sehen eine (wenn auch jeweils anders begründete) Aufgabe der Politikwissenschaft darin, Politik und Gesellschaft zu beraten und wo möglich zu verbesssern – sei es nun eine Verbesserung und Optimierung der Organisationsstruktur des Bundestages, sei es die Entwicklung einer Strategie für die Dritte und Vierte Welt, oder seien es Empfehlungen für Verbesserungen in der föderalen Kooperation zwischen Kommunen, Ländern und Bund in der Bundesrepublik Deutschland. Eine solche Politikberatung braucht nicht die Unabhängigkeit der Wissenschaft zu beeinträchtigen. Ob das der Fall ist, hängt im wesentlichen von der moralischen Integrität des Forschers ab, der eben manipulierbar und korrupt ist – oder nicht.

Politikstudenten werden u.a. auf das Ziel hin, Politikberatung leisten zu können, ausgebildet. Die rd. 22000 politikwissenschaftlichen Studierenden in der Bundesrepublik können ja nicht alle Wissenschaft-

1.3. POLITIK UND POLITIKWISSENSCHAFT

ler werden. Sie müssen in den verschiedensten Berufsfeldern „unterkommen": internationale Organisationen, Verbände, Assistenten von Bundestagsabgeordneten, Parteien, Medien, usw. – und zwar als innovative, problemlösende Elemente, die dazu aufgrund ihrer spezifisch politikwissenschaftlichen Ausbildung in der Lage sind.

In diesen Bereichen können Politikwissenschaftler mit einer derartigen Beratungs- und Analysekompetenz sicher manches Problem besser lösen, als das bisher unter dem Juristen-Monopol möglich war. (vgl. Bermbach 1987: 127 ff.)

In Politik und Wirtschaft besteht ein großer Bedarf sowohl an empirischen Ergebnissen sozialwissenschaftlicher Forschung als auch an konzeptionell-normativen Empfehlungen der Politikwissenschaft – und zwar an unabhängigen Ergebnissen und Empfehlungen, denn partei- oder verbandspolitisch gefärbtes Wissen schadet sowohl dem Berater als auch den Beratenen, indem dieser nämlich blind wird für neue Entwicklungen, von denen auch seine Existenz abhängen kann: wer, wie die alte DDR-Elite, nicht mehr auf das hören will, was die Wissenschaft über den Unmut in der Bevölkerung analysiert hat, muß über kurz oder lang mit dem Verlust der Macht zahlen. Wer als Partei in westlichen Demokratien nicht Wandlungen in den Einstellungen der Bevölkerung wahrnimmt, dem geschieht das gleiche. Es ist daher selbstverständlich und auch in der Politik weitgehend anerkannt, daß die Wissenschaft ein ausdifferenziertes, eigenständiges gesellschaftliches Teilsystem mit eigener Dynamik und (ggf. kritischer) Funktion ist und daher nicht linear und oberflächlich mit der Politik (und deren Eigendynamik und Funktion) vermittelt, gleichgeschaltet werden kann. Wissenschaft muß immer ein wenig Elfenbeinturm bleiben, sie darf sich nicht von Politik oder Wirtschaft abhängig machen. Politik und Wissenschaft funktionieren nach unterschiedlichen Gesetzmäßigkeiten.

Das war vielleicht der große Fehler der Politikberatung zu Beginn der 70er Jahre, als nicht nur Politikwissenschaftler der Bundesrepublik Planungssysteme in Bonn, Washington, Paris, usw. installieren wollten, mit denen Politik rationalisiert und objektivierbaren Kriterien und Indikatoren unterworfen werden sollte. Politik sollte wie Wissenschaft verfahren und behandelt werden. Politik sollte verwissenschaftlicht werden, indem man seitens der Wissenschaft die politisch

KAPITEL 1. GESCHICHTE DER POLITIKWISSENSCHAFT

vorgegebenen Ziele so präzise zu fassen können glaubte, daß sie unmittelbar in konkrete Gesetze, Planungen und Handlungen umgesetzt werden können. Ein solches politikwissenschaftliches Modell ist aber letztlich unpolitisch. Denn Politik funktioniert nicht wie Wissenschaft. Wissenschaft kann deduzieren: aus einem obersten Ziel werden Unterziele und Maßnahmen abgeleitet. Es gibt hierfür genau vorgeschriebene Phasen und Regeln (siehe das Kapitel „Organisation der Universität und des Studiums"), die auch meist eingehalten werden, will man eine wissenschaftsadäquate Aussage gewinnen.

Nicht so die Politik, weil das Oberziel z.B. aus einer Regierungserklärung hier auch in späteren Phasen vielfältigen Einflüssen seitens der Verbände und Parteien ausgesetzt ist und daher geändert werden kann. Oft kann man ja erst gar keine präzisen Ziele aufstellen, sondern höchstens Kompromisse, die die gemeinsame Schnittmenge oder der kleinste gemeinsame Nenner aus einer Vielzahl partikularer Einzelziele sind. Das sollte nicht beklagt werden, so ist halt Politik. Eine Politik, die starr ein Ziel verfolgt, ist eher dogmatisch und unflexibel.

Wie uns die Implementations- (Mayntz, Wittkämper, Windhoff-Heritier) und die Evaluationsforschung (Wollmann) gezeigt haben, mußte der Versuch einer Rationalisierung von Politik scheitern, weil nur das Wissenschaftssystem weitgehend nach rationalen Kriterien verfährt („Suche nach Wahrheit"). Politik kann zwar aus legitimatorischen Gründen („damit die Leute dran glauben") nicht gänzlich von der Wahrheit abgekoppelt werden, sie besteht jedoch zu einem großen Teil aus nur begrenzt rationalisierbarem und verwissenschaftlichbarem Interessen- und Machtkampf zwischen den gesellschaftlichen Kräften und Interessen, deren oft zufallsgebundene Kompromisse nur begrenzt mit den Grundsätzen wissenschaftlicher Wahrheit nachvollziehbar sind.

Politik wie die Wissenschaft organisieren zu wollen, hat vielmehr umgekehrt eher negative Konsequenzen, da eine „wissenschaftliche Politik" das Grundcharakteristikum moderner Gesellschaften, nämlich aus einem Konglomerat diverser Interessen zu bestehen, negieren würde. „Wissenschaftliche Politik" geht von der Fiktion aus, als könnte sich eine Gesellschaft auf ein Ziel einigen und dieses dann stringent durchsetzen. Eine solche Einigung und Durchsetzung setzt aber quasi

1.3. POLITIK UND POLITIKWISSENSCHAFT

einen diktatorischen Staatsapparat voraus, der allein die Macht dazu hätte und widerstreitende Interessen unterdrücken könnte.

Die Differenz zwischen Politik und Politikwissenschaft darf also nicht vorschnell nivelliert werden.

Literatur:

Bellers, J. und W. Woyke (Hrsg.) (1989): Analyse Internationaler Beziehungen, Opladen

Bermbach, U. (1987): Zur Frage der „Professionalisierung" und Fachidentität. Eine Diskussionsbemerkung, in: Hartwich, H.-H. (Hrsg.), Politikwissenschaft, Opladen, S. 127-130

Blanke, B., U. Jürgens und H. Kastendieck (1975): Kritik der Politischen Wissenschaft 1, Frankfurt a.M.

Maier, H. (1980): Die ältere deutsche Staats- und Verwaltungslehre, 2. Auflage, München

Maier, H. (1985): Politische Wissenschaft in Deutschland, München und Zürich

Meyers, R. (1981): Die Lehre von den internationalen Beziehungen, Düsseldorf

Mohr, A. (1986): Die Durchsetzung der Politikwissenschaft an deutschen Hochschulen und die Entwicklung der Deutschen Vereinigung für Politische Wissenschaft, in: von Beyme, K. (Hrsg.), Politikwissenschaft in der Bundesrepublik Deutschland, PVS-Sonderheft 17/1986, Opladen, S. 62-77

Schössler, D. (1990): Politische Wissenschaft in der Bundesrepublik Deutschland, in: J. Bellers (Hrsg.), Politikwissenschaft in Europa, Münster, S. 27-51

Wilske, D. (1990): Politische Wissenschaft in den Vereinigten Staaten von Amerika, in: J. Bellers (Hrsg.), Politikwissenschaft in Europa, Münster, S. 260-284

Kapitel 2

Organisation der Universität und des Studiums

2.1 Einleitung

Jeder Studierende, der die Universität betritt und sich hier einschreibt (immatrikuliert), wird Mitglied – „Bürger" – einer sozialen Einheit, die sich von seinen bisherigen Mitgliedschaften und Gesellungsformen (Familie, Sportverein, usw.) unterscheidet. Das kommt allein schon symbolisch darin zum Ausdruck, daß er quasi einen Paß erhält, nämlich den Studentenausweis, der ihm als Studierendem inner- und außeruniversitär gewisse zusätzliche Rechte verleiht (z.B. Wahlrecht zu den Universitätsorganen, aber auch ermäßigten Zutritt zu Freizeiteinrichtungen).

Eine wesentliche Aufgabe der Anfangssemester besteht darin, sich in diesem neuen sozialen Umfeld zu orientieren (was in unseren heutigen Massenuniversitäten nicht immer einfach ist). Es ist jedoch für ein erfolgreiches und zügiges Studieren unabdingbar, daß diese anfängliche Orientierung möglichst effektiv erfolgt.

Die folgenden Ausführungen sollen bei diesem Orientierungsprozeß ein wenig helfen. Insbesondere dem Studierenden der Politikwissenschaft sollte dabei auch bewußt werden, daß die Universität selbst eine politisch organisierte soziale Einheit ist, die sein besonderes Interesse als Politikwissenschaftler verdient. Auch die Universität ist – wie andere politische Gruppen oder Organisationen gleichermaßen – bestimmt von diversen und kontroversen (wissenschafts-) politischen Interessen, die sich auch in Gruppen vereinen; auch die Universität ist – wie Politik überhaupt – u.a. auch ein Herrschaftsgebilde, das verbindlich über das Schicksal von Menschen entscheiden kann, z.B. in Prüfungen.

2.2 Der organisatorische Aufbau von Universitäten

Universitäten sind meist in drei Verwaltungs- und Entscheidungsebenen untergliedert.

Die erste und unterste Ebene ist das Institut oder Seminar oder Fach, z.B. das Institut für Politikwissenschaft oder das Seminar für Geschichte. Auf dieser Ebene werden die das jeweilige Fach direkt betreffenden Angelegenheiten entschieden, z.B. Festlegung der Lehrschwerpunkte der einzelnen Professoren und wissenschaftlichen Mitarbeiter, längerfristige Planung der Lehre über mehrere Semester in die Zukunft voraus; Aufbau einer Fachbibliothek (wenn dies nicht von höheren Ebenen übernommen wird); Organisation fachspezifischer Forschungsprojekte und von Kongressen, usw. Diese Institute oder Seminare oder Fächer sind es vorrangig, mit denen der Studierende in Kontakt kommt. Sie unterscheiden sich nach dem Grad ihrer organisatorischen Selbständigkeit, wobei das Institut den höchsten Grad an Autonomie gegenüber anderen Verwaltungsebenen besitzt und das Fach den geringsten.

Zur Beschlußfassung über die genannten Angelegenheiten wird nach den meisten Hochschulgesetzen ein Instituts-Vorstand eingesetzt (soweit ein Institut vorhanden), der sich aus allen Professoren und Professorinnen des Instituts, aus allen oder den gewählten Vertretern der wissenschaftlichen Mitarbeiter („Mittelbau", Assistenten) sowie aus gewählten Vertretern der Studentenschaft (meist Vertretern der Fachschaft) zusammensetzt. Dieser Vorstand wählt in regelmäßigen

KAPITEL 2. ORGANISATION DER UNIVERSITÄT UND DES STUDIUMS

Abständen einen Direktor, der die laufenden Geschäfte führt.

Die zweite Ebene ist der Fachbereich (zuweilen wird er auch noch wie früher als Fakultät bezeichnet): hier werden mehrere Institute/ Seminare/ Fächer organisatorisch zusammengefaßt, die sich mit einem ähnlichen wissenschaftlichen Gegenstandsbereich befassen.

Die Politikwissenschaft wird oft einem Fachbereich Sozialwissenschaften zugeordnet – zusammen mit der Soziologie oder Publizistik oder auch Philosophie. Kleine Universitäten haben meist große Fachbereiche mit zahlreichen Teileinheiten, große Universitäten haben zahlreiche Fachbereiche mit entsprechend weniger Teileinrichtungen, die dann aber als solche wegen der hohen Studenten- und Mitarbeiterzahlen an unseren Massenuniversitäten noch immer recht groß sind.

Fachbereichen obliegt u.a. die Förderung der Forschung und die fachbereichsumgreifende Koordination von Lehre und Studium einschließlich der Fachstudienberatung und die Schaffung der dafür erforderlichen Einrichtungen, die Gewährleistung der Vollständigkeit und Ordnung des Lehrangebots entsprechend den Studien- und Prüfungsordnungen, die Förderung des wissenschaftlichen Nachwuchses, kurz: die Beschlußfassung über all die Angelegenheiten, die mehrere Institute betreffen und die daher sinnvollerweise nicht von diesen entschieden werden. Vor allem entscheidet er über die Verteilung der finanziellen Mittel auf die einzelnen Untereinheiten, meist gemäß eines Schlüssels, in dem die Zahl der Studierenden und der hauptamtlichen Mitarbeiter ausschlaggebend ist: Wer viele Studenten hat, bekommt mehr Geld.

Der Fachbereich ist – nach dem Institutsvorstand – die erste Instanz, die über neue Studienordnungen beschließt, ehe sie an weitere, höhere Instanzen (siehe unten) zur endgültigen Beschlußfassung weitergeleitet werden. Über die Studienordnung wird schließlich im Senat rechtswirksam entschieden. Dann muß sie noch von dem Landesministerium, das für Wissenschaft und Forschung zuständig ist, genehmigt werden. Mit der Veröffentlichung im Amtsblatt der Universität tritt sie meistens in Kraft.

Oberstes Entscheidungsgremium des Fachbereiches ist der Fachbereichsrat (FBR).

Der Rat ist – wie auch der Institutsvorstand sowie die meisten anderen Entscheidungsgremien der Universität – ständisch zusammenge-

2.2. DER ORGANISATORISCHE AUFBAU VON UNIVERSITÄTEN

setzt.

Vier Gruppen („Stände") werden durch Wahl in den Rat entsandt:

1. die Studenten (gewählt von der Studentenschaft und meist repräsentiert durch die Fachschaft als dem fachspezifischen Vertretungsorgan der Studentenschaft);

2. die Gruppe der wissenschaftlichen Mitarbeiter (Assistenten, Akademische Räte, wissenschaftliche Mitarbeiter im engeren Sinne, insgesamt „Mittelbau", der oft mit Verwaltungsaufgaben betraut ist und sich der wissenschaftlichen Weiterqualifikation – Promotion, Habilitation – zu widmen hat);

3. die nichtwissenschaftlichen Mitarbeiter und Mitarbeiterinnen (Sekretariate, Bibliotheken usw.);

4. die Professoren und Professorinnen.
Die Professoren haben die Stimmenmehrheit im Fachbereichsrat.

Die Zusammensetzung nach dem ständischen Modell – und nicht z.B. nach dem demokratischen Modell mit dem Prinzip „one man – one vote" (gleiches Wahlrecht für jedermann) – ergibt sich aus der Zielsetzung der Universität, nämlich zu forschen und zu lehren. Allgemeine Demokratisierung, im Sinne des gleichen Stimmrechts für alle, ist daher nicht möglich, sondern nur insoweit, wie das für die Erfüllung der Aufgabe von Forschung und Lehre notwendig ist. Und in der Lehre trägt letztendlich der Lehrende (der Professor) die Verantwortung, da er im Vergleich zu den Studierenden über einen Wissensvorsprung verfügt, der Grundlage seiner Entscheidungskompetenz als Lehrender ist. In noch stärkerem Maße gilt das für die Forschung. Das gleiche Stimmrecht für alle würde der Studentenschaft automatisch immer die Mehrheit geben, da sie rein quantitativ in der Überzahl sind. In der Universität würde das zu nicht funktionalen Konsequenzen führen und insbesondere die Lehrfunktion aushöhlen, da Lehre stets und notwendigerweise Ungleichheit zwischen Lernenden und Lehrenden zur Voraussetzung hat, die durch das demokratische Gleichheitsprinzip mißachtet würde.

KAPITEL 2. ORGANISATION DER UNIVERSITÄT UND DES STUDIUMS

Im allgemeinen sind die demokratischen Gesellschaften des Westens anders organisiert, nämlich – wie gesagt – nach dem Prinzip „one man – one vote": jedem die gleiche Stimme und Stimmgewalt. Eine ständische Zusammensetzung wird in der allgemeinen Politik nicht als opportun oder möglich und gerecht betrachtet, da die Zielsetzung von Wahlen auf nationaler und Landesebene eine andere ist. Hier geht es primär um die Selbstverwirklichung und Interessenartikulation jedes einzelnen Bürgers, und das bedingt – soll sich jeder Bürger zur Geltung bringen können – das gleiche Stimmrecht für jeden gemäß des demokratischen Gleichheitsprinzips. Und in diesen Fragen des eigenen Interesses und der eigenen Selbstverwirklichung (wer wüßte nicht, was ihm gut tut!) ist jeder auch vollkompetent, sodaß ihm das volle Stimmrecht zustehen kann.

Da demgegenüber Universitäten Körperschaften des öffentlichen Rechts mit spezifischen Zielsetzungen (Forschung und Lehre) sind, ist nur eine begrenzte Demokratisierung möglich, soweit es die Funktionserfüllung erlaubt. Primär ist die Funktionserfüllung – und nicht die Beteiligung der Betroffenen (die allerdings für die Funktionserfüllung auch sehr sinnvoll sein kann, wenn man z.B. an die Lehre denkt, die sich ja an die Studierenden zentral wendet). Studenten sind deshalb nur mit einem Stimmenanteil von etwas weniger als einem Drittel (aller Stimmen) im Fachbereichsrat oder anderen universitären Einrichtungen vertreten: Ihre Beteiligung ist heutzutage unbestritten, da sie als Betroffene der Lehre den Lehrenden wichtige Informationen zur Entscheidung an die Hand geben, ob ihre Lehre „ankommt", usw.

Es wird in diesen von der Funktionserfüllung bestimmten Gremien versucht, nicht auf der Basis konfrontativer Auseinandersetzungen wohlmöglich parteipolitischer Art (rechts gegen links, Studenten gegen Professoren), sondern auf Konkordanzbasis zu arbeiten. D.h. man strebt gemeinschaftliche und gemeinsam getragene, konsensuale Lösungen an, die zudem auch meist von der Sache her gegeben sind: es gibt halt entweder nur eine gute oder eine schlechte Studienordnung.

Wenn es zu Auseinandersetzungen und Konflikten kommt, dann meist mit übergeordneten Instanzen (Rektorat, Wissenschafts- und Bildungsministerium, Landesregierung).

So ist die relative geringe Vertretung von studentischen Vertretern im Fachbereichsrat (und analog im Senat, siehe unten) nicht unbe-

2.2. DER ORGANISATORISCHE AUFBAU VON UNIVERSITÄTEN

dingt ein Hindernis studentischer Interessenvertretung, die Studenten sind durchaus in der Lage, ihre Interessen einzubringen, nur Entscheidungsträger sind letztlich die Professoren, weil sie über die Mehrheit verfügen. Und auch das gilt nur in einer Minderheit von Fällen. Wie bereits angedeutet, geht es in Sitzungen des Rates meist nicht entlang der Linie „Studierende vs. Professoren", sondern es werden Sachthemen besprochen, bei denen es durchaus vorkommen kann, daß ein Teil der Professoren oder alle zusammen mit den studentischen Vertretern abstimmen.

In der Studentenrebellion gab es die Forderung, die sogenannte „Drittelparität" einzuführen: Ein Drittel der Stimmen für die Professoren; ein Drittel für die Wissenschaftlichen Mitarbeiter, und ein Drittel für die Studierenden.

Diese „Drittelparität", die in einigen sozialdemokratisch regierten Ländern zeitweise auch gesetzlich festgeschrieben wurde, verwarf das Bundesverfassungsgericht als verfassungswidrig. Es wurde mit Artikel 5 des Grundgesetzes argumentiert (Freiheit von Presse, Wissenschaft u.a.), daß eine Drittelparität die Freiheit von Forschung und Lehre beeinträchtigen könne.

Hier wird im wesentlichen gesagt, daß Forschung und Lehre nur dann frei sind, wenn sie von den Professoren bestimmt werden, weil sie hier die letztlich Kompetenten sind.

Der Fachbereichsrat setzt zur Erledigung der ihm obliegenden Aufgaben Ausschüsse ein, die ihm Vorschläge zur Beschlußfassung vorlegen können (Ausschuß für Lehre, für Forschung, für studentische Angelegenheiten, usw.). Die Ausschüsse selbst sind nicht entscheidungsbefugt.

Die laufenden Geschäfte des Fachbereichs werden vom Dekan geführt, der aus den Reihen der Professoren des Rates – quasi als dessen Vorsitzender – gewählt wird. Ihm steht als Stellvertreter ein Prodekan zur Seite. Der Dekan vertritt den Rat nach außen gegenüber Dritten.

KAPITEL 2. ORGANISATION DER UNIVERSITÄT UND DES STUDIUMS

Exkurs 1: Die Universität als Lerngemeinschaft

1. Universitäre Wissenschaft hat die Aufgabe, das, was man früher mit „Wahrheit" bezeichnet hat, zu ent-decken, ent-decken in dem Sinne, daß die Wahrheit von den sie verbergenden Ideologien, Alltagsmeinungen und Interessen befreit und zu Tage gefördert werden muß. Sei es nun positivistisch in der Tradition des Wiener Kreises oder phänomenologisch in der Tradition Husserls, gibt es „objektive", vom Forscher unabhängige Wahrheiten, die es mit dem systematisch-methodischen Apparat der Sozialwissenschaften darzustellen gilt – *sine ira et studio*. Wahrheit ist keine Konstruktion des menschlichen Geistes im einsamen Kämmerlein, sondern Übereinstimmung zwischen dem, was ich sage, und dem, was ich in der außerhalb von mir liegenden Realität feststellen kann.

2. Mit der interessenlosen Wahrheitsfindung, mit der die demokratische Gesellschaft die Hochschulen beauftragt hat und die ihre Unabhängigkeit begründen, gibt die Universität der Gesellschaft das, was sie will und was sie braucht. Denn einer Gesellschaft – will sie überleben – kann in langfristiger und selbstaufgeklärter Perspektive nur daran gelegen sein, solches Wissen zu erhalten, das ihr Auskunft und Informationen über die wirklichen sozialen und natürlichen Verhältnisse bereitstellt. „Unwahrheit" oder Ideologie schaden dem Empfänger langfristig selbst (und natürlich auch dem Ansehen der Wissenschaft), da Nicht-Wissen oder gar falsches Wissen reaktions- und handlungsunfähig macht, oder zu falschen, schädigenden Verhaltensweisen führt. Wer wie Honecker die Wahrheit nicht hören wollte, mußte mit dem Verlust der Macht zahlen.

3. Im Gegensatz zur angewandten Forschung z.B. in Frauenhofer-Instituten oder zur direkten produkt-relevanten Forschung der Industrie kann universitäre Forschung nicht direkt praxis-relevant sein: ihre wahrheitsfindende Funktion kann sie gerade nur dann wahrnehmen und erfüllen, wenn – so K.W. Deutsch – der wissenschaftsinterne Suchprozeß hinsichtlich der adäquaten Fragestellung, des Gegenstandsbereiches und der Methodologie von außen weder gesteuert noch gestört wird, auch wenn dieser Suchprozeß für Außenstehende zuwei-

2.2. DER ORGANISATORISCHE AUFBAU VON UNIVERSITÄTEN

len chaotisch im Sinne eines „Alles ist erlaubt" erscheinen mag. Aber gerade dieses „trial-and-error"-Verfahren, diese ständige Suchen ohne Scheuklappen ermöglicht Innovationen, neue Perspektiven und verhindert Dogmatisierungen und Verfestigungen auf beschränkte Standpunkte. Nur im stets revidierbaren experimentellen Verfahren kommt die sich oft an unerwarteten Stellen verbergende Wahrheit zum Vorschein. Praxis- und wirtschaftsorientierte Forschung verfällt allzuoft der Gefahr, in den eingefahrenen Gleisen zu verbleiben und sich vom Neuen abzuschotten.

4. Insbesondere die Sozial- und Geisteswissenschaften haben es nicht nur mit der unbelebten oder physiologischen Materie zu tun, das soziale und Geistesleben ist weniger durch Fakten als durch Meinungen und Werthaltungen (diesen Fakten gegenüber) gekennzeichnet. Schon Aristoteles unterschied zwischen (sicherem) Wissen der Naturwissenschaften und (ungefährem) Meinen und Meinungsäußerung in den Geisteswissenschaften und im alltäglichen Gespräch, ohne daß nun gesagt werden soll, daß eine sei besser oder wissenschaftlicher als das andere. In den Sozial- und Geisteswissenschaften können wir keine sicheren Urteile fällen über das, was sein soll, wie sich eine Gesellschaft optimal entwickeln soll, usw. Hierzu können wir auch als Wissenschaftler nur unsere persönlichen Meinungen vorbringen, ohne Anspruch auf alleinige Richtigkeit dieser individuellen Meinung.

Trotz dieser Einschränkung muß auch die Wissenschaft, auch als autonome Instanz einen Beitrag zu den ethisch bewegenden Fragen der Zeit (Krieg, Hunger und Elend) leisten: Und zwar gerade durch ihre oben aufgezeigte Fähigkeit, offen für Neues, überhaupt offen zu sein. Die Universität ist einer der wenigen gesellschaftlichen Orte, an denen alle Meinungen in einer Gesellschaft repressionsfrei, zwangslos zum Ausdruck gebracht werden können. Der so entstehende Diskussionsprozeß in den Universitäten ermöglicht vielleicht eine Annäherung der Standpunkte und Meinungen sowie eine Annäherung an einen gemeinsamen Ratschluß, der vielleicht auch gesellschaftliche Bedeutung zu erlangen vermag.

Die Wissenschaft und die Wissenschaftler nehmen in diesem Diskurs, in diesem Diskussionsprozeß nur begrenzt eine „wissendere" Stellung ein, und zwar nur in der Bedeutung, daß ihr durch Forschung und

KAPITEL 2. ORGANISATION DER UNIVERSITÄT UND DES STUDIUMS

Überlegung gehärtetes Werturteil besondere Beachtung beanspruchen darf. Allerdings darf sie nicht beanspruchen, Normen quasi wissenschaftlich unbezweifelbar begründen zu können, so wie sie z.B. weitaus unbezweifelbar eine Gesetzmäßigkeit über den wahrscheinlichen Ausbruch von Revolutionen unter den und den Bedingungen aufzustellen in der Lage ist. Wissenschaftlich begründete Normen führen eher zum Totalitarismus, zur Verabsolutierung einer Meinung und verhindern das, wozu die Universität da ist: nämlich zu lernen, offen zu sein.

5. In diesem Rahmen und auf dieser Basis hat die Universität natürlich auch eine Bildungs- und Ausbildungsaufgabe: Sie muß junge Menschen ausbilden und durchaus auch bilden in der Humboldtschen Tradition dahingehend, diese konstitutionelle Offenheit und Innovationsfähigkeit, wie sie die Universität auszeichnet, auch in die außeruniversitären politischen und sozialen Bereiche einzubringen. Durch die Fähigkeit, wie sie insbesondere an wissenschaftlichen Universitäten eingeübt wird, nämlich sich experimentell, versuchsweise und stets offen der Wahrheit zu nähern, wird der Gesellschaft eine Kompetenz zur Verfügung gestellt, die sie innovations- und lernfähig angesichts sich immer schneller wandelnder Umweltverhältnisse hält. Diese experimentell-offene Vorgehensweise konkretisiert sich in jedem Fach je unterschiedlich, und in jedem Berufsfeld wird sie sich unterschiedlich auswirken. Gemeinsam ist jedoch allen, Ferment des Neuen zu sein. Akademiker zeichnen sich daher im Berufsfeld auch dadurch aus, daß sie „Experten" für das Neue und in diesem Sinne Experten für das Allgemeine sind. Zu dessen adäquater Bearbeitung sind – im Rahmen der jeweiligen Fächer – auch generalistische Qualifikationen zu vermitteln. Nicht nur das Spezialwissen ist wichtig, sondern auch allgemein die Fähigkeit z.B., sich schnell in neue Gegenstandsbereiche einarbeiten zu können.

In dieser Hinsicht haben die Universität und die Hochschullehrer eine Verpflichtung gegenüber den Studierenden und deren „Einpflanzung" in ein Berufsfeld.

Die Universität darf lernen und dies lehren, die demokratische Gesellschaft muß lernen, will sie den zivilisatorischen Stand halten, den sie weltgeschichtlich erstmalig erreicht hat.

2.2. DER ORGANISATORISCHE AUFBAU VON UNIVERSITÄTEN

> Exkurs 1: Ende

An manchen Universitäten tragen – wie bereits erwähnt – die Fachbereiche auch den traditionellen Namen „Fakultät", was jedoch verwirrend ist.

Die Unterscheidung zwischen Fachbereich und Fakultät ist historisch zu erklären. Ursprünglich waren die Universitäten, auch die mittelalterlichen Universitäten, in vergleichsweise wenige Fakultäten organisiert.

In den 70er und 80er Jahren wurde diese Organisationsstruktur problematisch, als die Studentenzahl von 300 000 auf über eine Millionen anstieg.

Zur Zeit sind es mehr als 1,5 Millionen Studierende und der Trend steigt – allen Prognosen zuwider – weiterhin. Das Studium scheint immer mehr zur Selbstverständlichkeit für die Jugendlichen zu werden.

Die Fakultäten konnten diese Massen an Studenten und dementsprechend auch an Lehrenden nicht mehr organisieren. Verwaltungstechnisch war es nicht möglich, diese Massen in den großen Einheiten „Fakultät" zu bewältigen.

So ging man seit dem letzten Jahrzehnt dazu über, neben oder anstatt der Fakultäten Fachbereiche einzurichten. Die Zahl der Fachbereiche ist meist relativ groß: An der Universität Münster gab es zeitweise 24 Fachbereiche. Die Anzahl der Fachbereiche schwankt allerdings – je nach Größe der Universität.

Die letzte Ebene der universitären Selbstverwaltung ist die Ebene der Gesamtuniversität. Es ist zu unterscheiden zwischen den staatlichen Teilen der Universitätsverwaltung, und den Teilen der Universität, die zur universitären Selbstverwaltung gehören.

Traditionellerweise werden in Deutschland Lehre und Forschung nicht vom Staat bestimmt, sondern durch die Hochschullehrer und Hochschullehrerinnen in Form der Selbstverwaltung. Dieser Regelungsverzicht hat seinen Grund darin, daß der Staat letztlich nicht kompetent ist, in diesem Bereich regelnd einzugreifen. Wissenschaft überhaupt scheint kaum noch von außen steuerbar zu sein; oder will man

KAPITEL 2. ORGANISATION DER UNIVERSITÄT UND DES STUDIUMS

einen Professor zwingen, so etwas zu erfinden wie die Formel von Einstein? Das geht nicht und würde wohl auch erfolglos bleiben. Wissenschaft muß sich daher – will sie erfolgreich sein – selbst organisieren. Und das erfolgt im Rahmen und durch die Organe der universitären Selbstverwaltung.

Das oberste Organ der Selbstverwaltung ist an vielen Universitäten der Konvent: Er hat über allgemeine Fragen besonders hinsichtlich der Verabschiedung und Änderung der Universitätsverfassung zu befinden. Er wählt meist aus der Gruppe der Professoren den Rektor und die Prorektoren. Prorektoren sind quasi Minister für bestimmte Sachbereiche: Gebäude, studentische Angelegenheiten, Forschung, Lehre, usw.

Der Konvent nimmt weiterhin Stellung zum Hochschulentwicklungsplan, er ernennt Universitätsehrenbürger und Ehrensenatoren, so wie auch eine städtische Gemeinde Ehrenbürger ernennen kann.

Während der Konvent eine Mischform von verfassungsgebender Versammlung und „Rektorwahlverein" ist, so stellt der meist direkt von den Universitätsangehörigen nach ständischen Grundsätzen gewählte Senat (siehe oben) quasi das Parlament der Universität dar, das die Regierung (Rektorat, Prorektoren, Verwaltung) zu kontrollieren und die erforderlichen Entscheidungen zu treffen hat.

Der Senat richtet mehrere Ausschüsse ein, z.B. den Ausschuß für studentische Angelegenheiten, für Finanzen, für Bauangelegenheiten, usw. Diesen Ausschüssen ist jeweils ein Prorektor (Stellvertrender Rektor) zugeordnet, der in der universitären Selbstverwaltung bestimmte Aufgaben übernimmt.

Im Senat wird u.a. über die Verteilung der Gelder in der Universität entschieden (soweit die Verteilung der Summe nicht bereits durch den Landesgesetzgeber im Haushaltsplan des jeweiligen Landes festgelegt wurde).

Der Senat kann weiterhin u.a. in folgenden Fragen kompetent sein:

- Stellungnahme zu den die Universität betreffenden Teilen des Landeshaushalts;

- Festsetzung von Zulassungszahlen;

- Beschlußfassung über die Errichtung, Änderung und Aufhebung

2.2. DER ORGANISATORISCHE AUFBAU VON UNIVERSITÄTEN

von Fachbereichen, Einrichtungen und gemeinsamen Kommissionen;

- allgemein die Entscheidung von grundsätzlicher Bedeutung in Fragen der Forschung, einschließlich der Einrichtung von Sonderforschungsbereichen der Deutschen Forschungsgemeinschaft;

- Beschlußfassung in Grundsatzfragen des Lehr- und Studienbetriebs sowie der Studienberatung;

- Beschlußfassung über die Vorschläge der Fachbereiche für die Berufung von Professoren, zur Verleihung der Bezeichnung außerplanmäßiger Professor und zur Ernennung zum Honorarprofessor.

Die staatlichen Interessen an der Universität werden durch den Kanzler und seine Verwaltung vertreten.

Der Kanzler ist der oberste Vertreter des Staates gegenüber der universitären Selbstverwaltung. Er muß die Belange des Ministerium zur Geltung bringen. Dies gilt für solche Angelegenheiten, die nicht oder nur zum Teil von der universitären Selbstverwaltung erledigt werden, insbesondere für Bauangelegenheiten, für die das Staatshochbauamt zuständig ist; für die Stellung der Universitätsangehörigen als Beamte des Landes, usw. Als Mitglied des Rektorats leitet der Kanzler die Verwaltung der Universität; er ist Beauftragter für den Haushalt und Dienstvorgesetzter der nichtwissenschaftlichen Mitarbeiter. Er wird von der Landesregierung ernannt; der Rektor unterbreitet dazu nach Zustimmung des Senats dem Ministerium einen Vorschlag. Der Vorgeschlagene muß die Befähigung zum Richteramt oder zum höheren Verwaltungsdienst haben.

Über den Kanzler hinaus ist natürlich die universitäre Selbstverwaltung von weiteren gesetzlichen und politischen Rahmenbedingungen abhängig, sowie auch z.B. Kommunen durch die Vorgaben von Bundes- und Landesebene festgelegt werden.

Mit dem Haushaltsplan, den der jeweilige Landtag aufstellt, wird beschlossen, wieviel Stellen (Professoren, wissenschaftliche Mitarbeiter, nichtwissenschaftliche Mitarbeiter) die Universitäten des Landes erhalten.

KAPITEL 2. ORGANISATION DER UNIVERSITÄT UND DES STUDIUMS

Alle Rechtsakte der Universität (die sog. Verordnungen) unterliegen der staatlichen Rechtsaufsicht, d.h. das Ministerium hat zu prüfen, ob die Verwaltung gesetzesgemäß erfolgt. Fachaufsicht durch übergeordnete Instanzen, d.h. die inhaltliche Prüfung der Verordnungen, ob sie politisch opportun sind oder bestimmten hochschulpolitischen Vorstellungen entsprechen, erfolgt allerdings nur sehr begrenzt.

Das Rektorat ist in mehrere Dezernate, quasi kleinen Ministerien, eingeteilt.

Es gibt z.B. das Dezernat für studentische Angelegenheiten, bei dem sich der Studierende immatrikuliert und mit dem er während seines Studiums am häufigsten zu tun hat; das Dezernat für Statistik (es erfaßt die Zahl und Struktur der Studierenden, u.a. als Grundlage der Entscheidung, ob der Numerus Clausus eingeführt werden muß, ob also das jeweilige Fach überfüllt ist, wo Mängel bestehen, z.B. zu wenige Lehrende, usw.); das Dezernat für Rechtsangelegenheiten (zuständig für Rechtsprobleme und juristische Konflikte, auch der Studenten, da sie – als Mitglieder der Körperschaft Universität – bestimmte Rechte und Pflichten innehaben, und eines dieser Rechte ist der Anspruch auf Rechtsschutz in universitären Angelegenheiten); das Dezernat für Auslandsangelegenheiten, das bei bei Fragen des Auslandsstudium hilft und ggf. Auslandsstipendien vermitteln kann; das Dezernat für Forschungsangelegenheiten: ein Großteil der Forschung an Universitäten läuft über sogenannte Drittmittelprojekte, d.h. sie werden von außeruniversitären Einrichtungen finanziert (Wirtschaft, Verbände, Parteien usw.) Wegen der Problematik möglicher Beeinflussung von Forschung durch diese Dritten müssen solche Projekte über die Universitätsverwaltung abgewickelt werden. Denn es gilt: Forschung ist verpflichtet, Wahrheit zu produzieren (wie immer man nun „Wahrheit" definieren will). Forschung darf daher nicht auf die Interessen Dritter schielen und wohlmöglich diese ihre Aufgabe vernachlässigen. Die Ergebnisse von Forschung müssen wahrheitsgetreu sein, wenn auch die Fragestellung und der Gegenstandsbereich von diesen Auswärtigen vorgegeben werden darf. Ein Textilverband will eben nur die Textilgesetzgebung erforscht sehen, was durchaus legitim ist; nur das Ergebnis (ob die Gesetzgebung gut oder schlecht ist z.B.) darf nicht beeinflußt werden.

2.2. DER ORGANISATORISCHE AUFBAU VON UNIVERSITÄTEN

Ursprünglich war nur das jeweilige Bundesland für die Universitäten und für das Bildungssystem überhaupt zuständig. Es handelt sich hier um die sogenannte Kulturhoheit der Länder, wie sie im Grundgesetz festgeschrieben ist.

Die Kultur, die Universität und das Bildungssystem stellen bis heute den zentralen Kompetenzbereich der Länder dar. In einigen Bereichen (z.B. Hochschulneubau) müssen sie sich aber die Kompetenz mit dem Bund teilen.

Denn der Bund hat in der Hochschulgesetzgebung eine Rahmenkompetenz. Ende der 60er Jahre wurden ins Grundgesetz durch eine Grundgesetzänderung sogenannte Gemeinschaftsaufgaben zwischen Bund und Ländern eingeführt. Es gibt u.a. die Gemeinschaftsaufgaben in der Regionalförderung, im Küstenschutz und im Hochschulneubau. Seit dieser Änderung beteiligt sich der Bund finanziell am Hochschulneubau, hat dafür aber Mitspracherecht erhalten, u.a. in Form einer Rahmengesetzgebungskompetenz in diesem Bereich, in deren Rahmen die allgemeine Struktur der Universitäten in Deutschland bundesweit-einheitlich festgelegt werden kann, ob man beispielsweise eher Gesamthochschulen oder die traditionellen Universitäten (oder beides zugleich) fördert (hierzu siehe unten). Das Problem dieser Gemeinschaftsftsaufgaben besteht darin, das zuviele Instanzen im Hochschulbereich mitbestimmen können. Das sind einmal 16 Bundesländer, der Bund, teilweise die EG und die Hochschulen selber. Oft nur schwer lassen sie sich unter einen Nenner bringen: Politik blockiert sich selber und findet dann höchstens noch zu einem „faulen Kompromiß", der dann nicht sehr vielsagend ist. Hier können auch nur begrenzt die Selbstkoordinationsorgane der Bundesländer (Kultusministerkonferenz) Abhilfe schaffen.

Das aktuelle Hochschulgesetz z.B. von Nordrhein-Westfalen stammt aus dem Jahre 1980 und regelt den Universitätsbetrieb. Die Rechte der Studenten sind dort festgelegt, wann und wie sie sich immatrikulieren können, wer ein Student ist, in welchen Formen sie sich selbst organisieren können. Die Fachschaften und der Allgemeine Studentenausschuß – ASTA – sind die Vertretungsorgane der Studentenschaft. Das Gesetz regelt die Rechtsstellung der Professoren usw. Und es regelt vor allem die sogenannte Integration der Hochschulen. Das war das große Ziel des Gesetzes gewesen, wie es ursprünglich von der Studentenbewegung Ende der 60er Jahr entwickelt worden war. Es gab – und gibt – eine Vielzahl von Hochschultypen. Wir haben Universitäten, wir haben Pädagogische Hochschulen, wir haben Fachhochschulen, wir haben Akademien, Kunstakademien, Musikhochschulen u.a. Diese Vielfalt sollte weitgehend in Gesamthochschulen zusammengefaßt werden, um die Übergänge von einer Hochschule in die andere zu erleichtern. Ebenso sollten alle Hochschulen an das wissenschaftliche Niveau der Universitäten herangeführt werden, d.h. z.B. die Lehrerausbildung an den Pädagogischen Hochschulen sollte durch die Integration verwissenschaftlicht werden.

Die Probleme der Hochschulintegration sind oft diskutiert worden, und sie erwiesen sich als derart gravierend, daß die Integration auch nur zum Teil durchgeführt wurde. In CDU oder CSU geführten Bundesländern gibt es kaum Gesamthochschulen, es gibt sie im wesentlichen nur in SPD-Ländern. Das Gegenargument gegen die Gesamthochschulen war vor allem, daß jede Universität oder jeder Hochschultyp eine eigene Aufgabe wahrzunehmen habe (Lehrerausbildung, Ärzteausbildung etc.); diese Aufgabe würde wahrscheinlich gestört oder pervertiert, wenn die jeweilige Hochschule in eine Gesamthochschule integriert würde. Zum Teil waren und sind diese Bedenken durchaus gerechtfertigt, z.B. bei den Pädagogischen Hochschulen. Durch die „Verwissenschaftlichung" wurde das ursprüngliche Ziel, die Lehrerausbildung und die Vermittlung didaktischer Qualifikationen, in den Hintergrund gerückt. Daher wurden in CDU-Ländern höchstens Gesamthochschulen in dem Sinne gebildet, daß wir die an einem Ort vorhandenen Hochschulen durch gemeinsame Gremien locker verbunden wurden, aber selbständig blieben.

Die hochschulpolitische Diskussion der 90er Jahre wird bestimmt von einem angeblichen Bildungsnotstand, der u.a. an den überfüllten Universitäten und Hochschulen (rd. 2 Millionen Studierende in Deutschland) sowie dem sinkenden Anteil ausländischer Studenten, die lieber in den USA studieren, festgemacht wird.

Dabei ist es aber gar nicht so einfach das Absinken des Bildungsniveaus auch nur einigermaßen zuverlässig zu messen. Wahrscheinlicher

2.2. DER ORGANISATORISCHE AUFBAU VON UNIVERSITÄTEN

ist es, daß die gegenwärtige Diskussion um den Bildungsnotstand aus wissenschaftspolitischen Gründen von der Wissenschaft selbst initiiert wurde – bewußt oder unbewußt: Denn wissenschaftspolitisch ist es durchaus rational, ständig über die überfüllten Universitäten zu klagen, um neue Stellen und sonstige Finanzierungsmittel zu einzuwerben. (Ständig den alsbaldigen Zusammenbruch des hochschulpolitischen Betriebes zu prophezeien, ist jedoch nicht ratsam, da er dann doch nicht eintritt.) Um das Klagen glaubwürdig erscheinen zu lassen, gehört es zum guten Ton unter Hochschullehrern, ein sinkendes Niveau zu behaupten. Und diese Behauptung – zumal aus professionellem Munde – verselbständigt sich dann medial und wird allgemein geglaubt – bis ins Ausland (siehe die sinkende Zahl ausländischer Studierender).

Was an dem professoralen Klagen vielleicht realitätsadäquat ist, ist das geänderte Sozialverhalten von Studierenden und die veränderten Funktionen von Hochschulen (was aber nicht gleichzusetzen ist mit Qualitätssenkung). Studenten sind heute keine kleine, elitäre Minderheit mehr, die studiert, um im Anschluß an das Studium mit großer Sicherheit eine Top-Position in Wirtschaft oder Politik zu übernehmen. Angesichts der 2 Millionen Studenten, dient das Studium weit aus mehr als früher der Realisierung des ursprünglichen Ideals von Humboldt, nämlich der freien und nicht berufsbezogenen Bildung der Persönlichkeit, Ausleben von Freiheit und auch von Freizeit. Der Hochschullehrer ist dementsprechend der Moderator, wenn nicht gar der Animateur oder Entertainer in diesen Bildungsprozessen. Studium als Freizeitgestaltung (auch, weil der Arbeitsmarkt nichts besseres liefert) hat natürlich zur Folge, daß man so studiert, daß es Spaß macht: man kommt oder geht oder kommt und geht zugleich, ist mal da oder auch nicht, je nachdem, wie man auch zwischendurch jobben oder das Kind versorgen muß. Darüber zu klagen ist sinnlos, es ist halt so. Aber es verändert den Hochschulalltag erheblich. Sei's drum!

Obwohl also der Bildungsnotstand ein zumindest in Teilen politisch und sozial konstruierter ist – ein gemachter, ein bloß behaupteter – oder bedingt ist durch die aufgezeigten, sozialen Änderungen, zeigt er nichtsdestotrotz Folgen, gemäß des altbekannten Thomas-Gesetzes

KAPITEL 2. ORGANISATION DER UNIVERSITÄT UND DES STUDIUMS

der Soziologie: Eine (soziale) Situation ist im wesentlichen dadurch bestimmt, wie ich oder wie wir sie definieren, bestimmen (nicht, wie sie „wirklich" ist, wenn es überhaupt so etwas wie „Wirklichkeit" gibt).

Denn Politik muß angesichts stets bevorstehender Wahlen immer durch irgendwelche Aktivitäten unter Beweis stellen, daß sie zu irgend etwas da ist. In diesem Zusammenhang bietet sich natürlich die Hochschulpolitik an. Andere Politikbereiche sind oft sehr finanzträchtig (z.B. die Sozialpolitik) und angesichts leerer Kassen weniger attraktiv.

Zunächst wird für die Hochschulreformen das entsprechende sozialpolitische Klima geschaffen: Die Hochschullehrer sind faul, sie lehren nur acht Stunden pro Woche (wobei geflissentlich verschwiegen wird, daß neben der Lehre auch noch geforscht wird.) Das sei eine der Ursachen für den Bildungsnotstand. Und nun kann, da die Ursache angeblich identifiziert wurde, Politik aktiv werden.

Das heutige Stichwort hierzu lautet: *Evaluation*. Es entstammt der Betriebswirtschaft und der Verwaltungswissenschaft und heißt direkt übersetzt: Bewertung von Ergebnissen. Natürlich meint die Wissenschaft weitaus mehr und tiefgründigeres mit diesem Begriff. Evaluation will bemessen, ob Ergebnisse eines politischen oder wirtschaftlichen Prozesses den ursprünglichen Zielen entsprechen. Die hochschulpolitische Frage ist nun: Entsprechen die Ergebnisse der Hochschule den Zielen der Hochschulen oder zumindest der Hochschulpolitik?

Hier werden schon die Probleme offensichtlich: Wie bekommt man die Ergebnisse und ziele in den Griff? Denn nur dann kann man bestimmen, ob die Ziele erreicht wurden. Als mögliche Indikatoren für professoralen Erfolg (oder Mißerfolg) werden nachstehende Meßzahlen gehandelt:

- Zahl der Studierenden und Prüfungen (Problem: je einfacher der Prüfer, um so höher die Zahl der Prüfungen);

- Zahl der von dritter Seite finanzierten Forschungsprojekte (als wären selbst geschriebene Bücher und selbstfinanzierte Forschungen ohne Bedeutung);

2.2. DER ORGANISATORISCHE AUFBAU VON UNIVERSITÄTEN

- Zahl der Publikationen (und deren Niveau?); usw.

Und welche Folgen sollen die ausgewerteten Meßzahlen dann haben? Gehaltssenkungen für die schlecht Abschneidenden?

Damit ist die Frage einer sinnvollen Bestimmung der Ziele aber noch gar nicht gelöst: allgemeine Persönlichkeitsbildung oder Ausbildung für bestimmte Berufe; Verkürzung der Studiendauer oder fundierte Bildung; Zahl bestandener Klausuren oder selbständig verfaßte Arbeiten?

Es ist ersichtlich, daß eine administrative und quantifizierende Erfassung des Hochschulsystems statt dessen Effektivierung wahrscheinlich nur dessen Gegenteil erzielt, was wohl auch für andere Verwaltungen – sowohl des Staates als auch der privaten Wirtschaft – gilt.

Man kann zwar von „oben" erzwingen oder durch Anreize bewirken, daß bestimmte Leistungen steigen – vor allem die einfachen und leicht zu bemessenden, z.B. Produkte oder Stempel je Stunde –, aber gute Lehre und gute Forschung kann man nicht verordnen bzw. finanziell erzwingen. Hierzu bedarf es der innerlichen („intrinsischen") Motivation.

Motivation läßt sich nicht administrativ verordnen. Minister, die mit dem inneren Widerstand oder der inneren Migration ihrer Mitarbeiter leben müssen (weil sie sie zuvor ungerechtfertigt verärgert haben), wissen davon ein Lied zu singen.

An diesem Problem werden wohl die heutigen Hochschulreformen scheitern, so wie auch analoge Versuche in öffentlichen und privatwirtschaftlichen Verwaltungen.

Letztlich funktionieren Universitäten (und wohl auch andere Verwaltungen) durch das Streben der Hochschullehrer anerkannt zu sein; zu forschen, weil es ihnen Spaß macht; und davon auch die Lehre profitieren zu lassen, weil die ergebnisse der forschung natürlicherweise in die Lehre einfließen; usw.

Und so schlecht, wie oft dargestellt, trotz Überfüllung auch nicht.

KAPITEL 2. ORGANISATION DER UNIVERSITÄT UND DES STUDIUMS

Exkurs 2: Zur Stellung der Universität in der Gesellschaft

An dieser Stelle stellt sich generell die Frage nach dem Verhältnis zwischen Universität und der sie tragenden Gesellschaft. Wie das Verhältnis zwischen beiden ausgestaltet sein soll, wie unabhängig die Universität sein kann oder soll, ist nur vor dem Hintergrund einer Gesamtanalyse der Gesellschaft zu leisten. (vgl. Bühl 1974)

In der Tradition der sog. Systemtheorie sollen hier Gesellschaften wie z.B. die der Bundesrepublik Deutschland als ein System begriffen werden, als ein großer Zusammenhang, innerhalb dessen die Teilbereiche, Subsysteme genannt, mit- und untereinander verflochten sind. Diese Subsysteme erfüllen für die Gesamtgesellschaft bestimmte Aufgaben, Funktionen, die für den Bestand und die Weiterexistenz der Gesellschaft unabdingbar sind. Jede Gesellschaft hat verschiedene Untereinheiten, zumindest vierer bedarf sie notwendigerweise, so der Systemtheoretiker und Soziologe Talcott Parsons, dessen Gedanken hier leicht modifiziert übernommen werden:

Politik: mit der Aufgabe, für die Gesellschaft verbindliche Entscheidungen zu treffen, Entscheidungen zur Lösung oder Bewältigung der Probleme einer Gesellschaft, z.B. des Problems der Umweltverschmutzung;

Wirtschaft: mit der Aufgabe, eine Gesellschaft materiell zu versorgen und ihr dadurch die Fähigkeit zu geben, sich an stets ändernde Umweltbedingungen anpassen zu können, z.B. die Erdölpreiskrise und Erdölverknappung von 1973/74, auf die mit Umstrukturierungen des wirtschaftlichen Produktionsapparates (Energieeinsparungen, Investitionen in Sonnen- und Atomenergie usw.) reagiert wurde;

Erziehung/Erziehungssystem/Wissenschaft: mit den Aufgaben, die Jugend an die Normen und Wertvorstellungen einer Gesellschaft heranzuführen, ihnen das notwendige Wissen zur immer komplexer werdenden Daseinsbewältigung an die Hand zu geben sowie durch die Wissenschaft Technologie und know-how der Gesellschaft bereitzustellen.

2.2. DER ORGANISATORISCHE AUFBAU VON UNIVERSITÄTEN

Kultur/Religion: mit den Aufgaben, die grundlegenden Wertvorstellungen einer Gesellschaft von einer Generation zur nächsten zu bewahren und zu vermitteln, zu tradieren.

Wenn man Gesellschaft so versteht, dann ist einerseits eine gewisse Autonomie der Subsysteme anzunehmen, denn diese können ihre Aufgaben nur funktionsgerecht erfüllen, wenn dies – in Grenzen – ohne Einwirkungen der anderen Subsysteme erfolgt: Politische Entscheidungen können eben nur schwer getroffen werden, wenn ständig die religiösen Grundlagen einer Gesellschaft davon tangiert werden. Das führt nur zum Bürgerkrieg, wenn sich religiös fundierte Konfliktparteien gegenüberstehen, siehe Nordirland (evangelische versus katholische Christen), Libanon (Christen gegen Moslems) und Jugoslawien, wo sich ja auch Katholiken und orthodoxe Christen bekämpften.

Selbstverständlich sind die Subsysteme aber auch abhängig von den anderen Systemen und auch abhängig vom Gesamtsystem überhaupt. Man ist nicht isoliert in einer Gesellschaft. Man ist auf die Leistungserbringung der anderen Subsysteme angewiesen: die Politik auf die Steuern aus der Wirtschaft und die Wissenschaft auf die Gelder, die ihr das politische System bereitstellt.

Das Gesagte gilt auch für das Subsystem „Wissenschaft": Wissenschaft hat einerseits unbestritten die Aufgabe, Wahrheit zu produzieren, d.h. Wissen bereitzustellen, das Wirtschaft und Gesellschaft benötigen. Und diese Wissenserstellung erfolgt weitgehend autonom, selbständig. Kein Wirtschaftsführer oder Politiker käme in demokratischen Staaten auf den Gedanken, in der Grundlagenforschung bestimmen zu wollen, d.h. in solchen Bereichen, die nicht direkt produktionsrelevant sind, zumal Externe nicht die Kompetenz und den Einblick besitzen, was überhaupt in der jeweiligen Wissenschaft vor sich geht. Externe Eingriffe würden daher oft gar nicht wirken, weil sie einem Stochern im Nebel gleich kommen. Oft hat ja nicht einmal ein Wissenschaftler weitergehende Kenntnisse der Entwicklungen einer Nachbardisziplin.

Solche Grundlagenforschung ist deshalb weitgehend frei und nur bestimmt durch die Wissenschaftler des jeweiligen Gebiets, weil sich

KAPITEL 2. ORGANISATION DER UNIVERSITÄT UND DES STUDIUMS

Wirtschaft und Gesellschaft schaden würden, wenn sie den wissenschaftlichen Erkenntnisprozeß in dem einen oder anderen Sinn beeinträchtigen würden. Denn dann würden wahrscheinlich nicht mehr die technischen und sonstigen Neuerungen durch die Wissenschaft erfolgen, wie sie insbesondere für die internationale Konkurrenzfähigkeit einer Wirtschaft vonnöten sind. Am stärksten haben sich sowohl Stalinismus als auch Nationalsozialismus dadurch geschadet, daß sie die Wissenschaft politisch und ideologisch zu steuern versuchten: Die Relativitätstheorie von Einstein wurde als „jüdische Mathematik" diffamiert, und die staatsoffizielle Vererbungslehre der Sowjetunion der 30er Jahre wurde an die Marxschen Annahmen anzupassen versucht. Auf der anderen Seite wäre es jedoch illusorisch, wenn Wissenschaftler meinen würden, sie seien gänzlich unabhängig. (vgl. Oppen 1969) Sie sind es nur zum Teil, wenn auch im Vergleich zu anderen die Unabhängigkeit größer ist. Denn die Wissenschaft hat bestimmte, oben aufgezeigte Aufgaben für die Gesellschaft zu erfüllen. Sie hat zu lehren, sie hat in der Forschung Innovationen zu erbringen.

Der Inhalt der Lehre ist bei den Professoren durch die sogenannte *Venia Legendi* vorgegeben. Diese gibt den Gegenstandsbereich an, den ein Professor bearbeitet, z.B die Venia Legendi des Politikwissenschaftlers ist die Politikwissenschaft. Für ihn ist es nicht möglich, z.B über die geologischen Strukturen im hinteren Alpengebiet zu forschen. Auch sind die Lehrenden – zumal als Beamte – dem Grundgesetz verpflichtet, ihre Meinungen müssen sich im Rahmen des vom Grundgesetz abgezeichneten Spektrums bewegen. Insbesondere die Aufgabe der Politikwissenschaft ist es, die Grundnormen dieses Gemeinwesens den nächsten Generationen zu vermitteln.

Die Universität lebt nicht im gesetzesfreien Raum, sie ist an Gesetze gebunden.

Erhält sie private Gelder zur Forschung, so können diese Geldgeber legitimerweise bestimmen, was gemäß welcher Fragestellung erforscht werden soll. Nicht einmischen dürfen sie sich allerdings in die Art und Weise, wie der Gegenstand erforscht werden soll. Da die Geldgeber meist im eigenen Interesse an einem möglichst objektiven Ergebnis interessiert sind, gibt es in diesem Bereich auch kaum Interventionen. Etwas anderes ist es, wenn man von der Wissenschaft seine Meinung bestätigt erhalten will, z.B. in einem Rechtsstreit, wo die eine Seite ein

Gutachten eines Juristen anfordert. Das ist nartürlich eine Perversion von Wissenschaft. Letztlich bleibt hier nur der ethische Appell an den Wissenschaftler, sich nicht vereinnahmen und nicht für Geld sein Ethos gegen hohes Honorar vermarkten zu lassen.

Exkurs 2: Ende

2.3 Organisation des Studiums

2.3.1 Organisation des Grund- und Hauptstudiums

Jeder Studierende muß zu Beginn seines Studiums genau definieren, was er will. Er muß quasi sein Studium vorweg planen, wenn er erfolgreich sein will. Phasen müssen festgelegt werden, wann was zu tun ist. Das gilt insbesondere für die Magister-Studiengänge, die wenig strukturiert sind, weniger als Diplom-Studiengänge, die in sich meist sehr konturiert sind. Die folgenden Ausführungen sollen hier ein wenig helfen.

Ziel des Grundstudiums (der ersten vier Semester) sollte es sein, einen allgemeinen Einblick in das Fach zu gewinnen – unter Beachtung des Spektrums aller Teilgebiete: von der Innenpolitik über die Internationale Politik bis zur Geistesgeschichte. Dabei ist eine bloße Seminar-Fixierung zu vermeiden. Auch außerhalb des offiziellen Lehrangebots gibt es Themen, zu denen die Lektüre lohnt. Initiative wird hier erwartet, sich selbst neue Gegenstandsbereiche zu erschließen. Überhaupt stellt die Universität ein soziales Feld dar, auf dem man Selbständigkeit lernen kann und soll, ohne daß die Gefahren im Falle des Scheiterns zu groß wären. Die *Alma mater* fängt einen sanft wieder auf.

In dieser Phase müßte man sich auch schon darüber im klaren sein, mit welchem Berufsziel man Politikwissenschaft studiert. Darauf ist dann das Studium, insbesondere ab dem 4. Semester und hinsichtlich der Abschlußarbeit, auszurichten. Man sollte auch unter dem Aspekt lernen, daß man das Gelernte nachher beruflich verwenden kann. Dies schließt eine kritisch-wissenschaftliche Durchdringung der Gegenstandsbereiche nicht aus: Auch Arbeitgeber verlangen immer weniger bloße Ja-Sager. Erst recht benötigt man als Selbständiger Kritik- und Innovationsfähigkeit. Berufsorientierung kann daher nicht bedeuten, daß man sich auf ein Gebiet fixiert. Die Wahrscheinlichkeit, dort unterzukommen, ist eher gering. Wichtig ist daher die Einarbeitung in ein breiteres Spektrum möglicher Berufsfelder, z.B. indem man Sozialpolitik studiert, um dort dann später „einsteigen" zu können.

Wichtig ist es auch, generalistische Kompetenzen zu erwerben, die man in allen möglichen Berufsfeldern einsetzen kann, z.B. größere Organisationen zu „managen". Denn ein zentrales Prädikat der Politologen besteht darin, daß sie aufgrund ihrer sehr allgemein orientierten wissenschaftlichen Ausbildung quasi die „Experten für das Allgemeine" sind, die sich schnell in berufliche Arbeitsfelder einzuarbeiten vermögen.

In dieser Hinsicht ist die wissenschaftliche (= generalistische) Ausbildung des Politikwissenschaftlers identisch mit einer berufsfeldorientierten Ausbildung, denn in beiden Bezügen sind generalistische Kompetenzen optimal.

Das Hauptstudium müßte – im Rahmen des oben Gesagten – zentral unter dem Aspekt der Qualifikation für ein breiteres Berufsfeld stehen. Zu diesem Zweck empfiehlt es sich, eine Reihe von Praktika abzulegen. Die Fixierung auf einen Beruf sollte vermieden werden, da man dann von diesem einen Beruf zu sehr abhängig ist und an Flexibilität verlieren würde. Eventuell sind in dieser Zeit auch Auslandsstudien in Erwägung zu ziehen.

Statistische und EDV-Kenntnisse sind zu erwerben, da mittlerweile in fast jedem Berufsfeld erforderlich.

2.3.2 Tätigkeitsfelder von Politologen

„Die Bundesanstalt für Arbeit unterscheidet sieben große Tätigkeitsfelder für Hochschulabsolventinnen und -absolventen mit der Hauptfachrichtung Politikwissenschaft:

(a) Die politische Bildungsarbeit: Hierzu gehören zunächst die allgemeinbildenden und berufsbildenden Schulen, wo Politologen überwiegend in der Lehre tätig sind; sodann die politische Jugend- und Erwachsenenbildung, wo es nicht nur um die Lehre geht, sondern

2.3. ORGANISATION DES STUDIUMS

auch um eine Vielzahl organisatorischer Aufgaben wie Seminarplanung, Referentenkontakte, Tagungs- und Seminarleitung, Studienberatung der Hörer, Lösung von Finanzproblemen, Koordinierung der Mitarbeiter.

(b) Die Arbeit in Massenkommunikationsmitteln, z.B. Nachrichtenredakteur bei einer Rundfunk- oder Fernsehanstalt, Korrespondent von Tageszeitungen, Redakteur für ein Politikfeld bei einer Tageszeitung, Parlamentskorrespondent einer Rundfunkanstalt, Assistent eines Intendanten u.ä. Der Medienbericht der Bundesregierung 1985 zeigt dabei nach dem neuesten Stand die Vielzahl der Medien und Arbeitsfelder in Medien, die in diesem Bereich beachtet werden müssen.

(c) Die Arbeit in Parteien und Parlamenten, die von der Ausübung politischer Wahlämter über Funktionen der wissenschaftlichen Beratung und Entscheidungsvorbereitung, der Öffentlichkeitsarbeit und der journalistischen Tätigkeit, einschließlich der Organisations- bzw. Verwaltungsarbeit bis hin zu Referenten, Fraktionsgeschäftsführern reichen. Bei den Parteien werden Politologen u.a. als Mitarbeiter in der allgemeinen Organisation, als Fachreferenten oder als Referenten für Presse- und Öffentlichkeitsarbeit verwendet. Hinsichtlich der Parlamente sind vor allem die wissenschaftlichen Dienste beim Bundestag und bei den Landtagen und die wissenschaftlichen Assistenten bei den Abgeordneten, Fraktionen und Arbeitskreisen der Fraktionen zu nennen.

(d) Die Arbeit in Verbänden, vor allem die großen Wirtschaftsverbände, d.h. Arbeitgeberorganisationen und Gewerkschaften, aber auch die Fachverbände der Wirtschaft und die wissenschaftlichen Institute der Arbeitgeberverbände und der Gewerkschaften.

(e) Die Tätigkeit im öffentlichen Dienst [...].

(f) Die Tätigkeit in der Wirtschaft: Hier sind vor allem die größeren Unternehmen zu nennen, in denen spezialisierte Funktionen für Entscheidungsvorbereitung, Aus- und Weiterbildung, innere und äußere Informationsarbeit benötigt werden.

KAPITEL 2. ORGANISATION DER UNIVERSITÄT UND DES STUDIUMS

(g) Die wissenschaftliche Tätigkeit: Hier sind die vielfältigen Tätigkeitsbereiche in Universitäten, technischen Hochschulen, Gesamthochschulen, Fachhochschulen und Forschungsinstituten zu nennen."

(G.W. Wittkämper (1988): Politikwissenschaft und Beruf, in: J. Bellers und R. Robert [Hrsg.]: Politikwissenschaft I. Grundkurs, Münster, S. 276-316)

2.3.3 Einige Regeln, wie ich mein Studium bewältigen kann

1. Für die Fragestellungen meiner wissenschaftlichen Arbeiten (seien sie nun wissenschaftlich oder später beruflich motiviert) benötige ich Wissen. Dieses Wissen ist nur durch Lektüre der in Frage kommenden Literatur zu erwerben.

Das Problem ist: Das vorhandene Wissen ist potentiell unendich; meine Fähigkeit, es zu verarbeiten, ist aber allein aus zeitlichen Gründen sehr begrenzt. Gehe daher selektiv, auswählend gemäß Deiner Fragestellung an den „Literatur-Berg" heran. Lese nicht 70 Bücher voll und gänzlich, um dann nachher gänzlich verwirrt zu sein. Gehe die Literatur vielmehr zunächst flüchtig anhand des Inhaltsverzeichnisses und/oder des Stichwortverzeichnisses kursorisch durch, um zu entscheiden, ob die Lektüre für Deine Fragestellung lohnt. Oft braucht man dann ein Buch schon nicht mehr zu lesen. Oft ist aber dann auch eine zumindest flüchtige Lektüre einzelner Kapitel angebracht. Wenn ein Teil wirklich zentral für meine Fragestellung ist, ist natürlich eine eingehende Durcharbeitung vonnöten. Hier gilt es dann auch, ausführliche Notizen anzufertigen, um einen späteren Rückgriff auf das Material zu ermöglichen.

2. Der Karteikasten dient dem Zweck, solche Notizen über einen längeren Zeitraum aufzubewahren. Einen solchen Karteikasten kann man entweder nach Autorennamen ordnen oder nach Sachgebieten, die für einen von Interesse sind. Bei beiden Gliederungsgesichtspunkten ist eine alphabetische Anordnung empfehlenswert, z.B. nach dem

2.3. ORGANISATION DES STUDIUMS

Anfangsbuchstaben des Autors eines bearbeiteten Buches. Notiere jedoch nicht zu viel und alles, oft ist eine nochmalige Lektüre des Buches selbst besser. Z.T. ist auch ein Kopieren der wichtigen Passagen arbeitsökonomischer, effizienter.

3. Willst Du Deine Kenntnisse einem universitären (oder auch außeruniversitärem) Publikum präsentieren, z.B. im Rahmen von Seminarreferaten, so beschränke Deine Ausführungen sowohl im Thesenpapier als auch im mündlichen Vortrag auf das Wesentliche: Ein Vortrag von mehr als 30 Minuten übersteigt meist die Geduld und das Auffassungsvermögen der Hörerschaft, sodaß es besser ist, offene Details in der anschließenden Diskussion zu klären.

Spitze Deinen Vortrag in wenigen, provozierenden Thesen zu, die Aufmerksamkeit erregen. Vereinfache lieber, als Dich in Details zu verlieren. Differenzierungen können später noch angebracht werden. Nur das Einfache, Klarkonturierte wird verstanden. Führe daher eher abstrakte Erklärungen von Sachverhalten an, als Dich im Klein-Klein von Beschreibungen zu ergießen. Oft sind zu diesem Zweck auch Tabellen, Graphiken oder sonstige Schemata dienlich, die gut zusammenzufassen vermögen. Benutze hierzu Overhead-Projektoren oder die klassische Tafel, die gegenüber dem Projektor den Vorteil hat, daß der Vortragende seine Gedanken in einem Tempo schriftlich-kreidig darlegen kann, das vom Zuhörer auch nachvollziehbar ist. Demgegenüber ist man beim Projektor allzuleicht geneigt, schnell eine vorbereitete Folie vorzulegen, die dann in dieser Schnelligkeit kaum vom Zuhörer nachvollzogen werden kann.

Weise Widersprüche auf, die die Diskussion anzuregen vermögen.

Probe ggf. Deinen Vortrag in einer vorbereitenden Arbeitsgruppe. Achte allerdings darauf, Dein Studium nicht in Arbeitsgruppen aufzulösen, denn so wichtig auch das Lernen sozialer Verhaltensweisen in Gruppen ist, mindestens ebenso wichtig ist das individuelle und selbstverantwortete Einarbeiten in Gegenstandsbereiche. Problematisch an Arbeitsgruppen sind oft auch der unterschiedliche Kenntnisstand und die unterschiedliche Motiviertheit der Arbeitsgruppenteilnehmer.

Die Ergebnisse der Diskussion im Seminar sollten nachgearbeitet und nach Möglichkeit in die eigene wissenschaftliche Arbeit integriert werden.

KAPITEL 2. ORGANISATION DER UNIVERSITÄT UND DES STUDIUMS

4. Für die wissenschaftliche schriftliche Darlegung gilt es, bestimmte Gliederungsschemata einzuhalten. Man sollte hier eher traditionell als zu innovativ verfahren (Das Innovative wird allzuoft nur als Spinnerei ausgelegt.): Einleitung; Fragestellung; Hypothesenbildung; Darstellung des historischen oder empirischen Materials; Ergebnis; Schlußfolgerung; eigene Bewertung. Die eigene Meinung sollte erst zum Schluß der Arbeit zur Geltung gebracht werden.

5. Achte darauf, daß Du genügend und in richtiger Art und Weise auf die bestehende Literatur Bezug nimmst: Alles Wichtige wurde bereits irgendwann und irgendwo einmal zumindest im Ansatz gesagt und geschrieben. Und die wissenschaftliche Fairneß verlangt die ehrliche Angabe dieser Quellen. (vgl. Junne insgesamt 1976)

Diese Bezüge müssen im sog. Anmerkungsapparat verarbeitet werden. Das sind die Fußnoten im unteren Teil einer Seite, die auf Passagen in anderen Büchern und Aufsätzen verweisen. Diese Fußnoten müssen in einer streng vorgeschriebenen Form gestaltet sein. Wenn man ein anderes Buch angeben will, so müssen von diesem Buch folgende Angaben erfolgen:

Vorname, Name, Titel des Buches, Verlagsort, Erscheinungsjahr des Buches, ggf. Auflagenzahl, ggf. Seitenzahl, auf die man sich bezieht.

Bei Zeitschriftenaufsätzen ist anzugeben: Vorname, Name, Titel des Zeitschriftenbeitrages, in: Name der Zeitschrift, Jahrgang, ggf. Band, ggf. Heft-Nummer, Seitenzahl: S. ... – S. ...

Auch andere Zitier- und Anmerkungsweisen sind möglich, z.B. die „amerikanische Zitierweise". Um Verwirrung zu vermeiden, soll hier jedoch darauf nicht eingegangen werden. Es sei auf die einschlägige Literatur verwiesen. Oft ist ein diesbezüglicher Blick in Zeitschriftenaufsätze sehr lehrreich, in denen man aus der Praxis lernen kann, wie es gemacht wird.

Ein wissenschaftlicher Aufsatz, die universitäre Hausarbeit beginnt mit einem Titelblatt, das das Semester, das Bezugsseminar, den Titel der Arbeit und die Anschrift des Verfassers enthält; und mit einer Gliederung (inkl. Seitenzahlangaben für die einzelnen Kapitel); und sie schließt mit einer Bibliographie, d.h. einem alphabetisch geordneten Verzeichnis der verwandten Literatur in der oben angegebenen

2.4. DER SOZIAL- UND POLITIKWISSENSCHAFTLICHE FORSCHUNGSPROZESS

Zitierweise.

Wenn Passagen aus Büchern und Aufsätzen wortwörtlich übernommen werden, ist dies zu Beginn und am Ende des Zitates durch Anführungszeichen („und ") kenntlich zu machen. (Hansen, Nyssen und Rützel 1978)

weiterführende Literatur:

Bellers, J. und R. Robert (1988): Politikwissenschaft I, Münster

Bühl, W.L. (1974): Einführung in die Wissenschaftssoziologie, München

Junne, G. (1986): Kritisches Studium der Sozialwissenschaften, 2. Auflage, Stuttgart

Hansen, G., E. Nyssen und J. Rützel (1978): Einführung in wissenschaftliches Arbeiten, München

Horn, R. und W. Neubauer (1987): Fachinformation Politikwissenschaft, Literaturhinweise, Informationsbeschaffung und Informationsverarbeitung, München

Oppen, D. (Hrsg.) (1969): Lehrfreiheit und Selbstbestimmung, Berlin

Rektorat der Westfälischen Wilhelms-Universität (Hrsg.) (1989): Struktur und Entwicklung der Westfälischen Wilhelms-Universität, Münster

2.4 Der sozial- und politikwissenschaftliche Forschungsprozeß

2.4.1 Einleitung

Eine zentrale Aufgabe der Universität (und auch der Studierenden) ist die Untersuchung und Erforschung von den Gegenstandsbereichen, die zum Feld der jeweiligen Wissenschaft gehören. Zwar kann ein Student in den Anfangssemestern selbst nur in begrenztem Umfang forschen, d.h. selbst neues Material erheben (z.B. durch Vor-Ort-Recherchen, Besuch von Archiven), dazu fehlen noch Können, Zeit und Geld. Er muß sich daher auf die Verarbeitung von Sekundärliteratur beschränken, die ja derartig primär und originär erhobenes Martertial für Dritte komprimiert und hoffentlich auch verständlich aufbereitet darstellt. Aber zu seinen Pflichten gehört es spätestens ab dem dritten Semester, eine kleinere wissenschaftliche Arbeit auf der Basis der erhältlichen Literatur anzufertigen.

Diese Arbeit muß nun – wie alles wissenschaftliche Arbeiten überhaupt – bestimmten, allgemein akzeptierten Regeln folgen, um als wissenschaftliche Arbeit betrachtet werden zu können. Wissenschaft kann ja geradezu als regelgeleitetes, systematisches Verfahren definiert werden, mit dem Realität – was immer das sein mag – möglichst exakt und adäquat erfaßt werden kann.

Im folgenden sollen daher die Regeln wissenschaftlichen Arbeitens entwickelt werden, zunächst in Form einer Beschreibung der erforderlichen Schritte auf dem Weg zur „Wahrheit", dann in Form einer Darstellung der Instrumente, Techniken und Methoden, des „Handwerkszeugs", das einem auf diesem Weg behilflich ist.

Am Rande werden dabei auch wissenschaftstheoretische Fragen gestreift, Wissenschaftstheorie in dem Sinne, daß sie Aussagen macht über das prinzipielle Verhältnis eines Wissenschaftlers zur Realität und als Antwort auf die Frage, wie (und ob) ich als Forscher überhaupt diese Realität erkennen kann. (Die folgenden Ausführungen basieren im wesentlichen auf einem positivistischen Wissenschaftsverständnis. Im ersten Kapitel wurden bereits die beiden anderen, wichtigen wissenschaftstheoretischen Grundpositionen behandelt: der normativ-ontologische und der dialektisch-marxistische Ansatz.)

Daß wir in unserem Alltag zwar die Realität einigermaßen, aber eben nicht sicher und zuverlässig erkennen können, ist ja der Grund dafür, daß wir Wissenschaft betreiben als die menschliche Einrichtung, die uns – auch zur Bewältigung der praktischen Probleme unseres Alltages – sicheres Wissen bereitstellen kann: Es ist halt gut für mein Ferienverhalten, wenn ich von der Wissenschaft weiß, daß zu starke Sonneneinstrahlung Hautkrebs erzeugen kann. Aus meiner Alltagser-

2.4. DER SOZIAL- UND POLITIKWISSENSCHAFTLICHE FORSCHUNGSPROZESS

fahrung weiß ich das nicht unbedingt.

2.4.2 Die Fragestellung

Was ist nun der Forschungsprozeß im einzelnen? Er gibt an, welche Phasen ich zu durchschreiten habe, welche Schritte ich unternehmen muß, um zu einem wissenschaftlich allgemein akzeptierten Ergebnis zu kommen. Das Wort „Prozeß" bringt schon zum Ausdruck, daß er eine länger ablaufende Zeitspanne umfaßt: Forschungsergebnisse liegen nicht plötzlich und evident vor, sie sind vielmehr in einem oft mühevollen, teuren und zeitraubenden Prozeß zu gewinnen: Für „Wissenschaft" braucht man nicht nur Intelligenz, sondern auch Ausdauer, Fleiß und Sitzfleisch.

Die erste Phase des Forschungsprozesses besteht in der möglichst exakten Fragestellung. Sozialwissenschaftler gehen an die Gegenstandsbereiche, die sie untersuchen wollen, mit einer bestimmten Perspektive heran, mit einer Fragestellung, die ggf. einem gesellschaftlichen Problem entspringt.

Man sollte sich das so vorstellen:

Hier ist die Realität. Die Realität als solche ist zunächst einmal diffus und unbestimmt. Sie ist nur teilweise für uns durch unser Alltagswissen strukturiert, klar erkennbar, ansonsten ist sie aber ein unklares

KAPITEL 2. ORGANISATION DER UNIVERSITÄT UND DES STUDIUMS

Etwas, von dem der eine die und der andere wiederum eine andere Meinung hat. Wir wissen zunächst einmal mit der Realität als solcher nichts anzufangen, weil sie ja potentiell unendlich ist: Was kann nicht alles zu ihr gehören? Daher sagen die Sozialwissenschaftler (vor allem die aus der analytisch-positivistischen „Ecke"): Wir können diesen umfassenden Komplex „Realität" nicht insgesamt erfassen – nicht präzise erfassen, wie es das Ziel von Wissenschaft im Unterschied zum Alltagswissen ist – sondern wir müssen uns darauf beschränken, nur Teilbereiche zu untersuchen, die wir dann allerdings exakt beschreiben können. Die Auswahl dieses Teilbereiches erfolgt über eine spezifische Fragestellung, die u.a. einem Problem entspringen kann. „Realität" wird gemäß dieser Fragestellung erschlossen. Die Fragestellung bezieht sich wie ein Brennglas auf die Wirklichkeit und schneidet den Kreis heraus, der uns interessieren soll.

Der Ansatz mit einer Fragestellung ist typisch für Sozialwissenschaftler.

Die sozialwissenschaftliche Politikwissenschaft versucht, perspektivisch, gemäß einer Fragestellung, an den Gegenstandsbereich heranzugehen, weil gesagt wird, dieser Gegenstandsbereich ist wahrscheinlich in seiner Fülle gar nicht erfaßbar.

Z.B. die Gesellschaft der Bundesrepublik. Was ist das? Wo ist das? Wer hat sie je gesehen, so wie man einen Baum sieht?

Die Fragestellung ist meistens so gestaltet, daß zwei Gegenstandsbereiche (auch Variablen genannt) verbunden werden. Um ein Beispiel aus der „Gesellschaft der Bundesrepublik " zu nennen: (1) Gegenstandsbereich: der Staat in der Bundesrepublik Deutschland, und (2) Bürgerinitiativen.

Eine möglich Fragestellung, die unser Forschen leitet, wäre dann: Wie wirkt der Staat auf Bürgerinitiativen? Oder man könnte auch anders herum fragen:

Welches staatliche Handeln bewirkt das Entstehen von Bürgerinitiativen? Das eine Mal wird „der Staat" als Wirkfaktor auf die Bürgerinitiativen betrachtet. In diesem Fall ist „der Staat" die unabhängige Variable, die woanders etwas bewirkt. Dieses „Woanders", hier die Bürgerinitiativen, ist die sog. abhängige Variable, nämlich von der unabhängigen Variable (=Staat) abhängig. Man kann aber auch „die

2.4. DER SOZIAL- UND POLITIKWISSENSCHAFTLICHE FORSCHUNGSPROZESS

Bürgerinitiativen" als unabhängige Variable setzen, die beim Staat (jetzt: abhängige Variable) etwas bewirkt. Was abhängige oder unabhängige Variable ist, hängt vom Forscher und seiner Fragestellung ab. Welche Beziehungsrichtung sinnvoll ist, entscheidet allein die Untersuchung und deren Ergebnisse. Wenn eine Beziehung in der Realität bestätigt wird, so war die Frage nach ihr gerechtfertigt; ein weiteres Forschen in dieser Richtung ist legitim und zu befürworten; wenn nicht, sollte ein Forschen in dieser Richtung eingestellt werden.

Um ein weiteres Beispiel zu nennen: Es ist durchaus berechtigt, die Fragestellung zu verfolgen: Wie wirken Sonnenflecken auf das Ausbrechen von politischen Revolutionen? Wenn man hier allerdings zu dem Ergebnis einer Nicht-Beziehung kommt, sollte man woanders mit seinen Forschungen ansetzen. (Auch ist es für jüngere Semester ratsam, sich bei der Wahl der Fragestellung am gesunden Menschenverstand und am allgemeinen wissenschaftlichen Konsens darüber zu orientieren, was wahrscheinlich fruchtbringend zu untersuchen sei. Das sollte aber nicht das Recht auf abstruse Fragestellungen ungebührlich einschränken, denn das anfangs abstrus Erscheinende kann die wissenschaftliche Innovation bringen, die so manches im neuen Licht erscheinen läßt.) Auch die Kepplersche Behauptung, die Sonne – und nicht die Erde – stünde im Mittelpunkt unseres Planetensystems, erschien den Zeitgenossen zunächst abstrus!

Der erste Schritt des analytischen Verfahrens, wie es z.B. auch in Haus- und Seminararbeiten u. dgl. angewandt werden kann, besteht darin – wie bereits ausgeführt –, die Fragestellung herauszuarbeiten. Man kann nicht einfach anfangen, zu erzählen (wie das die traditionelle Geschichtswissenschaft tat und tut): Adenauer machte das und das, dann und dann und so und so, sondern es ist – als Sozial- und Politikwissenschaftler – zu fragen, warum machte Adenauer das und das. Was waren die Ursachen und Motive seines Handelns? Fragestellung könnte z.B. sein: Wie arbeiteten Adenauer und die westlichen Alliierten zusammen? Wer wirkte wie auf den anderen wie ein? Lassen sich hier allgemeinere Aussagen gewinnen? Z.B. der Art: Immer dann, wenn sich Adenauer stark fühlte, kam es zu Konflikten mit den USA.

Damit haben wir allerdings schon einen weiteren Schritt im Forschungsproze8 angesprochen, zu dem wir erst später kommen werden, nämlich dem Bestreben, gesetzesartige sozialwissenschaftliche Aussagen („immer dann, wenn ...") aufzustellen.

2.4.3 Definitionen

Zunächst kommen wir jedoch zum zweiten Schritt.

Der zweite Schritt des Forschungsprozesses ist die Definition der verwendeten Begriffe. Jede Arbeit muß damit begonnen werden, daß man sagt und definiert, was man unter den Begriffen, die man benutzt oder einführt, versteht. (vgl. Kromrey 1980: 56 ff.)

Denn zunächst sind die Begriffe, wie wir sie aus unserer Alltagssprache übernehmen, unscharf. Genauso, wie die Realität diffus und kaum strukturiert ist und niemand genau weiß, was wie ist, genauso sind die Begriffe über diese Realität zunächst einmal nicht exakt. Der eine versteht unter „Polizei" nur den Polizisten an der Ecke, der andere zusätzlich auch den gesamten, damit zusammenhängenden Verwaltungsapparat. Die Begriffe sind also unterschiedlich gefüllt. Nur so sind die zahlreichen Mißverständnisse im zwischenmenschlichen Umgang zu erklären. Oder man vergegenwärtige sich das Problem, wie schwierig es ist, einem Fremden den Weg zu erklären.

Und noch schwieriger ist es, nicht direkt wahrnehmbare Phänomene zu bestimmen. Was ist der Staat? Insgesamt sehen können wir ihn ja nicht, nur einzelne seiner Repräsentationen, Manifestationen und Merkmale, auf die dann auch oft Bezug genommen wird. Fast jeder hat eine etwas andere Meinung darüber und versteht etwas anderes darunter. Es gibt wahrscheinlich einen gemeinsamen Kern der Vorstellungen über den Staat. Aber wer weiß ihn? Der eine denkt, wenn er vom „Staat" hört, primär an das Merkmal Polizei, der andere an das „Finanzamt", und ein dritter an die „Bundeswehr". Jeder betont mit unterschiedliche Aspekten den Staat und eine seiner Bestimmungen.

Es muß aber für eine wissenschaftliche Arbeit genau definiert werden, was der Staat ist, denn wenn das nicht erfolgt, werden die Ergebnisse meiner wissenschaftlichen Untersuchungen unpräzise und ungenau. Wenn – wie gesagt – der Zusammenhang zwischen Staat und Bürgerinitiativen analysiert werden soll, dann muß exakt definiert werden: Wenn man den Umfang des Begriffes „Staat" groß anlegt (Bun-

2.4. DER SOZIAL- UND POLITIKWISSENSCHAFTLICHE FORSCHUNGSPROZESS

deswehr + Polizei + Finanzamt), dann kommen wahrscheinlich ganz andere Ursachenperspektiven für das Verhältnis „Staat – Bürgerinitiativen" in den Blick, als wenn man eine enge Definition von Staat zugrundelegt (Staat = nur Polizei).

Eine genaue Definition ist auch deshalb vonnöten, weil ein weiteres Kriterium für die Wissenschaftlichkeit einer Arbeit darin besteht, daß meine Untersuchung überall von anderen Forschern kontrolliert werden können muß, und das ist nur möglich, wenn dieser Kontrolleur weiß, von welchen Begriffsdefinitionen ich ausgegangen bin.

Was ist nun der Staat?

Man kann zunächst einmal pragmatisch beginnen, sodaß es für meine Untersuchung am praktischsten ist. Man nimmt den Aspekt des Staates, der für meine Untersuchung von Bedeutung ist. Da wird, wenn man die Bürgerinitiativen in den 70er Jahren analysiert, der Aspekt des Staates mit seiner polizeilichen Gewalt von besonderen Interesse sein, weil in gewissen, nicht seltenen Situationen, wenn Bürgerinitiativen gegen Atomkraftwerke demonstrierten, der Staat mit polizeilicher Gewalt gegen die Bürgerinitiativen vorging oder vorgehen mußte, wenn es zu gewalttätigen Ausschreitungen kam.

Generell gesprochen: Man legt ein Merkmal fest, das man „am Staat" untersuchen will, hier: die Polizei. Und man betont bei dieser Definition des Staates „die Polizei", weil man meint, daß das Merkmal „Polizei" im Verhältnis zu den Bürgerinitiativen von besonderer Bedeutung ist. Man kann – wie bereits erwähnt – auch noch andere Merkmale angeben, z.B. Regierung und Verwaltung, Bundeswehr, Finanzamt, u.a. Man kann die Liste nahezu endlos fortsetzen. Aber wir konzentrieren uns hier auf ein Merkmal.

Nach diesem Verfahren, das als *pragmatisches Definitionsverfahren* bezeichnet werden kann, definiert man den Gegenstandsbereich gemäß der Fragestellung. Es wird auch das „nominalistische" Verfahren genannt, weil der Wissenschaftler hierbei davon ausgeht, daß er mit dem Begriff nur „Namen" (*nomen*) vergibt, die sich auf Aspekte des Gegenstandsbereiches beziehen, nicht aber diesen voll erfassen und repräsentieren. „Namen sind Schall und Rauch."

KAPITEL 2. ORGANISATION DER UNIVERSITÄT UND DES STUDIUMS

Um dies näher zu verdeutlichen, muß etwas weiter ausgeholt werden:

Das Grundproblem der Wissenschaft besteht darin, daß es eine Differenz zwischen Subjekt und Objekt (dem Gegenstandsbereich) gibt. Das Subjekt (der Forscher) ist wesentlich durch dessen Bewußtsein bestimmt: alles, was ich wahrnehme, „geht durch mein Bewußtsein". Und dieses nimmt gemäß bestimmter Strukturen wahr. Letztlich bleibt man daher immer im Rahmen seiner Wahrnehmungsstrukturen. Die Wahrnehmungsstrukturen sind bestimmt durch die Sprache: wie wir sprechen, so nehmen wir auch wahr: die Sprache hat z.B. den Begriff „Staat", aber im Gegenstandsbereich gibt es „den Staat" als solchen – kompakt wie ein Baum – nicht, den Staat kann man als solchen, als Gegenstand nicht wahrnehmen; er ist zunächst einmal nur durch die Sprache und den Wahrnehmungsapparat vorgegeben, vermittelt; man spricht vom „Staat" und strukturiert damit, gemäß dieses Begriffes, der meinem Bewußtsein, meiner Sprache entstammt, bestimmte Elemente der Realität. Mit anderen Begriffen könnte man diese Realität auch anders strukturieren: Man stelle sich vor, wir würden nur über den Begriff der Polizei und des Finanzamtes verfügen. Dann würden wir diese Teile der Realität zwar durchaus wahrnehmen und begrifflich bezeichnen, wir würden sie aber nicht unter dem übergeordneten Begriff des Staates zusammenfassen können.

Mit diesen Bewußtseinsstrukturen ist das Objekt selbst, hier der Staat (bleiben wir dabei!), noch nicht präsent. Es, bzw. er, „liegt" außerhalb des Bewußtseins.

Problem und Aufgabe der Wissenschaft bestehen nun darin, die Differenz zwischen der Subjekt- und der Objektebene zu überwinden. Und zwar so zu überwinden, daß man einigermaßen verläßlich die Objekte in der Umwelt trotz der Vermittlung über unsere Bewußtseinsstrukturen in den Griff bekommt und aussagen kann, was sie sind, wie sie zusammengesetzt sind, wie sie reagieren, wie sie wahrscheinlich reagieren werden, usw.

Diese Differenz muß auf eine Art und Weise bewältigt werden, daß nach Möglichkeit jeder Wissenschaftler zu ähnlichen Ergebnissen kommt. Wenn eine solche Ähnlichkeit oder Gleichheit von Aussagen gegeben ist, wird eine Aussage über einen Gegenstand von der Wis-

2.4. DER SOZIAL- UND POLITIKWISSENSCHAFTLICHE FORSCHUNGSPROZESS

senschaftsgemeinschaft als „wahr" oder „richtig" akzeptiert. Kriterium für Wahrheit einer Aussage ist also, ob andere Wissenschaftler oder die Wissenschaftsgemeinschaft insgesamt die Ergebnisse meiner Forschungen bestätigen – oder nicht bestätigen, d.h. ob meine Aussage in der Sicht der Wissenschaftsgemeinschaft den Gegenstand „trifft". Daß ein solches Urteil der Wissenschaftsgemeinschaft zustande kommt, hat natürlich zur Voraussetzung, daß es zwischen der Aussage und der „Realität" eine gewisse, immer wiederkehrende Übereinstimmung gibt. Die Übereinstimmung unter den Wissenschaftlern ist nicht grundlos, sondern in der Übereinstimmung von Aussage über ein Objekt einerseits und Objekt dieser Aussage andererseits begründet.

Das *nominalistische Definitionsverfahren* geht nun folgendermaßen vor:

Das Subjekt mit seinen Bewußtseins- und Wahrnehmungsstrukturen definiert quasi seinen Objektbereich, den es untersuchen will, d.h. was jemand unter „Staat" versteht, das ist das Ergebnis seiner Definition, seiner Festlegung, es ist eine Bewußtseinsleistung, durch die der Teil aus der Realität „herausgeschnitten" wird, der mich interessiert.

Graphisch ließe sich das wie folgt veranschaulichen:

Das Subjekt „bestimmt" das Objekt.

Seit Kant, oder genauer, seit Descartes, sagt die Wissenschaftstheorie, daß das menschliche Bewußtseins die Realität strukturiert (konstituiert).

Kant behauptete, der Mensch könne nur in Raum-Zeit-Kategorien wahrnehmen. Für Descartes waren es letztlich nur die menschlichen

KAPITEL 2. ORGANISATION DER UNIVERSITÄT UND DES STUDIUMS

Bewußtseinsinhalte, die ihm direkt und sicher gegeben sind. Die Objekte der Realität, wie man sie über das Bewußtsein wahrnimmt, sind im Vergleich hierzu vergleichsweise unsicher: Man kann sich ja über die Dinge täuschen.

Natürlich wäre es nun unsinnig, eine Nicht-Existenz der Realität auszunehmen; existent sei allein unser Bewußtsein, so eine Reihe radikaler Idealisten. Die Realität gibt es natürlich.

Kant nannte diese diffuse Realität, die uns nicht direkt zugänglich ist, das „Ding an sich", das jenseits unseres Bewußtseins liegt, von dem man aber ausgehen muß, denn die Dinge um uns haben irgendeine von unserem Bewußtsein unabhängige Materialität und damit Realität. Da ist irgend eine Wirklichkeit, die man annehmen muß, und die auch da ist, die wir fühlen können, an der man sich im Raume stößt. Diese Realität muß aber mit den menschlichen Bewußtseinsstrukturen erst begrifflich strukturiert, erfaßt werden, um von uns überhaupt gehandhabt und verstanden werden zu können.

Deshalb beginnt jede wissenschaftliche Arbeit mit Definitionen: „Ich verstehe jetzt im Folgenden z.B. unter Staat das und das." Und es folgt die Angabe der Merkmale, die ich dem „Staat" zuschreibe, Merkmale wie: Polizisten und deren Anzahl, usw.

Das entgegengesetzte Definitionsverfahren ist das *substantialistische*. Hier wird von den Substanzen ausgegangen, vom Realitätsbereich, vom Objektbereich, der als gegeben betrachtet wird. Dieses Verfahren geht genau umgekehrt vor wie das nominalistische:

Das Objekt „bestimmt" die Definition. Sie richtet sich nicht nach den Bewußtseinsstrukturen und definitorischen Bestimmungen des Forschers, sondern nach der Struktur des Gegenstandes, des Objektes, der „Substanz" selbst, deren verläßliche Erkennbarkeit angenommen wird. Daher kann man dieses Verfahren auch „objektivistisch" nennen. Es handelt sich übrigens um ein Verfahren, das in der Tradition der aristotelischen Philosophie und des normativ-ontologischen Ansatz der Wissenschaftstheorie steht. (siehe Kapitel „Geschichte der Politikwissenschaft" und das Kapitel zur Teildisziplin der Politischen Philosophie und Ideengeschichte)

2.4. DER SOZIAL- UND POLITIKWISSENSCHAFTLICHE FORSCHUNGSPROZESS

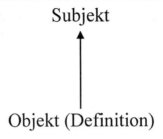

Als Beispiel sei hier wieder genannt: Was ist der Staat?

Nach Aristoteles ist der Staat eine reale Gegebenheit, die man in aller Welt antreffe, die man auch durchaus wahrnehmen könne. Was der Staat tatsächlich ist, könne man dadurch klären, daß man möglichst alle real bestehende Staaten untersucht, um festzustellen, was all' diesen gemeinsam ist. Und dieses ihnen Gleiche ist ihr Wesen, ihre Substanz: das, was den Staat zentral ausmacht und daher allen bestehenden Staaten gemeinsam ist; dieses Wesen ist zugleich die Definition des Staates, die sich aus der Wesensstruktur = Realitätsstruktur ergibt.

Alle Staaten sind nun erstens im wesentlichen dadurch gekennzeichnet, daß ihnen ein Territorium zugeordnet ist. Das Merkmal oder Definitionskriterium „Territorium" ist nicht vom Menschen und dessen Bewußtsein vorgegeben, sondern es ist dem Staat von der Sache her inhärent, mit ihm automatisch verbunden, wenn es so etwas wie Staat geben soll.

Zweitens und weiterhin stellt Aristoteles in seinen empirischen (= an der Beobachtung orientierten) Studien fest, daß alle Staaten eine bestimmte Bevölkerung in ihrem Einflußbereich organisieren. Drittens verfügen alle Staaten über eine Regierung (oder funktionsähnliche Einrichtungen). Man kann auch allgemeiner sagen: alle Staaten haben ein Herrschaftsgefüge, die für alle Staatsangehörigen verbindliche Entscheidungen treffen kann. Damit ist eine (mögliche) Definition von Politik überhaupt angesprochen: Politik ist Herrschaft durch verbindliche Entscheidungen. Verbindlich sagt, das sich jeder Bürger daran halten muß. Aus einem Sportverein kann man austreten, aber an die Entscheidungen des Staates muß man sich halten, man kann normalerweise auch nicht austreten.

Aristoteles sagt also, wenn man den Begriff Staat definieren will, dann muß man sich die Strukturen des Objektbereiches anschauen. Die Strukturen des Objektbereiches geben mir die Definitionen und die Merkmale des Staates vor. (siehe „essentialistisches Verfahren" im Kap. Methoden)

2.4.4 Hypothesen

Der nächste Schritt im Forschungsprozeß befaßt sich mit der Aufstellung von Hypothesen. Die Bildung von Hypothesen orientiert sich an der Fragestellung.

Die Fragestellung war: Das Verhältnis von Staat und Bürgerinitiativen.

Eine mögliche Hypothese wäre z.B.: Bürgerinitiativen, die gegen Gesetze verstoßen, werden vom Staat polizeilich verfolgt.

Die Hypothese ist also eine Konkretisierung der Fragestellung, indem eine bestimmte Wirkungsrichtung zwischen den beiden (oder mehreren) Gegenstandsbereichen (Variablen) der Fragestellung angenommen wird, deren Zutreffen oder Nichtzutreffen nun wissenschaftlich untersucht werden soll. Die Hypothese ist also noch kein gesichertes Wissen, sondern eine Vermutung hinsichtlich möglicher Beziehungen.

Diese Spezifikation der Fragestellung ist natürlich nicht einfach „aus der Hand zu schütteln", man muß vielmehr auf Wissensbestände zurückgreifen, die es mit zu verarbeiten gilt. Die Hypothese muß vor dem Hintegrund schon bestehender Theorien und Aussagen aufgestellt werden, für unser Beispiel vor dem Hintergrund von theoretischen Aussagen zu den Ursachen staatlichen Handelns.

Damit kommen wir zu einem weiteren Schritt im Forschungsprozeß, die Aufarbeitung des Wissensbestandes. Man muß also, und dies gilt nicht erst für die Magister- oder Promotionsabschlußarbeit, referieren, was bisherige Forschungen zur Fragestellung ergeben haben. Dies kann in mehreren Formen erfolgen. Man kann z. B. einen Literaturbericht erstellen (über die vorhandene Sekundärliteratur), oder man kann theoretische Aussagen zur Fragestellung, zum Gegenstandsbereich referieren.

Was sind jetzt Theorien?
Theorien sind ein Geflecht bestätigter Hypothesen.

2.4. DER SOZIAL- UND POLITIKWISSENSCHAFTLICHE FORSCHUNGSPROZESS

Es stehe z.B. die Hypothese: Der Staat schreitet gegen Bürgerinitiativen polizeilich und gerichtlich ein, wenn sie Gesetze brechen.

Diese Hypothese ist bestätigt, wenn man z.B. alle oder die meisten Bürgerinitiativen der Bundesrepublik seit 1970 untersucht und auch tatsächlich feststellt, daß der Staat meistens so wie oben angegeben und prognostiziert reagiert.

Eine Theorie ist dann gegeben, wenn mehrere solcher Hypothesen miteinander verbunden werden.

Graphisch ließe sich eine Theorie so versinnbildlichen:

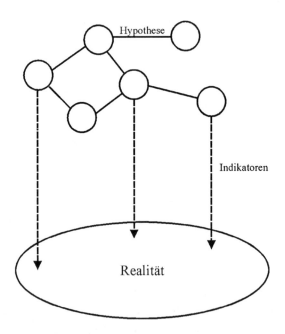

Die Pfeile geben an, daß eine Theorie über Indikatoren in der „Realität" verankert sein muß. Die „Kugeln" stellen Variablen von Hypothesen dar, die zusammen eine Theorie ergeben. Nicht alle Variablen müssen in der Realität über Indikatorenverankert sein, aber doch die zentralen, von denen auf die weniger bedeutenden geschlossen werden kann. Wichtig ist auf jeden Fall eine (wenn auch nur teilweise) empirische Fundierung.

Man kann in unser Beispiel noch weitere Faktoren einfügen, so die wirtschaftliche Entwicklung und die politische Kultur eines Volkes. Ob die Bevölkerung eher aggressiv ist oder sich eher friedlich verhält (= politischer Kultur); ob das Bruttosozialpolitik wächst oder schrumpft? Eine Theorie zum Verhältnis zwischen Bürgerinitiativen und Staat sähe folgendermaßen aus (das Beispiel ist fiktiv): Der Staat wirkt repressiv auf Bürgerinitiativen, vor allem dann, wenn das Wirtschaftswachstum sinkt und allgemein unter der Bevölkerung ein hohes Aggressivitätspotential herrscht.

Theorien haben immer die Aussageform: „Wenn, dann!", so auch in den Naturwissenschaften: „Wenn ich den Stein loslasse, fällt er (immer) zu Boden".

2.4.5 Die Untersuchung

Der nächste Schritt im Forschungsprozeß – sein Hauptteil – ist die empirische, d.h. an Beobachtungen orientierte Untersuchung. Das ist eigentlich der Kern der Wissenschaft. Wissenschaft zeichnet sich ja gerade dadurch aus, daß sie die Differenz zwischen Subjekt und Objekt überwinden will und nur solche Aussagen gelten läßt, die durch außerhalb meines Bewußtseins liegende „Wirklichkeit" abgedeckt sind. Die bisherigen Schritte waren alle nur auf der Subjekt- und Bewußtseinsebene zu lokalisieren: Definitionen, Theorien, Hypothesen. Mit der empirischen Untersuchung zielt man auf die Objektebene: Es soll herausgefunden werden, ob der Staat wirklich repressiv auf Bürgerinitiativen einwirkt.

Es gibt eine Reihe von Verfahren, Methoden genannt, um die Subjekt-Objekt-Differenz zu überbrücken. (siehe hierzu das Kapitel „Methoden")

Für Studenten im Grund- und Hauptstudium genügt es, wenn sie ihre empirischen Untersuchungen anhand von Sekundärliteratur oder ggf. auch Presseberichten durchführen. (Solche Presseartikel sind übrigens in Pressearchiven, z.B. des Bundestages oder des Hamburger Weltwirtschaftsarchivs, leicht erschließbar, da sie hier nach thematischen Schwerpunkten und Stichwörtern systematisch gesammelt wer-

2.4. DER SOZIAL- UND POLITIKWISSENSCHAFTLICHE FORSCHUNGSPROZESS

den.)

Zur Sekundärliteratur gehören all' die Publikationen, die bestimmte Gegenstandsbereiche erschließen, z.b. eine empirische oder historische Untersuchung über Parteien, Verbände und sonstige Vereinigungen im Bundesland Hessen. Der Studierende hat diese Bücher nach Material durchzugehen, ob sie aussagekräftige Unterlagen für die Hypothese: Staat/Bürgerinitiative enthalten: z.b. Befragungen, Analysen und Auswertungen von Zeitungsartikeln, Schilderungen von Ereignissen, Wiedergabe von Reden, usw. Diese Materialien sind dann für die jeweilige Hausarbeit zu verwenden.

In einer Abschlußarbeit (Magister, Diplom), spätestens aber in der Dissertation, sind allerdings direkte – und nicht nur über Sekundärliteratur vermittelte – empirische Recherchen vonnöten.

Dazu gehört auch die oft mühselige und zeitraubende Arbeit in Archiven. Auch befragt man z.b. direkt Vertreter von Bürgerinitiativen, oder man interviewt die Polizei, usw. Man kann auch in Statistiken nachsehen (Kriminalitätsstatistiken), die zeigen, wie oft Bürgerinitiativen gegen das Gesetz verstießen. Das sind dann direkte empirische Daten, um die Hypothese zu bestätigen (verifizieren) oder zu widerlegen (falsifizieren).

Ohne diese Empirie, ohne diese empirische Untersuchungsphase gibt es keine Wissenschaft.

Als Ergebnis kann nun – bezogen auf unser Beispiel – festgestellt werden, daß in 80% der untersuchten Bürgerinitiativen ungesetzliches Verhalten vorkam (wieder ein fiktives Beispiel).

Die Hypothese ist damit durch die Recherche bestätigt. In den Sozialwissenschaften reicht eine Marge von 80%, da man bei menschlichem Verhalten – das ja prinzipiell frei ist – nie 100%-ige Angaben erwarten kann. Wenn sich schon 80% gleichförmig verhalten, ist das viel – im Gegensatz zu Prozessen der Natur, die von den Naturwissenschaften mit weithin 100%-iger Wahrscheinlichkeit vorausgesagt werden können: Das Fallgesetz – siehe unser Beispiel mit dem Stein oben – gilt halt immer!

Daher gibt es Regelmäßigkeiten und Gesetzesaussagen in den Sozialwissenschaften nur im begrenztem Umfang. Der beschränkten Regelmäßigkeit entspricht eine nur begrenzte Prognosefähigkeit. Wenn

KAPITEL 2. ORGANISATION DER UNIVERSITÄT UND DES STUDIUMS

man nur begrenzt sicher ist, daß ein Ereignis regelmäßig vorkommt, kann man es auch nicht sicher vorhersagen. Die Menschen sind nun mal nicht mit einem unbelebten Stück Materie zu vergleichen.

Die empirischen oder historisch recherchierten Ergebnisse meiner Untersuchung werden in einem eigenen Abschnitt der Arbeit dargelegt – mit Bezugnahme auf den bisherigen Wissensbestand. Dieser Bezug ist wichtig: Wenn die bisherige Forschung sagte, daß Bürgerinitiativen unter bestimmten Bedingungen repressiv behandelt werden, dann ist das eigene Ergebnis auch durch die bisherige Forschung bestätigt. Problematischer ist es, wenn die eigenen Forschungen dem bisher Geltenden widersprechen. Dann hat man entweder einen Fehler gemacht, oder die bisherigen Forschungen hatten unrecht. Im letztgenannten Fall verursacht der Forscher evt. eine kleine Revolution in der Wissenschaft, indem alte Thesen und Theorien abgelöst werden. Aber auch ein solches Ergebnis ist nie endgültig, es ist kein unumstößliches Dogma, denn es gilt nur so lange, bis ein anderer Wissenschaftler es widerlegt.

Zentral für die Wissenschaft ist die möglichst schnelle und effektive Besorgung der speziellen Informationen, die ich zur Bestätigung meiner Hypothese benötige. Das Problem ist hier meist nicht ein Zuwenig als ein Zuviel an Informationen. Es gilt, die richtige Information in möglichst kurzer Zeit zu gewinnen. Zu diesem Zweck gibt es eine Reihe von „Tricks" zu beachten:

1. Benutze die vorhandenen EDV-Literaturdatenbanken, die unter Eingabe von einem oder mehreren Stichworten die gewünschten Bücher oder Aufsätze finden. Die Kosten hierfür sind meist geringer als die Zeit, die man aufwenden müßte, um die gesuchte Literatur in der mühseligen, traditionell „handwerklichen" Arbeit zu recherchieren.

2. Da die EDV-Literaturrecherche der Erfahrung nach im allgemeinen nicht alles erfaßt, ist eine zusätzliche Recherche in den zu fast jedem Sachbereich angelegten Bibliographien ratsam. Bibliographien sind Bücher über Bücher, d.h. in ihnen ist in alphabetischer Reihenfolge die über einen bestimmten Gegenstandsbereich er-

2.4. DER SOZIAL- UND POLITIKWISSENSCHAFTLICHE FORSCHUNGSPROZESS

schienene Literatur aufgelistet. In den Bibliotheken gibt es meist eigene Regale oder „Ecken" für solche Bibliographien. Hierzu ist die jeweilige Auskunftsperson zu befragen.

3. Darüber hinaus gibt es eine Reihe „berufsmäßiger" Informationssammelstellen, z.b. alle Ministerien und Verbände zu ihrem Bereich. Bestimmte Institutionen z.b. das Hamburger Weltwirtschaftsarchiv (HWWA) oder das Kieler Institut für Weltwirtschaft oder der Bundestag haben große Bibliotheken oder eine nach Stichworten aufgebaute Presseausschnittsammlung aufgebaut, die alle notwendigen Informationen zu bestimmten Themen enthalten. Oft lohnt die Fahrt dorthin, anstatt mühselig und langwierig vor Ort zu recherchieren.

2.4.6 Der „Verwertungszusammenhang"

Der letzte Schritt einer wissenschaftlichen Arbeit besteht in der Einordnung seiner Untersuchung in mögliche „Verwertungszusammenhänge". Man kann auch sagen: Zum Schluß erfolgt die ethische Betrachtung der Forschungsergebnisse. Das ist bei den Sozialwissenschaftlern nicht ganz so wichtig, aber wenn man in den Naturwissenschaften z.b. herausfindet, wie die Spaltung des Atoms funktioniert, dann muß sich der verantwortungsvolle Forscher überlegen, ob es ethisch vertreten werden kann, seine Ergebnisse zu veröffentlichen. Nimmt man das Risiko in Kauf, daß mit den wissenschaftlichen Ergebnissen die Atombombe gebaut wird, daß überhaupt Wissenschaft mißbraucht werden kann? Das ist hier die Frage!

Auch in den Sozialwissenschaften gibt es diese Problematik: Beteiligt man sich an Forschungsprojekten, die optimale Strategien zur Bekämpfung von Guerillabewegungen in der Dritten Welt entwickeln sollen?

Ist überhaupt diese Fragestellung schon zu verantworten, geschweige denn deren Ergebnisse? Man muß sich stets der politischen und moralischen Konsequenzen seines Forschens bewußt sein: wie sind die Ergebnisse im gesamtgesellschaftlichen Zusammenhang zu verwerten und ggf. von bestimmten Kreisen zu mißbrauchen? Wer kann mit ihnen Mißbrauch betreiben? *Cui bono?* Fragen, die – wie gesagt – schon bei der ursprünglichen Problemstellung des wissenschaftlichen Arbeitens

KAPITEL 2. ORGANISATION DER UNIVERSITÄT UND DES STUDIUMS

auftauchen und die beantwortet werden müssen. In diesem Sinne ist Wissenschaft nie wertfrei. Was allerdings wertfrei vonstatten zu gehen hat – unabhängig von Ideolgien und politischen Einstellungen –, sind die Forschungen selbst, die oben geschilderten empirischen und/oder historischen Untersuchungen, mit denen die Hypothese bestätigt oder widerlegt werden soll. Hier gilt der alte Grundsatz: *sine ira et studio!*

Eine Aufmunterung zwischendurch (daß man die Lektüre fortsetzen kann)

„Politik studiert zu haben...
bedeutet für viele Absolventen, ein 'zweitrangiges' Studium mit einem fast wertlosen Examen abgeschlossen zu haben, mit Betriebswirten und Juristen nicht 'mithalten' zu können, vom Imagevorsprung eines Mediziners und dem Kompetenzanspruch eines Naturwissenschaftlers ganz zu schweigen...
Wir halten dagegen: Gut ausgebildete Sozialwissenschaftler sind

- keine 'Fachidioten',

- im Berufsleben universell einsetzbar,

- flexibel im Denken,

- konstruktiv-kritisch und

- innovativ-kreativ eingestellt.

Komplexe sind also unangebracht, ist doch auch am Arbeitsmarkt die Tendenz spürbar, Sozialwissenschaftler wieder mehr bei den Einstellungsverfahren in Industrie, bei Verbänden und staatlichen wie internationalen Organisationen zu berücksichtigen. Deshalb: Zwar nicht mit arrogantem Stolz, aber durchaus mit gesundem Selbstbewußtsein durch's Leben gehen! " (Rota/Streitle 1988: 99)

Literatur

Alemann, U. v. (1977): Der Forschungsprozeß, Stuttgart

2.4. DER SOZIAL- UND POLITIKWISSENSCHAFTLICHE FORSCHUNGSPROZESS

Alemann, U. v. und E. Forndran (1990): Methodik der Politikwissenschaft, 4. Auflage, Stuttgart

Kromrey, H. (1980): Empirische Sozialforschung, Opladen

Rotha, F. und P. Streitle (1988): Studientips Politische Wissenschaft/ Internationale Politik, München

Seiffert, H. (1983-1985): Einführung in die Wissenschaftstheorie, Neubearbeitung, 3 Bde., München

Kapitel 3

Methoden der Politikwissenschaft

3.1 Definitionen

Methoden werden hier definiert als ein „nach Mittel und Zweck planmäßiges (= methodisches) Verfahren, das zu technischer Fertigkeit bei der Lösung theoretischer und praktischer Aufgaben führt (technische Methoden, Arbeitsmethoden, Werbemethoden, Erziehungsmethoden, Methoden der Wissenschaft)." (Mittelstraß 1984: 876) Methoden sind die Forschungswege, mit denen „Realität" jedwelcher Art (Texte, Dokumente, Datenreihen, Aussagen usw.) systematisch und nachvollziehbar für alle erhoben wird. Methoden versuchen die aufgezeigte Differenz von Subjekt und Objekt zu überwinden. Am besten lassen sich die Aufgaben von Methoden anhand der folgenden Graphik (Seite 74) veranschaulichen.

Zur Erläuterung: Ziel aller Wissenschaft ist die Untersuchung dessen, was man als „Realität" umschreiben kann. Der Begriff wird deshalb in Anführungszeichen gesetzt, weil die Realität etwas Diffuses, Unklares ist, das uns überall umgibt und von der wir ein Teil sind. Wer hat die „Bundesrepublik Deutschland" je gesehen? Und trotzdem ist sie da. Aber eben nur undeutlich. Das haben wir im vorherigen Kapitel bereits näher ausgeführt.

3.1. DEFINITIONEN

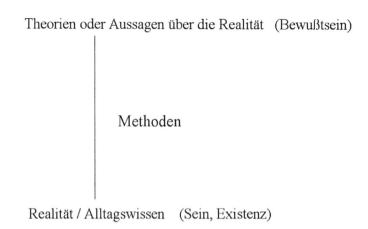

Theorien oder Aussagen über die Realität (Bewußtsein)

Methoden

Realität / Alltagswissen (Sein, Existenz)

Im Alltagsverständnis haben wir dieses Diffuse schon einigermaßen strukturiert und uns verständlich gemacht, ohne daß damit garantiert ist, daß man auch wirklich die Realität richtig verstanden hat. Aber auch mit dem ungefähren Alltagswissen über Realität kann man gut leben. Aufgabe der Wissenschaft ist es, hierüber sicheres Wissen – so weit wie möglich – zu gewinnen (das dann ggf. auch zur Orientierung im Alltag dienen kann).

Die Wissenschaft strebt entweder Aussagen singulärer Art an (z.B. „1933 kam Hitler an die Macht", er kam nur ein Mal an die Macht!) oder Aussagen allgemeinerer Art („In Zeiten politischer und wirtschaftlicher Krisen tendieren Parteien zur Radikalisierung", und das passiert halt immer oder meist bei wirtschaftlichen Krisen). Den zweiten Aussagentyp, der regelmäßige und immer wiederkehrende Beziehungen zwischen zwei oder mehr Phänomenen der Wirklichkeit („Krise" und „Radikalisierung") enthält, nennt man auch Theorien, die in den Sozialwissenschaften immer nur Wahrscheinlichkeitscharakter haben (im Gegensatz zur Physik): Die Menschen können auch anders handeln, als die Theorien voraussagen. Während das Fallgesetz (hoffentlich) immer auf Erden gilt!

Theorien oder die genannten Aussagen über einmalige, nicht immer wiederkehrende Ereignisse („historische Ausagen") sind sprachliche Phänomenen, sie begegnen uns als Wortgebilde, und sind daher

KAPITEL 3. METHODEN DER POLITIKWISSENSCHAFT

auf der Ebene des menschlichen Bewußtseins zu lokalisieren.

Das Grundproblem jeder Wissenschaft besteht nun darin, zwischen der Ebene des Bewußtseins und der Ebene der „Realität" außerhalb des Bewußtseins zu vermitteln, Brücken so zu schlagen, daß man einigermaßen sichere Ergebnisse über die Realität gewinnen kann.

Dieser Brückenschlag ist die Funktion von Methoden. Sie stellen quasi die Pflöcke dar, die die Wissenschaft von der Bewußtseinsebene in die Realität schlägt und mit deren Hilfe sie das Material erhebt, aus denen dann Theorien gezimmert werden. Methoden vermitteln zwischen der Realitäts- und der Bewußtseinsebene. Sie sind damit zentral in jeder Wissenschaft.

Die Methodologie ist wiederum die Theorie wissenschaftlicher Methoden, im Sinne allgemeiner Aussagen über die Möglichkeiten und Grenzen ihrer Verwendung, über die Möglichkeiten ihres wissenschaftsadäquaten Einsatzes usw.

Unter Methodik versteht man „den jeweiligen Regelkanon bestimmter Methoden." (Bellers und Woyke 1989: 12) Welche Regeln stellen einzelne Wissenschaften zur „regelgerechten" Anwendung der politikwissenschaftlichen Methoden auf? Es gibt also eine Methodik der Politikwissenschaft, oder der Physik. Jede Wissenschaft hat ihre Methodik, die sich aus einer Reihe von Methoden zusammensetzt.

Die spezielle Methodologie wiederum begründet u.a. Gliederungsschemata, nach denen die Vielzahl von Methoden geordnet und bestimmten Typen zugeordnet werden kann. Die hier gewählte Unterteilung von Methoden und Forschungsstrategien ist neu entwickelt worden, da bisher übliche, oft kraß entgegensetzende Gliederungsprinzipien (heuristisch-kritisch; axiomatisch–reduktiv/induktiv; synthetisch-analytisch; usw.) für den Gegenstandsbereich der Politikwissenschaft als nicht genügend erscheinen, obwohl natürlich an sie angeknüpft wird. Dabei werden die Methoden nach den wesentlichen Charakteristika differenziert, was aber nicht ausschließt, daß einige von ihnen nach anderen, untergeordneten Merkmalen auch anderen Methodentypen zuzuordnen wären. So ist z.B. die synoptische Methode nach Bergsträsser (siehe unten) bei uns dem „holistischen Methodentyp"

3.1. DEFINITIONEN

zugerechnet worden, obwohl sie auch mit der verstehenden Methode verwandt ist. Aber hier interessiert primär ihr „ganzheitlicher" Aspekt, der – wie die Benennung ja auch schon besagt – wohl bei ihr dominant ist. Dazu unten mehr.

Zentral für die hier vorgenommene Einteilung der Methoden ist der Gegensatz „holistisch – analytisch", mit dem an die Gegenüberstellung „synthetisch – analytisch" angeknüpft wird. Diese Gegenüberstellung ist als Kontinuum zu verstehen, an dessen einem Ende die „analytischen Methoden" anzusiedeln wären – analytisch hier verstanden, in Anknüpfung an die analytische Philosophie, aber über sie hinausgehend, als bewußte oder unbewußte methodologische Beschränkung des forschenden Zugriffs, als Zergliederung des Gegenstandsbereichs. Am anderen Ende stehen die „holistischen" Methoden, die nicht Teile wie die analytische Methode, sondern das Ganze eines Bereiches erfassen wollen.

„Kontinuum" meint, daß es nicht auf die Extreme („analytisch", „holistisch") ankommt, sondern auf die „Strecke" zwischen ihnen: diese Extreme gibt es gar nicht in der Realität; vielmehr sind die tatsächlichen Phänomene, die auf dieser „Strecke" liegen, immer gemischt aus Elementen beider Extreme, allerdings in unterschiedlichen Mischungsverhältnissen ('mal mehr vom Analytischen und ein andermal mehr vom Holistischen). Die tagtägliche Forschung bewegt sich immer zwischen den Extremen und verwendet beide Methodentypen. Lediglich zur Verdeutlichung der Unterschiede werden sie hier dichotomisiert, einander entgegengesetzt.

Graphisch ließe sich die Unterteilung zwischen „analytisch" und „holistisch" als Kreis symbolisieren:

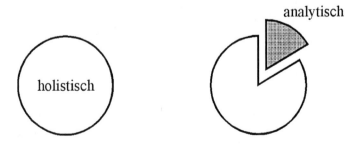

KAPITEL 3. METHODEN DER POLITIKWISSENSCHAFT

Holistische Methoden versuchen dabei den ganzen Kreis zu erfassen, während analytische Methoden sich auf die Erfassung eines Teildreieckes dieses Kreises beschränken, weil die Erfassung des gesamte Kreises die wissenschaftlichen Kapazitäten und Leistungsmöglichkeiten überschreiten würde – so die Begründung der „Analytiker".

Demgegenüber verweisen die „Holisten" darauf, daß, wenn man nur ein Teildreieck untersucht, man die Einflüsse des Ganzen auf das Teil nicht mitberücksichtige, sodaß Wissenschaft zunächst einmal das Ganze erfassen müsse: Man könne z.B. einen Unternehmerverband nicht adäquat beschreiben, wenn man nicht die Gesetzmäßigkeiten der gesamten kapitalistischen Gesellschaft kenne – so die Marxisten. (Nebenbei eine Anmerkung zur Wissenschaftstheorie, d.h. zur Lehre, wie überhaupt wissenschaftliche Erkenntnis möglich ist: Marxisten und Hegelianer oder Vertreter der Kritischen Theorie argumentieren holistisch, während Positivisten oder Vertreter des Kritischen Rationalismus – Popper – analytisch verfahren. Dieser Unterschied ist zugleich die wesentliche wissenschaftstheoretische Differenz zwischen beiden Ausrichtungen.)

Es können nun im weiteren zwei analytische Methodentypen unterschieden werden:

(a) Die *indikatorischen Methoden* wollen einen nicht direkt der Beobachtung zugänglichen, begrenzten Gegenstandsbereich (z.B. die Macht eines Nationalstaates) nichtsdestotrotz der Erforschung zugänglich machen, indem dieser über und vermittels bestimmter „Hinweise" (Indikatoren), z.B. hier: das Bruttosozialprodukt oder die Zahl der Soldaten, indirekt zu erschließen versucht wird.

Der „Nationalstaat" oder die „Macht" sind ja als solche nicht sichtbar und wegen ihrer Größe auch nur schwer zu erfassen, sodaß man auf Hilfsgrößen zurückgreifen muß, von denen aus man auf ihn schließen kann. Natürlich ist ein solcher Schluß immer mit einem bestimmten Grad der Unsicherheit behaftet, da man ja den „Gegenstand" selbst nicht in den Griff bekommt.

3.1. DEFINITIONEN

Graphisch könnte das wie folgt veranschaulicht werden:

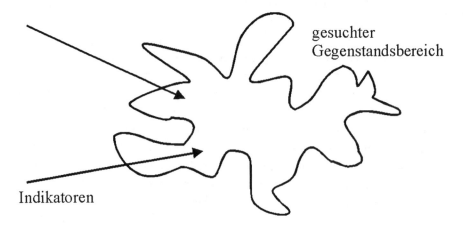

(b) *Korrelative Methoden* sind zwar auf der einen Seite analytisch zergliedernd, indem sie einen Gegenstandsbereich in einzelnen Variablen oder Kräfte zerlegen; es wird gesagt, wichtig zur Erklärung des interessierenden Phänomens sei der Aufweis der einzelnen Einflüsse (Variablen usw.), die es verursachten.

Darüber hinaus werden aber auf der anderen Seite diese einzelnen Kräfte mit weiteren Variablen, Kräften, Ereignissen in Bezug gebracht (das ist die Bedeutung von „Korrelation"), sei es vergleichend: Man vergleicht z.B. die Gesellschaft der Bundesrepublik unter dem Einfluß der Wirtschaftskrise mit Japan unter dem gleichen Einfluß, um so gewisse Ähnlichkeiten und Unterschiede zwischen beiden Gesellschaften feststellen zu können. Man könnte dann mit Bezug auf die Ähnlichkeiten folgende Gesetz- oder Regelmäßigkeit aufstellen: Gesellschaften vom Typ der Bundesrepublik und/oder Japans reagieren unter solchen wirtschaftlichen Bedingungen so und so.

Oder man korreliert die Variablen: Man versucht sie in Zahlenreihen aufzulösen (z.B. die Höhe des Bruttosozialproduktes (BSP) pro Jahr und die Zahl der bestreikten Tage pro Jahr) und stellt dann mit spezifischen mathematischen Verfahren die Enge des Zusammenhangs zwischen beiden Variablen fest. Ergebnis wäre dann bei einem engen Zusammenhang die allgemeine Feststellung, daß bei geringem BSP-

Wachstum die Zahl der Streiks ansteigt; und umgekehrt.

Oder man verfährt analogisierend: Man zieht Schlußfolgerungen aus einem Gegenstandsbereich auf einen anderen. Vor allem antike und mittelalterliche Schriftsteller bedienten sich dieses Verfahrens: So wie ein Schiff funktioniert, so ähnlich wird wohl auch das Staatswesen, das „Staatsschiff", funktionieren. Solche Analogieschlüsse sind natürlich mit Vorsicht zu genießen, denn der Kanzler der Bundesrepublik Deutschland ist – glücklicherweise – nicht mit einem allgewaltigen Kapitän zu vergleichen.

Auf jeden Fall werden mehrere Teilbereiche miteinander in Beziehung gesetzt, um daraus allgemeinere Schlüsse abzuleiten.

Hoffnung ist, daß man sich derart langfristig und Schritt für Schritt einer umfassenderen Vorstellung vom jeweiligen Gegenstandsbereich nähert, dadurch, daß man immer mehr miteinander in Beziehung setzen kann, und auch dadurch, daß man auf die Entwicklung empirisch fundierter Gesetzmäßigkeiten, auf allgemeine Aussagen, auf Theorien abzielt, die für mehrere Gegenstandsbereiche gelten und diese insgesamt zu erfassen vermögen.

Mit diesem Streben nach Gesamtheit nähern sich die korrelativen Methoden tendenziell dem Gegenpol der analytischen Methoden, nämlich den sog. *holistischen Methoden*, deren nach dieser Einteilung hervorgehobenes Spezifikum darin besteht, daß sie auf je verschiedene Art und Weise und sicherlich mit einem unterschiedlichen, wissenschaftstheoretischen Status das Ganze eines Komplexes zu erfassen versuchen.

3.2 Methoden im einzelnen

3.2.1 Korrelative Methoden

Die politikwissenschaftliche Methode par excellence ist der Vergleich, wie er schon von Aristoteles entwickelt und angewandt wurde. Im Vergleich werden zwei oder mehrere Gegenstandsbereiche (seien es Gruppen oder Parteien oder Staaten oder die Außenpolitik von Staaten)

3.2. METHODEN IM EINZELNEN

aufeinander bezogen, um festzustellen, was an ihnen gleich und was an ihnen ungleich ist.

In einem zweiten Schritt fragt man danach, was die Ursachen von diesen Gleichheiten und Ungleichheiten sind: Der Forscher fragt sich hier, was Staaten mit bestimmten Gemeinsamkeiten ansonsten noch gemeinsam haben.

Im dritten Schritt wird dann versucht, die solcherart erzielten Ergebnisse in allgemeine Aussagen zu fassen. D.h. bei einer Reihe von Staaten werden Gemeinsamkeiten festgestellt, die bei anderen Staaten nicht festzustellen sind. Und diese Gemeinsamkeiten haben bei diesen Staaten bestimmte, ebenfalls diesen Staaten gemeinsame Folgen, die bei den Staaten ohne diese Gemeinsamkeiten nicht beobachtet werden können.

Beispiel: Man kann die Außenpolitik von Staaten in Geschichte und Gegenwart vergleichen. Man untersucht z.B., was außenpolitisch aggressive Staaten gemeinsam haben und was sie von friedlichen Staaten unterscheidet. Feststellen kann man u.a., daß außenpolitisch aggressive Staaten meist undemokratische Herrschaftsstrukturen haben. Generell kommt man zu dem Ergebnis, daß außenpolitische Aggressivität in einer großen Zahl von Fällen bedingt ist durch undemokratische Herrschaftsstrukturen im Innern. Das ist eine zentrale Aussage der Theorie des sog. „Idealismus" in der politikwissenschaftlichen Teildisziplin der Internationalen Beziehungen, auf die später im Kapitel zur diesbezüglichen politikwissenschaftlichen Teildisziplin noch näher eingegangen wird.

Es können auch mehrere Faktoren in den Vergleich einbezogen werden. Z.B. nicht nur das innenpolitische System, sondern auch die wirtschaftliche Struktur und wirtschaftliche Entwicklung eines Nationalstaates. Je mehr man solche weiteren Faktoren einbezieht, um so schwieriger wird es, anzugeben, mit welchem Gewicht der jeweilige Faktor im Vergleich zu anderen Faktoren wirkt. Ist die Wirtschaft wichtiger oder das Herrschaftssystem? Es ist überhaupt ein allgemeines Problem, die wichtigen Faktoren zu isolieren, von den anderen zu trennen. Es ist ja durchaus möglich, daß man in verschiedenen aggressiven Staaten die gleichen Faktoren feststellt, ohne daß sie etwas mit dem Ausbruch eines Krieges zu tun haben. Hier muß also sehr sauber differenziert und vor schnellen Schlüssen gewarnt werden. Denn man weiß ja: Es gibt zwar auf dem Lande mehr Geburten als in der Stadt, und ebenfalls gibt es mehr Störche auf dem Dorf; aber ein Zusammenhang zwischen beiden Phänomenen ist nach dem bisherigen Stand der Forschung eher unwahrscheinlich.

3.2.2 Das szientifisch-positivistische Verfahren

Dieses Verfahren geht von der Annahme der weitgehenden Quantifizierbarkeit politischer Ereignisse und Prozesse aus, wie in den Naturwissenschaften, die ja letztlich auch alles auf das Quantitative, auf die nackte Zahl zurückführen (Temperaturen, Anziehungskräfte, elektrische Felder usw.). Nach diesem Forschungsprogramm werden z.B. innenpolitische Konflikte in ihrer Häufigkeit gezählt, um damit Aussagen über die Stabilität eines politischen Systems gewinnen zu können. Natürlich ist es zur Erfassung der Zahl politischer Konflikte notwendig, genau zu definieren, was man darunter versteht: ist eine aggressive Äußerung eines Ministers gegenüber der politischen Opposition schon ein „Konflikt"? Wenn das aber geklärt ist, kann man auszählen, wieviel Konflikte sich pro Jahr oder Monat in einem Lande ereignet haben.

Generell gesagt, aus der „Realität" werden „Realitätspartikel" herausgegriffen, „herausgeschnitten", die in Zahlen gegossen werden. Die Realitätspartikel (auch Variablen genannt) werden zu Datenreihen quantifiziert (z.B. die Höhe des Bruttosozialproduktes der USA von 1945 bis 1980) und zueinander in Bezug gesetzt (z.B. das Verhältnis zwischen der Höhe des Bruttosozialproduktes und der Arbeitslosigkeit und den Wahlergebnissen für eine bestimmte Partei). Diese Realitätspartikel, z.B. die Höhe des Bruttosozialproduktes (BSP), wird mit anderen Variablen (z.B. die Art der Arbeitsmarktpolitik) in Bezug gesetzt, um Aussagen über mögliche Bestimmungsgründe für die Entwicklung der erstgenannten (= abhängigen) Variable (= BSP) oder der zweitgenannten (unabhängigen) Variable (= Arbeitsmarktpolitik) zu gewinnen. „Arbeitsmarktpolitik" ließe sich u.a. anhand der bewilligten Gelder für Arbeitsbeschaffungsmaßnahmen u.ä. quantifizieren.

3.2. METHODEN IM EINZELNEN

Die derart gewonnenen – meist jährlich oder monatlich aufgeschlüsselten – Datenreihen sind auch schon als solche von Interesse; das zentrale Ziel ist es jedoch, mathematisch nachprüfbare Zusammenhänge zwischen den Datenreihen aufzuzeigen, z.b. ob ein Zusammenhang zwischen der Entwicklung des Bruttosozialproduktes und der Art der Arbeitsmarktpolitik besteht.

Die Intensität des Zusammenhangs zwischen den Datenreihen kann mit mathematisch-statistischen Verfahren exakt berechnet werden. Ergebnis dieser Berechnungen sind sogenannten Korrelationskoeffizienten unterschiedlicher Art, auf deren Verwendung unter verschiedenen Bedingungen hier nicht näher eingegangen werden kann. Ein Zusammenhang zwischen zwei Variablen wird als mathematisch gegeben betrachtet, wenn der Korrelationskoeffizient mindestens 0,4 Punkte beträgt. Null bedeutet: kein Zusammenhang; und -0,4 heißt: ein negativer Zusammenhang in dem Sinne, daß, je mehr die eine Variable ausgeprägt ist, die andere um so weniger ausgeprägt ist: Um so mehr politische Konflikte, um so geringer das Wachstum des Bruttosozialproduktes. (Die Wahl gerade dieser Schwellenwerte beruht auf mathematischen Überlegungen, ist z.T. aber auch willkürlich).

Es sei allerdings darauf aufmerksam gemacht, daß ein statistisch festgestellter Zusammenhang, eine „positive Korrelation", zunächst noch nichts über eine Ursache-Wirkungs-Beziehung zwischen den untersuchten Variablen aussagt. Es wird nur ein Zusammenhang festgestellt, der auch zufällig bestehen kann. Über dessen kausale oder sonstige Art kann nur dadurch Aufschluß gewonnen werden, daß dieser Zusammenhang im Rahmen einer umfassenderen sozialwissenschaftlichen Theorie interpretiert wird. So läßt sich ein ursächlicher Zusammenhang zwischen der Höhe des Exports zwischen zwei Staaten und der Zahl von Konflikten zwischen ihnen nur vor dem Hintergrund eines Theorieangebots herleiten, das z.B. dem Händler und Kaufmann eine international friedensstiftende Wirkung zuschreibt: ein Händler muß an Frieden interessiert sein, will er Handel treiben können (sog. Theorie des „Handelsstaates", wie sie schon von I. Kant herstammt). Falls ein diesbezüglicher Korrelationskoeffizient negativ ist, also kein Zusammenhang besteht, wäre natürlich das Theorieangebot zumindest

KAPITEL 3. METHODEN DER POLITIKWISSENSCHAFT

stark in Zweifel gezogen.

Dieses szientifische Verfahren ist ein gutes Exempel positivistischer Wissenschaftstheorie.

„Wissenschaftstheorie" ist ein Komplex systematischer Aussagen zu dem, wie man das Verhältnis zwischen Realität und Wissenschaft gestaltet sieht. Es geht letztlich um die Beziehung zwischen forschendem Subjekt und zu erforschendem Objekt. Der Positivismus (auch genannt: analytische Philosophie) hat zur Grundaussage, daß wisssenschaftliche Aussagen nur dann zu gewinnen sind, wenn sie direkt oder indirekt auf ein Gegebenes (= Positivum) beziehbar sind. „Gott" oder eine Norm („Du sollst nicht töten") oder das Nichts der Heideggerschen Philosophie sind daher keine wissenschaftlichen Begriffe im positivistischen Sinne, weil ihnen kein Faktum entspricht.

Und dieses Positivum ist am präzisesten zu erfassen, wenn es in Zahlen gekleidet werden kann. Die Zahl ist klar und unzweideutig: 1 ist 1 und nicht etwas anderes.

Ziel ist die Aufstellung von Gesetzmäßigkeiten nach dem Vorbild der Naturwissenschaften. Denn auf Zahlen aufbauende Gesetze sind der Ausdruck sicheren, „positiven" Wissens. Was immer wieder so vorkommt, wie es das Gesetz vorhersagt, ist nahezu unumstößlich: Immer, wenn ich den Stein fallen lasse, fällt er zu Boden. Und analog hierzu: Immer, wenn die ökonomischen Erwartungen insbesondere von Mittelschichten durch die tatsächliche wirtschaftliche Entwicklung enttäuscht werden, ist die Wahrscheinlichkeit von politischen Unruhen groß.

Man sieht: Die Gesetzmäßigkeit für die Naturwissenschaft ist sehr sicher, denn es ist sehr unwahrscheinlich, daß der Stein nicht zu Boden fällt. Demgegenüber gibt es in den Sozialwissenschaften immer nur Wahrscheinlichkeiten, denn der Mensch kann – im Gegensatz zum Stein – auch anders als das Gesetz handeln, denn er ist frei und damit nur begrenzt berechenbar.

3.2. METHODEN IM EINZELNEN

3.2.3 Das Isomorphie-Verfahren

Mit diesem Verfahren werden Erklärungsansätze aus einer Wissenschaftsdisziplin auf einen anderen Gegenstandsbereich oder in eine andere Wissenschaftsdisziplin übertragen, weil vermutet wird, daß in beiden Bereichen ähnliche oder gleichgestaltete (= isomorphe) Strukturen vorherrschen. (Diese Vermutung ist natürlich in der empirischen (= an der Beobachtung orientierten) Forschung zu erhärten, sonst muß sie fallengelassen werden.)

Das bekannteste Isomorphie-Verfahren in der Politikwissenschaft überhaupt ist die Systemtheorie und daran anknüpfend die Übertragung der in der Informationstheorie entwickelten Kybernetik auf politische Prozesse aller Art:

Grundannahmen sind hier, daß alle Natur- und sozialen Phänomene in Systemen, d.h. Ganzheiten geordnet sind, zwischen deren Elementen und Teilen (Subsystemen) regelmäßige und typische Beziehungen bestehen: Ein Tier ist in diesem Sinne ein System, eine Ganzheit, und zwischen dessen Teilen (Herz, Hirn, Magen, usw.) bestehen systematische und regelmäßige Beziehungen. Zwischen diesen Subsystemen und dem Gesamtsystem selbst werden Informationen aller Art (von Nachrichten bis zum Austausch von Materiellem) ausgetauscht: Das eine Teilsystem (Hirn) sendet elektrische oder chemische Signale zum Magen, damit dieser etwas Bestimmtes tue. Die von einem (Teil-)System ausgehenden Signale oder Nachrichten (= Output) werden von einem anderen aufgenommen und verarbeitet, d.h. in spezifische Leistungen des empfangenden Subsystems umgesetzt (Input): Der Magen beginnt zu arbeiten. Diese Verarbeitung und Umsetzung kann dann evtl. zum Ursprungssystem wieder zurückkehren (Rückkopplung, *feed back*): Der Magen meldet: Verdauung beendet. Und diese Meldung wird im Hirn aufgenommen als Input für weitere Verhaltensweisen z.B. dahingehend, daß eine Völlegefühl entsteht und das Essen für eine Weile eingestellt wird.

K.W. Deutsch hat in eindrucksvoller Weise diese Begrifflichkeit für die Politikwissenschaft fruchtbar gemacht. Auch Politik kann als System begriffen werden, daß von seiner Umwelt Informationen aufnimmt (z.B. Petitionen von Verbänden, Streiks usw.) und auf diese reagieren muß. Nimmt es solche Informationen nicht mehr oder verzerrt wahr, geht es langfristig zugrunde, so wie ein Blinder vor die Wand läuft.

Ein schon älterer, aber bis heute fortwirkender Isomorphismus in der Disziplin der Internationalen Politik entstammt dem Zeitalter der (materialistisch-mechanischen) Aufklärung des 18. Jh. (aber auch schon früherer Zeiten), als zum erstenmal soziale Prozesse analog naturwissenschaftlichen betrachtet wurden. Das in den Naturwissenschaften, von Newton entdeckte Gleichgewichtsprinzip (z.B. zwischen den Gestirnen) wurde auf die Staatenwelt übertragen, deren Stabilität vom Gleichgewicht der Kräfte abhängig sei, so wie lange Zeit das Ost-West-Gleichgewicht als eine Bedingung des Friedens angesehen wurde: Es gebe eine Kraft zwischen den Gestirnen, die sie im Gleichgewicht und auf ihren Bahnen halte (nämlich die Gravitationskraft), und ähnlich würden die Staaten im Gleichgewicht gehalten, weil sie vor allem militärisch gleich stark, bzw. weil die Bündnisse zwischen ihnen einigermaßen gleichgewichtig seien.

Gerade dieses Beispiel macht jedoch – bei aller heuristischen Fruchtbarkeit dieser Methode – deren Grenzen und Gefahren deutlich: Staaten sind nicht einfach Gestirnen gleichzusetzen, die mechanistisch, wie tote Materie, rein äußerlich aufeinander bezogen sind, sie sind vielmehr soziale Gebilde, die auch aus sich selbst heraus durch interne Prozesse agieren und reagieren (z.B. als Folge von sozialen und politischen Massenbewegungen). Es reicht nicht nur, das äußere militärische Gleichgewicht zu betrachten, wichtig sind auch innen- und gesellschaftspolitische Prozesse, die unabhängig vom Militärischen Bedeutung haben und z.B. durch Revolutionen gesellschaftlicher Kräfte so manches Gleichgewicht aus den Fugen gebracht haben. Z.B. ist das Gleichgewichtssystem des Nahen Ostens durch die islamisch-fundamentalistische Revolution von 1979 zerfallen, weil der Iran nun plötzlich ganz anders (und potentiell weitaus stärker) mächtig war, nämlich durch Massenmobilisierungen, die die konservativen und säkularen Regime der Region destabilisieren konnten.

Ein Isomorphismus aber, wie der des Gleichgewichts, der nur Teile zu erfassen vermag (eben nur das Militärische), unter Vernachlässigung wesentlicher anderer Teile (wie z.B. gesellschaftlichen oder ökonomischen Prozessen), verkommt zur Metapher, d.h. es gibt nur noch den

3.2. METHODEN IM EINZELNEN

Schein von Ähnlichkeit ohne reale Fundierung.

In ähnlicher Art und Weise verwenden D. Senghaas und K.W. Deutsch Modelle aus der Individual-Psychologie zur Erklärung von Prozessen in der nationalen und internationalen Politik. Sie greifen dazu auf Grundkategorien der Freudschen Psychoanalyse zurück: Freud bezeichnete die triebhaften Bereiche (Sexualtrieb u.a.) des menschlichen Daseins als „Es"; das „Ich" war für ihn das Bewußtsein, der Verstand oder die Vernunft des Menschen; das „Überich" repräsentierte als „Gewissen" des Menschen die Anforderungen der Gesellschaft gegenüber dem Einzelnen.

Aus dieser Konstellation von Es – Ich und Überich können nun eine Reihe von Konflikten zwischen diesen Instanzen entstehen: Ich versus Überich, gegen die gesellschaftlichen Anforderungen; Konflikte im Ich; Es versus Ich usw.; dazu kommen individuelle Abwehr-Mechanismen des Ich gegen Anforderung von Gesellschaft und Realität überhaupt: Ein Mensch, der derart soziale Anforderungen abwehrt, „verdrängt" diese. Stattdessen baut er sich zur eigenen Entlastung „Buhmänner" auf, sog. Projektionen (z.B. Feindbilder), auf die er all' seine aufgestauten Aggressionen ablassen, mit denen er alles Mißgeschick vermeintlich erklären kann.

Dieses psychoanalytische Modell wird nun zur Analyse von innen- und außenpolitischen Entscheidungsprozessen in Nationalstaaten herangezogen, um so das oft irrationale Verhalten von Nationalstaaten und deren Entscheidungsträger rationalen Klärungen näherzuführen (so wie auch Freud anhand seiner leicht geistig kränkelnden Damen der Wiener high society eigentümliches menschliches Verhalten erhellen wollte).

Hier wird die Isomorphie-„Transplantation" dadurch erleichtert, daß die politischen Entscheidungsträger auch Individuen sind; nichtsdestotrotz stellen sie einen anderen Gegenstandsbereich als die Freudsche Damenwelt dar, da es sich um Funktionsträger in komplexen Organisationen handelt und die individuellen Erscheinungen oft Ausfluß kollektiver Prozesse sind: Ein Parteiführer ist nur begrenzt ein einzeln schlagendes Herz, er unterliegt vielmehr zahlreichen Anpassungszwängen und Verhaltensanforderungen, die sein Handeln und Verhalten überformen, wenn nicht sogar determinieren.

Nichtsdestotrotz vermuten Deutsch und Senghaas, daß die Überlastung eines politischen Systems (=Ich) durch eine hochkomplexe innere oder äußere Umwelt z.B. zu einer Zunahme innenpolitischer Konflikte führen kann, da sich das politische System immer mehr gegenüber anderen abkapselt, denn es fühlt sich von seiner Umwelt überfordert und reagiert mit Abwehr. Dieses Überlastung wird dann oft aber nicht eigenem Versagen zugeschrieben (wer gibt das schon gerne zu!?), sondern auf geheimnisvolle, allüberall wirkende Feinde zurückgeführt. Diese Introversion, diese Abkapselung, dieser Feindbildaufbau bewirken nun das, daß die Kommunikation zwischen Gesellschaft und politischem System stark nachläßt. Die derart vernachlässigte Gesellschaft antwortet darauf mit erheblichen Konflikten gegen die Politik.

3.2.4 Input-Output-Analyse

Mit diesem Verfahren werden die wirtschaftlichen Transaktionen zwischen den Sektoren einer Volkswirtschaft, aber auch zwischen den Sektoren mehrerer Volkswirtschaften erfaßt. Beispiel (fiktiv; in Millionen DM)

B A	Landwirt- schaft	Energie	Textil	Stahl	Automobil

Landwirt-
schaft
	0
	    0
		1
		    5
			1
			    6
				2
				    7
					1
					    6

Energie	5
	    1
		0
		    0
			8
			    1
				20
				    3
					15
					    4

Textil	6
	    1
		1
		    8
			0
			    0
				3
				    7
					4
					    3

Stahl	7
	    2
		3
		    20
			7
			    3
				0
				    0
					13
					    7

Automobil	6
	    1
		4
		    15
			3
			    4
				7
				    13
					0
					    0

Die Zahlen in den oberen Dreiecken der Kästen geben jeweils an, wieviel Geldeinheiten vom jeweiligen Sektor der Seite A in den Sektor

3.3. INDIKATORISCHE METHODEN

von Seite B fließen, die Zahlen in den unteren Dreiecken den umgekehrten Weg von B nach A.

So kann man feststellen, wieviel Textilien z.B. im Automobilsektor verbraucht werden.

In der Disziplin der Politikwissenschaft ist diese Methode dort sinnvoll einzusetzen, wo es den Umfang ökonomischer Wirtschaftsströme zwischen bestimmten Sektoren in Nationalstaaten zu erheben gilt. Insbesondere Wirtschaftsströme mit dem staatlichen Sektor sind von Interesse, da sie Auskunft zu geben vermögen hinsichtlich des wirtschaftlichen Einflusses staatlicher Aktivitäten in einzelnen wirtschaftlichen Branchen.

Mit dieser Methode kann man auch feststellen, wie stark Volkswirtschaften z.B. in Westeuropa miteinander verflochten, integriert sind: Wieviel fließt z.B. vom deutschen Stahl- in den französischen Automobilsektor?

3.3 Indikatorische Methoden

Die Macht eines Nationalstaates entscheidet über dessen Einfluß und Durchsetzungspotential in den inneren und äußeren Beziehungen. Darüber besteht weitgehend Übereinstimmung. Die Frage ist nur: Was ist Macht? Wie kann man sie erfassen und ggf. quantitativ messen? Dahl (1957) unterscheidet zunächst einmal begrifflich fünf Dimensionen von Macht:

(a) Die materiellen und immateriellen Machtgrundlagen (militärische und wirtschaftliche Ressourcen, Bevölkerungsgröße, territorialer Umfang, Rohstoffe, geographische Lage, auch Glaubwürdigkeit, Überzeugungskraft, ideologische Anziehungskraft, z.B. der islamische Fundamentalismus gegenwärtig im arabischen Raum, der Menschenmassen zu bewegen in der Lage ist);

(b) die Machtmittel (wie werden die Machtgrundlagen politisch und sozial mobilisiert? Rohstoffe als solche nützen nichts, sie müssen auch eingesetzt werden können; die Bergarbeiter dürfen nicht streiken, usw.; innen- und außenpolitische Verbündete sind vonnöten usw.);

(c) die Machtfülle, d.h. die Wahrscheinlichkeit, die Handlungspräferenzen eines anderen Akteurs im eigenen Sinne zu ändern: tun die anderen auch das, was ich auf der Grundlage meiner Macht durchsetzen will?

(d) der Bereich, in dem Macht wirkt (nur im engsten Umkreis, oder regional, oder national, oder gar global?); und

(e) die Zahl der Individuen, die einer Macht unterworfen sind, bzw. dem Machtträger gehorchen: von den 80 Millionen Deutschen bis zu den 240 Millionen US-Amerikanern.

Je mehr ein Machtträger dabei mit dem Mittel der Überzeugung arbeitet (und damit auch Gefolgschaft findet), um so mehr nähert sich die Macht dem, was man als Einfluß oder die Wirkung von Sitte und Brauchtum oder als Charisma (= persönliche Überzeugungskraft) bezeichnet. Hier besteht Macht gerade nicht mehr aus der Fähigkeit, seinen Willen auch gegen das Widerstreben anderer durchsetzen zu können – so Max Weber –, sondern daraus, den Willen und die Energien dieses anderen zu seinen Gunsten zu mobilisieren. So beruht die Macht der Polizei z.B. nicht nur auf ihren Waffen, sondern auch auf der allgemeinen Überzeugung der Bürger, daß sie mächtig sei und sich gegen Widerstreben der Bürger auch durchzusetzen in der Lage sei. Dies ist aber nur ein Glaube, denn wenn sich alle Bürger gegen die Polizei zusammenschlössen, dann wäre sie der unterlegene. Macht basiert also auch auf dem Glauben der Machtunterworfenen, daß der Mächtige mächtig sei.

Ein großes Problem stellt die Auswahl geeigneter Indikatoren zur (quantitativen) Erfassung von Macht dar. Ein Indikator wird dann verwendet, wenn das Phänomen, das man erfassen will, nicht der direkten Beobachtung oder Messung zugänglich ist, sondern nur durch Einsatz von Ersatzgrößen, die auf das gewünschte Phänomen hinweisen (= Indikator).

Als solche Ersatzgrößen für die Macht eines Nationalstaates wurden u.a. vorgeschlagen: Größe des militärischen Potentials und/oder Größe des Bruttosozialproduktes (BSP) und/oder Höhe der Stahlproduktion und/oder Größe der Bevölkerung oder Grad der Übereinstimmung einer Bevölkerung mit der Regierung oder die Zahl der innenpolitischen Konflikte: Je geringer diese Zahl, um so aktionsfähiger und damit mächtiger ist eine Regierung.

Diese Indikatoren allein genommen vermögen zwar einen Teil der „Macht" zu erfassen, sie erfassen sie jedoch nicht gänzlich. Auch können Indikatoren in die Irre führen: Z.B. war Vietnam im Krieg gegen die USA sowohl wirtschaftlich als auch vom militärischen Potential her ein schwacher Staat, es gewann nichtsdestotrotz, weil es über bestimmte politische und militärstrategische Vorteile (Guerilla-Strategie) verfügte.

Indikatoren müssen also immer vom Forscher „qualifiziert" werden, d.h. mit dem Allgemeinwissen daraufhin befragt werden, ob sie auch das messen, was gemessen werden soll: mißt man mit dem BSP wirklich die Macht, oder nicht nur die wirtschaftliche Entwicklung? Dieses Urteil ist nicht mehr quantifizierbar. Es muß vom Forscher aber explizit erläutert werden, damit es von anderen Forschern nachvollzogen und damit überprüft werden kann. Dieses Urteil, wie einzelne Indikatoren einzuschätzen sind, entspringt letztlich dem verständigen Urteil, wie es uns auch in der Alltagskommunikation leitet: Man weiß, fühlt, schätzt es ungefähr ab, und mit diesem Schätzen liegen wir ja meist nicht so falsch. Wir brauchen ja nicht die Präzision der Wissenschaft, um uns im Alltag einigermaßen verläßlich orientieren zu können.

Die szientifisch-quantitative Methode bedarf also stets der Ergänzung durch qualitativ-alltagsweltlich-schätzende Methoden, wie sie im folgenden behandelt werden.

3.4 Holistische Methoden

Die bisher dargestellten Methoden beschränken sich auf die Erfassung von Teilbereichen „politischer Realität". Diese vermögen sie recht präzise zu erfassen, allerdings unter weitgehender Vernachlässigung der Beziehungen des jeweiligen Teilbereiches zu anderen Teilbereichen. Der Vorteil analytischer Methoden besteht ja gerade in dieser Beschränkung, durch die ein höheres Maß an Präzision erreicht wird. Das Höchstmaß an Präzision stellt die Quantifizierung dar: eine Zahl ist in diesem Sinne quasi unumstößlich und „objektiv", allerdings auch sehr beschränkt, da sie nur das erfaßt, was quantifizierbar ist, bzw. was die jeweilige Zahl erfaßt – und das ist nicht alles. Kann man das Phänomen der Liebe durch die Frequenz des Pulsschlages erfassen?

Diese Beschränkungen versuchen holistische Methoden aufzuheben. Ein Gegenstand könne nur dann adäquat und realitätsgerecht erfaßt werden – so die Argumentationsweise ihrer Vertreter –, wenn er unter Einbezug der Gesamtheit seiner Beziehungen dargestellt werde. Hegel sagt daher: „Das Wahre ist das Ganze." (1970, Bd. 3, S. 24) Dabei ist das Ganze wiederum nicht als losgelöste, abstrakte Größe, sondern als aus den einzelnen Teilbereichen bestehend zu betrachten. Das Ganze ist zwar mehr als die Summe seiner Teile, denn das Zusammenwirken der Teile im Ganzen stellt eine neue, eigene Größe dar, aber dieses Ganze ist andererseits aus seinen Teilen zusammengesetzt – aus was sonst?! Das politische System der Bundesrepublik Deutschland besteht aus Bundestag, Bundesrat, Bundesregierung, usw., das sind seine Teile, die als solche sicherlich zentral sind; ihr Zusammenwirken ist jedoch mehr als ihre Einzelteile, denn ein Einzelteil kann durchaus funktionieren, dennoch kann das Ganze ein Chaos sein, weil die Teile nicht zu kooperieren in der Lage sind.

Das Problem dabei ist, daß dieses Ganze nur schwer zu rekonstruieren, zu erfassen ist: Je größer ein Gegenstand ist, um so schwerer ist er für den – begrenzten – menschlichen Verstand zu begreifen. Denn die deutsche Gesellschaft oder der deutsche Staat z.B. sind in ihrem Umfang und in ihren Verzweigungen so komplex, daß sie dem menschlichen Verstand nicht unmittelbar einsichtig sind. Oder wer hat sie je gesehen, so wie man einen Baum sehen kann?

Es bedarf vielmehr spezifischer Methoden, um sich dem Ganzen anzunähern. Je nach Methode und je nach dem, welche grundlegende Einstellung (Weltanschauung) man gegenüber der deutschen Gesellschaft einnimmt, kommt man zu unterschiedlichen Aussagen über

3.4. HOLISTISCHE METHODEN

dieses Ganze. Damit kommt man schon zu einer zentralen Crux holistischer Methoden: es gibt die unterschiedlichsten Behauptungen über dieses Ganze („rechte", „linke", „liberale", „konservative" usw.); und es ist schwer, wissenschaftlich, d.h. allgemein verbindlich zu entscheiden, welche die richtige ist. Die holistischen Methoden bezahlen also den Vorteil, Strukturen ganzheitlich erfassen zu können, mit dem Nachteil einer geringeren Präzision der Aussagesysteme: Man weiß nicht so genau, ob das auch richtig ist, was man holistisch-ganzheitlich behauptet. Nur die, die eine dementsprechende holistische Aussage aufstellen, sind meist von deren Richtigkeit überzeugt, andere schon nicht mehr.

Es gibt zwei prinzipiell unterschiedliche holistische Methoden, insbesondere dahingehend, was unter diesem Ganzen zu verstehen ist. Die Wissenschaftler in der Hegel-/Marxschen Tradition verstehen das Ganze als tatsächlich existierende Größe, als reale Substanz, wie z.B. das Kapital nach Marx, das eine gesamte Gesellschaft zu durchdringen vermöge und sie zur kapitalistischen Gesellschaft mache. Das Kapital ist ein reales Ding – und nicht nur eine Konstruktion oder Setzung der Wissenschaft oder versuchsweise Vorstellung und Annahme des Wissenschaftlers.

Für Marx ist dieses Ganze darüberhinaus letztlich – wie bei Hegel – die weltgeschichtliche Entwicklung von der Gesellschaftsformation „Urkommunismus" bis zur kommunistischen Zukunftsgesellschaft. Motor der Weltgeschichte, durch die sie sich immer weiter und höher entwickelt, sind nach ihm Klassenkämpfe (z.B. zwischen Sklaven und Sklavenhaltern im Römischen Reich, zwischen Bürgertum und Proletariat im Kapitalismus), in jeder bisherigen Gesellschaft gäbe es eine solche Entgegensetzung („Dialektik"), die sich so zuspitzte, daß eine Klasse untergehe und eine neue gesellschaftliche Formation entstehe, die einen fortgeschrittenes Stadium in der Weltgeschichte darstelle. Das Bürgertum ist für Marx daher ein Fortschritt gegenüber der feudalen Gesellschaft, die es überwindet.

Weiterer Motor der Geschichte in jeder Epoche ist zudem der grundlegende Widerspruch zwischen den Produktivkräften einer Gesellschaft (z.B. dem technischen Fortschritt) und den Produktionsverhältnissen

KAPITEL 3. METHODEN DER POLITIKWISSENSCHAFT

(z.B. dem Privateigentum an Produktionsmitteln), die ab einem bestimmten Stadium der Entwicklung den Produktivkräften nicht mehr angepaßt seien. So widerspreche z.B. die gesellschaftliche, d.h. hier: gemeinschaftliche Produktionsweise im Kapitalismus (Produktivkräfte) den privatwirtschaftlich-individualistischen Eigentumsformen (Produktionsverhältnisse), die ignorierten, daß das Produzierte von allen erarbeitet worden sei. In einer sozialistischen Revolution würde dieser Widerspruch beseitigt werden.

In die Ganzheit dieses weltgeschichtlichen Prozesses ordnen Marxisten einzelne Ereignisse ein und interpretieren sie vor diesem Hintergrund. So war z.B. die Berufsbildungsreform in der Bundesrepublik der 70er Jahre eine Maßnahme, um einerseits die Arbeitskraft an die geänderten Qualifikationsanforderungen der Kapitalisten, oder einer bestimmten kapitalistischen Gruppe („Kapitalfraktion") anzupassen und um andererseits auch die Ausbildungswünsche der Bürger zu befriedigen. Sie diente damit der Stabilisierung des kapitalistischen Systems, um sozialistisch-revolutionäre Bestrebungen abzuwehren.

So war z.B. der Ost-West-Gegensatz zwischen liberal-bürgerlich-kapitalistischem und kommunistischem Lager in marxistischer Sicht ein Teil des Klassenkampfes zwischen Proletariat und Bourgeoisie – und zwar eines internationalisierten Klassenkampfes.

Die entgegengesetzte holistische Herangehensweise konzeptualisiert, sieht dieses Ganze als (hypothetische, versuchsweise, quasi experimentelle) Konstruktion des menschlichen Geistes ohne reale Existenz. Das Ganze wird als Annahme, als mögliche Hypothese den Forschungen zugrundegelegt, um einen Bezugspunkt und einen Interpretationsrahmen für die einzelnen Forschungsergebnisse zu haben. Es ist quasi ein Orientierungsraster, ein gemeinsamer Rahmen für die verschiedensten Forschungen, der ermöglicht, daß eben diese Forschungsergebnisse durch den gemeinsamen Rahmen vergleichbar bleiben.

In der Wissenschaftsgemeinschaft ist diesbezüglich die Systemtheorie sehr verbreitet, wie sie von Parsons, Easton und Luhmann mit unterschiedlichen Schwerpunktsetzungen entwickelt wurde. Das Ganze (beispielsweise die Gesellschaft der Bundesrepublik Deutschland) wird als ein System bezeichnet, in dem die Einzelereignisse einzuord-

3.4. HOLISTISCHE METHODEN

nen sind. Ein System ist ein angenommener, geordneter sozialer Zusammenhang mit intensiven Kommunikationen zwischen den Teileinheiten (Subsysteme) des Systems, intensiver als über die Grenzen zu anderen Systemen (= Umwelt) hin. Eine Gesellschaft ist demnach als ein solches System zu begreifen, das durch spezifische Charakteristika gekennzeichnet ist (z.B. eine besondere Sozialstruktur) und das sich darin von anderen Gesellschaften, der Umwelt, unterscheidet.

Auch die internationale Politik kann als System konzeptualisiert werden. So hat z.B. Kaplan sechs Systeme internationaler Politik entworfen: Das bipolare System, nämlich das des Kalten Krieges, funktioniert gemäß bestimmter, ihm inhärenter Regeln, denen sich die Systemmitglieder (die Staaten) mehr oder weniger zwangsläufig fügen müssen.

Eine diese Regeln ist z.B. die, daß das System in zwei Lager (Ost-West) geteilt ist und Neutrale „zwischen den Lagern" sowie „Wechsel der Lager" kaum geduldet werden.

Szientisten wie Singer (1974) versuchen das internationale System quantitativ anhand spezifischer Strukturmerkmale des Systems zu operationalisieren, präzise zu erfassen. Strukturmerkmale sind u.a.: Art und Zahl der internationalen Bündnisse, Verteilung von Ressourcen (incl. militärischer Stärke) auf die einzelnen Staaten, usw.. Durch diese und andere, systemische Strukturmerkmale versucht er u.a. das Entstehen von Kriegen aus bestimmten Strukturen des internationalen Systems statistisch zu erklären, u.a. gemäß der Frage, ob zwischenstaatliche Bündnissse Kriege wahrscheinlicher machen, oder nicht.

(Hegel, G.W.F. (1970): Werke in zwanzig Bänden, Frankfurt a.M., insbesondere Band III

Parsons, T. (1976): Zur Theorie sozialer Systeme, hrsg. von S. Jensen, Opladen

Kindermann, G.-K. (Hrsg.) (1986): Grundelemente der Weltpolitik, 3. Auflage, München)

KAPITEL 3. METHODEN DER POLITIKWISSENSCHAFT

3.5 Verstehende Methoden (Hermeneutik)

Ein weiter hier zu unterscheidender Methodentyp ist der der verstehenden Methode, die sich vor allem von der analytischen Methode abhebt.

Die analytische Methode sieht den Untersuchungsgegenstand (auch den menschlichen und sozialen) als Objektbereich wie in den Naturwissenschaften. Das äußerlich wahrnehmbare Handeln und Verhalten von Menschen wird untersucht, als sei es ein Gegenstand der Natur, dessen Reaktionen nach Möglichkeit gemessen werden sollen: wie reagiert ein Mensch unter Stress? Wie reagieren und agieren politische Systeme beim Aufkommen innerer und äußerer Aggressivität? Zentral ist das äußerlich wahrnehmbare Handeln und Verhalten, von dem behauptet wird, es sei allein sicher und präzise festzustellen: Man kann halt messen, daß bei Stress der Pulsschlag ansteigt! Das Innere des Menschen, seine Motive, seine inneren Triebkräfte, seien demgegenüber – so wird von dieser Seite behauptet – nicht genau zu erfassen. Was ein Mensch wirklich denkt, wer weiß das schon?! Auch durch Befragungen ist es nur sehr unvollkommen zu erfassen, der Befragte kann ja lügen oder sich irren, so vor allem die Grundauffassung des Behaviorismus. Man kann ja keinem den Schädel aufschneiden und dann in der molekularen Zusammensetzung wohlmöglich sehen wollen, was er denkt!

Ähnlich verhalte es sich mit politischen Systemen: Man kann eben messen und zählen, daß bei wirtschaftlichen Schwierigkeiten die Zahl innenpolitischer Konflikte ansteigt – und zwar zum Großteil unabhängig davon, was politische Akteure wollen und denken.

Dem steht nun die verstehende Methode mit entgegengesetzten Annahmen gegenüber. Sie hält gerade diese inneren Motive von Menschen für bedeutsam zur Erforschung des menschlichen Handelns, denn diese Motive sind zentrale Bewegungsgründe des Handelns. Um ein Beispiel von Th. Abel zu bringen: Ein Mann bringt Holz aus seinem Haus und stapelt es in seinem Garten auf. Der Szientist oder Behaviorist stellt – wie eben dargestellt – dies fest und mißt vielleicht noch die Temperatur des Wetters und den ansteigenden Puls des Mannes, um derart weiterhin festzustellen, daß der Mann erregt ist und das Wetter schlechter wird. Wie das aber zusammenhängt und was der Sinn des

3.5. VERSTEHENDE METHODEN (HERMENEUTIK)

Holztragens ist, bleibt für ihn, der nur vom Äußerlichen ausgeht, unverständlich. Mehrere Motive können dem Handeln nämlich unterlegt werden: Holz für den Winter, Holz für ein Gartenhaus, für einen Zaun, der vor Schneestürmen schützt, usw.

Das eigentliche Motiv des Mannes ist nur dann festzustellen, wenn man diesen befragt oder wenn man nach Unterlagen oder Aussagen sucht, die Aufschluß über den Sinn seiner Handlung zu geben vermögen. Und dann wird man schnell erfahren, daß der Mann das Holz für ein Picknick-Feuer in den Garten bringt. Dieser Sinn ist mit der verstehenden Methode zu rekonstruieren. Das Verstehen zielt auf das Verstehen des Sinns, der inneren Motive menschlichen Handelns.

Oft kann man Menschen aber nicht selbst befragen, oder es gibt keine Unterlagen zu ihrem Tun, so z.B. oft bei politischen Akteuren in den Völkerwanderungszeiten nach Untergang des Römischen Reiches, aus der es nur wenige schriftliche Überlieferungen gibt.

Der Sinn des Handelns läßt sich in solchen Fällen oft nur durch Analogisieren erschließen: Man nimmt bestimmte Sinntypen an, die allen Menschen als Menschen eigen sind, z.B. das rationale Handeln, d.h. ein Handeln, daß mit den geringsten und aufwandgünstigsten Mitteln das gewünschte Ziel erreichen will. Einen solchen Sinntyp, den man durch Selbstbetrachtung seiner selbst („Introspektion") gewinnen kann, überträgt der Forscher dann analog je situationsangemessen auf die jeweilig interessierende Handlung der Vergangenheit. Um solche Sinntypen zu entdecken, muß sich der Mensch und Forscher zunächst selbst entdecken. D.h. er fragt danach, wie er selber als Mensch und Forscher in bestimmten Situationen sinnhaft handelt oder handeln würde. Es ergeben sich dann bestimmte, immer wiederkehrende Motivarten, von denen angenommen werden kann, daß sie in bestimmten Situationen auch andere Menschen leiten oder geleitet haben. Die Subjektivität des Forschers läßt sich also nicht vom Untersuchungsobjekt (den Handlungen anderer Menschen, die man untersuchen will) trennen. Vielmehr ist die Selbstexplikation und Bewußtwerdung dieser Subjektivität eine Voraussetzung zur Interpretation der Handlungen anderer Menschen.

Was wollte Pippin, als er dort eine Pfalz gründete? Welches Ziel

KAPITEL 3. METHODEN DER POLITIKWISSENSCHAFT

wollte er mit möglichst geringen Mitteln (nämlich dem Pfalzbau) erreichen? Das Mittel (die Pfalz) kann Aufschluß geben über das Ziel, z.B. war die Pfalz zu klein, um wirklich einen Feind abwehren zu können. Sie diente vor allem daher der symbolischen Darstellung herrscherlicher Macht, um die Hintersassen ans Reich Pippins zu binden. Das war seine vermutliche Absicht. So hätte auch ich gehandelt, wenn ich seinerzeit Pippin gewesen wäre.

Die klassische verstehende Methode ist die historische Methode. Handlungen und deren Sinn werden auf der Basis von „Quellen" geschildert: meist schriftliche Texte, aber auch sonstige Überlieferungen wie bauliche Ruinen. Der Forscher muß sich – um einen Text u. dgl. sinnbezogen verstehen zu können – in die Zeit und die Sichtweise des Verfassers (=Texturhebers) und seiner Zeit psychisch hineinversetzen, hineinverwandeln, um aus dieser Perspektive den Sinn der jeweils einzelnen, historischen Handlung nachvollziehen und damit auch erklären zu können.

Das setzt natürlich genaue Kenntnisse der Zeitumstände sowie ggf. der Biographie des Handelnden voraus. Diese Methode wird – wie gesagt – als „verstehend" oder „hermeneutisch" bezeichnet.

Das Verstehen einer historischen Handlung ist – da Subjektivität des Forschers und Untersuchungsgegenstand, wie aufgezeigt, nicht zu trennen sind – nur möglich vor dem Hintergrund der Sinninterpretation des Forschers und seiner Zeit. Wie man sich und seine eigene Zeit versteht, das wirkt sich auch aus auf das Verständnis des Vergangenen. Eine religiös geprägte Gegenwart wird die Vergangenheit auch eher religiös verstehen als z.B. eine rationalistisch denkende Gegenwart, bzw. ein Forscher in dieser Gegenwart. Eine Gegenwart, in der Krieg dominiert, wird das Kriegerische an der Vergangenheit hervorheben; und eine Friedenszeit vergangene Friedenszeiten.

Deshalb interpretiert jede Gegenwart die Vergangenheit auf je spezifische und ihr eigene Art und Weise neu, da das gegenwartsbezogene Vorverständnis des Forschers mit in die Interpretation eingeht.

Es ist also zu beachten, daß ein Forscher, der den Sinn einer anderen Zeit verstehen will, nie gänzlich den Sinn der eigenen Zeit hinter sich lassen kann. Jeder Forscher bleibt Kind seiner Zeit mit ihren Vor-

3.5. VERSTEHENDE METHODEN (HERMENEUTIK)

urteilen und Urteilen; das, was er zu leisten vermag, ist, seine Zeit mit der des Untersuchungsgegenstandes sinnhaft zu vermitteln. Gadamer nennt das „Horizontverschmelzung".

Je älter die Quellen und Texte sind, um so mehr sind sie quellenkritisch zu bearbeiten: es ist durch Vergleich mit anderen Quellen zu fragen, ob die Texte nicht gefälscht wurden, ob deren Autor die Wahrheit sagt, ob der Verfasser die Begriffe mit der gleichen Bedeutung verwendet wie heutzutage usw. Auch das gehört zur hermeneutisch-historischen Methode.

Da die Hermeneutik sich meist auf den Sinn von Handelnden bezieht, neigt sie zur Individualisierung: d.h. sie fragt nach dem Handeln und nach den Motiven Einzelner; was wollte Bismarck?

Aber das ist nicht notwendigerweise so. Denn man kann auch den Sinn des Handeln von Gruppen zu verstehen versuchen, oder den Sinn von Artefakten, baulichen Denkmälern: Was sagt uns das Herrmanns-Denkmal? Oder die Ruine einer Burg am Rhein? Was wollten die Massen, als sie die Bastille stürmten?

(Besson, W. (Hrsg.) (1965): Geschichte, 3. Auflage, Frankfurt a.M.)

Für die Soziologie und überhaupt für die Sozialwissenschaften, aber auch für die Geschichtswissenschaft hat Max Weber eine eigene Methodik des Verstehens entwickelt. Seine Methode des „sinnadäquaten Verstehens" besagt, daß zwischenmenschliches Handeln nur mit Bezug auf die Werte und Ziele angemessen verstanden werden kann, an denen sich der Handelnde oder die Handelnden orientieren. Wichtig ist es, die subjektiven, sinnbezogenen „Definitionen der Situationen"(W.I. Thomas) zu rekonstruieren, um das Handeln in seinen Beweggründen verstehen zu können.

Diese Interpretationen werden im Medium von Sprache vermittelt und sind wiederum seitens der Wissenschaft nur über das Medium der Sprache verstehbar. Sinn kann nur in sprachlicher Form ausgedrückt werden. Und wenn der Sinn in Artefakten (z.B. einer Ruine) „ruht", so kann er nur durch Sprache entdeckt werden.

KAPITEL 3. METHODEN DER POLITIKWISSENSCHAFT

Weber unterscheidet zwischen Wertverstehen und Motivverstehen. Das Wertverstehen bezieht sich auf kulturelle Komplexe von objektiver Bedeutung in dem Sinne, daß sie auch Geltung beanspruchen unabhängig davon, daß sie ein einzelnes Individuum nachvollzieht. Religionen und ihre Wertsysteme sind solche kulturellen Komplexe, die über Zeiten hinweg Handeln zu motivieren vermögen. Das konkrete individuelle Handeln kann, wenn es von solchen kulturellen Komplexen beeinflußt ist, durch individuelles Motivverstehen, durch das Erfassen dieser kulturellen Komplexe und durch die Verbindung beider erschlossen werden.

Scharf wendet sich Weber gegen Versuche, der Geschichte und ihrer Entwicklung einen über die Zeiten gehenden „Sinn" zu unterschieben, z.B. wie bei Marx, der Geschichte nur als Vorgeschichte zur kommunistischen Gesellschaft begreift, in der sich der Geschichtsprozeß vollendet. Solche Sinn-Konstruktionen seien in der Vielfalt des historischen Materials nicht zu entdecken. Sie seien vielmehr Ausfluß von Weltanschauungen, die letztlich wissenschaftlich nicht beweisbar sind.

Der Sinn individuellen Handelns muß nach Weber empirisch nachgewiesen werden können, soll er wissenschaftliche Gültigkeit erhalten. Der Nachweis kann z.B. durch die Befragung des Handelnden erfolgen. Das Sinnverstehen stellt quasi nur eine Hypothese dar, die es empirisch zu erhärten gilt. Der dann gefundene empirische Zusammenhang ist – findet er sich in zahlreichen Fällen immer wieder gleich oder ähnlich bestätigt – eine gesetzesähnliche Aussage, mit der Handeln erklärt werden kann – erklärt durch das Wirken dieses Gesetzes: In den und den Situationen handeln Menschen normalerweise gemäß eines bestimmten Motivs. Weber versucht also – wie schon Kant – Erklären und Verstehen, das deterministische, vom Willen und von Motiven unabhängige Wirken von Gesetzen außerhalb meines Willens und das freie Wollen des Individuums gemäß seiner ihm eigenen Motive zu verbinden. Beides sind nur zwei unterschiedliche Aspekte und Sichtweisen des menschlichen Handelns.

(vgl.Hufnagel, G. (1971): Kritik als Beruf, Der kritische Gehalt im Werk Max Webers, Frankfurt a.M. u.a., S. 140 ff., S. 212 ff.)

3.5. VERSTEHENDE METHODEN (HERMENEUTIK)

Für den Forschungsbereich der Politikwissenschaft ist die verstehende Methode auch in der Form juristischer Interpretationen rechtlicher Normen von Bedeutung. Ein Regelungsinstrument der Politik ist das Recht. Solche Regeln legen z.T. den politischen Handlungsspielraum von staatlichen Akteuren fest, bzw. diese Akteure bestimmen durch rechtliche Vorgaben den Handlungsspielraum anderer Akteure und Bürger; ein Verständnis dieser Normen ermöglicht auch zumindest teilweise das Verständnis der Handlungen. Das Sozialrecht bestimmt zu einem Teil das Handeln der Sozialpolitik. Es gilt also, diese Normen aus dem Gesamtzusammenhang von Aktionen und Reaktionen herauszupräparieren und ihren Sinn nachzuvollziehen und für die Interpretation der Handlungen fruchtbar zu machen.

Der Sinn einer juristischen (oder auch völkerrechtlichen) Norm kann mit verschiedenen Verfahren erschlossen werden. Die historische Methode fragt nach dem Sinn einer Norm, wie er zur Zeit des Entstehens der Norm bestand. Was meinten die Verfassungsväter der Bundesrepublik Deutschland, als sie 1948 das Grundgesetz schufen?

Die semantische Methode sucht gemäß des Wortlauts der Gesetzesnorm deren Sinn zu erschließen. Was bedeutet „Asyl" nach allgemeinem Sprachgebrauch im Artikel 16 des Grundgesetzes?

Und die teleologische Methode fragt nach dem objektiven Sinn oder Zweck („telos") einer Norm. Was kann sinnvollerweise, d.h. auch unabhängig von meinem Meinen als Richter, mit einer Norm gemeint sein, die Mörder ins Gefängnis schickt? Der Zweck dieser Norm ist die Besserung des Täters („Resozialisierung") sowie die Abschreckung von weiteren Morden.

Eine weitere, quasi-hermeneutische Methode ist die Rationalanalyse. Auch hier muß sich der Forscher in die Lage und Weltsicht des zu untersuchenden Akteurs hineinversetzen. Im zweiten Schritt wird nicht nach dem spezifischen Sinn einer Handlung gefragt, da es hierzu kaum Unterlagen gibt, weil z.B. die Archive noch geschlossen sind oder weil z.B. Entscheidungsprozesse von außen kaum einsehbar sind, wie in der Sowjetunion bis in die 80er Jahre hinein.

Stattdessen wird allgemein dem Handelnden ein rationales Verhalten unterstellt, da dies sehr wahrscheinlich ist. Rationalität heißt hier

KAPITEL 3. METHODEN DER POLITIKWISSENSCHAFT

lediglich – wie oben bereits ausgeführt –, daß ein gesetztes Ziel – was immer es sei – mit möglichst optimalen, effizienten und kostengünstigen Mitteln zu erreichen versucht wird. Rationales Handeln wird als Ziel-Mittel-Rationalisierung verstanden, wobei das Ziel als extern vorgegeben betrachtet und nicht weiter diskutiert wird. Optimal sollen die Mittel zur Erreichung dieses Zieles sein. Das Verfahren der Rationalannahme ist z.t. übernommen worden aus der Nationalökonomie, die ja grundlegend von einem rationalen Handeln der Wirtschaftsteilnehmer im Sinne der Ertragsmaximierung und Kostenminimierung ausgeht. Das ist der *homo oeconomicus*, von dem angenommen wird, daß er stets seine Gewinne erhöhen will – und diese Annahme ist ja für marktwirtschaftliche Gesellschaften durchaus realitätsgerecht.

Wenn man beispielsweise die Gründe für die sowjetische Invasion Afghanistans an der Jahreswende 1979/80 erforschen will (ohne Zugang zu den Archiven), so ist anzunehmen, daß der Mitteleinsatz (Invasion) rational war (im Vergleich zum gesetzten Ziel). Von dieser Rationalität aus wird darauf zu schließen versucht, was die wahrscheinlichen Ziele der Invasion waren.

Es wird danach gefragt: Was konnten die Sowjets mit dieser Invasion erreichen wollen? Einen Durchmarsch zum Indischen Ozean? Unwahrscheinlich, denn dazu reichten die Truppen, die Mittel nicht! Die Bewahrung des status quo vor der Invasion? Das scheint die wahrscheinlichste und rationalste Erklärung zu sein, denn darauf war der gesamte Mitteleinsatz von seiner Größe und Qualität her abgestellt.

Diese Methode gibt natürlich keine Sicherheit über die „wahren" Motive, angesichts des Fehlens methodisch besserer Alternativen ist sie jedoch die bestmögliche mögliche Annäherung an die jeweilige Motivstruktur.

(Behrens, H. (1982): Die Afghanistan-Intervention der UdSSR, München)

Die hermeneutische Methode par excellence im Bereich der Politikwissenschaft und der Internationalen Beziehungen ist die Entscheidungsprozeßanalyse. Sie behauptet, daß vor allem die persönlichen Sichtweisen und subjektiven Interessen der Entscheidungsträger (=

3.5. VERSTEHENDE METHODEN (HERMENEUTIK)

zentralen Politiker) für die Art der Entscheidungen maßgebend seien, die sie treffen. Und diese Sichtweisen – perceptions, wie man es im englisch-sprachigen Raum nennt – sind hermeneutisch erschließbar: Was sind die Weltbilder, die hinter diesen Entscheidungen stehen, die sich in ihnen manifestieren? Was sind die persönlichen Erfahrungen und Lernprozesse der Entscheidungsträger, die ein Weltbild und dann die Entscheidung beeinflussen und evtl. sogar prägen?

Voraussetzung eines solchen Ansatzes ist die Annahme, daß solche Sichtweisen Handeln bestimmen können. Rekurriert wird hierbei auf die phänomenologische Philosophie und Soziologie von E. Husserl und A. Schütz, die die weltkonstituierende, weltschaffende Kraft solcher Bilder nachzuweisen versuchten, nach dem Motto des Soziologen Thomas: Wie ich die Welt sehe, so ist sie auch zu einem großen Teil. Ich kann die Alpen als schreckliches Verkehrshindernis betrachten, wie es das Mittelalter tat; oder als touristische Schönheit und Herausforderung für Bergsteiger wie in der Gegenwart. Die Alpen sind jedes Mal etwas anderes. Wie ich sie sehe, so sind sie.

Differenzierungen des Entscheidungs-Ansatzes konzentrieren sich auf die Analyse der inneren Dynamik und Eigengesetzlichkeit von Weltbildern, beispielsweise dahingehend, wie sie sich unter welchen Einflüssen wann und mit welchem Tempo ändern, welche Reaktionen bei Konflikten zu erwarten sind, wann Weltbilder insgesamt verfallen, wann und wie neue entstehen usw.

Natürlich sind Entscheidungsanalytiker nicht so „idealistisch", zu glauben, daß nur die subjektiven Weltbilder Politik beeinflussen. Auch die Einwirkungen auf diese Weltbilder werden untersucht – Einwirkungen wie die institutionelle Struktur, von der der Entscheidungsträger ein Teil ist, ob er in ein präsidentielles oder parlamentarisches System eingebunden ist; wie die sozialen und kulturellen Einflüsse, denen er unterliegt; wie Einwirkungen der öffentlichen Meinung und politischer Parteien, usw. Auch die „objektive" Realität, wie sie ja weiterhin unabhängig von den Entscheidungsträgern und den Weltbildern besteht, ist mit in die Analyse als eine Bedingung solcher Weltbilder einzubeziehen. Denn dadurch, daß Bundeskanzler Kiesinger die seinerzeitige DDR nicht anerkannte, wurde sie ja nicht-existent, verschwand sie nicht. Sie war und blieb ein Staat mit eigener Souveränität, auch wenn man es nicht wollte und auch nicht so sah. Diese unabhängige Existenz hatte natürlich auch indirekte Auswirkungen auf die Weltsicht von Herrn Kiesinger.

3.6 Normative Methoden

Ein eigenständiger Methodentyp ist der der normativen Methoden, wie sie hier genannt werden sollen. Dieser Methodentyp beschäftigt sich insbesondere mit der Frage, wie Normen menschlichen Handelns wissenschaftlich gewonnen und begründet werden können: Wann handle ich gut oder zumindest situationsgerecht? Und das insbesondere in politischen Angelegenheiten.

Es wird also etwas versucht, was die oben erwähnten szientifischen Verfahren für wissenschaftlich nicht möglich halten. Normative Methoden gehen demgegenüber von der wissenschaftlichen Begründbarkeit von Normen aus. Das hier klassische und bekannteste Verfahren ist das des methodologischen Essentialismus, wie es Popper ein wenig abwertend nannte. Der Essentialismus wird auch als „normativ-ontologischer Ansatz" der Wissenschaftstheorie in der Tradition des Aristoteles bezeichnet.

Grundannahme ist, daß die feststellbaren natürlichen und sozialen Dinge eine ihnen eigene und typische Struktur haben, die Auskunft über das Gesollte, über die Norm gibt. Um ein simples Beispiel zu geben: Ein Stuhl ist in einer bestimmten Weise konstruiert und diese Bauart des Stuhles macht es evident, daß er zum Sitzen dienen soll. Zwar kann man mit einem Stuhl auch manche andere Dinge anstellen, sein Hauptzweck ist allerdings das Platznehmen und Sitzen. Diese Norm (im Sinne einer inhärenten Zielsetzung) ist also aus der Struktur, der Bauart des Stuhles, aus dem Sein abzuleiten.

Das Sein bestimmt das Sollen.

In der Tradition dieser Methode und Philosophie, wie sie erstmals von Platon und Aristoteles entwickelt wurde, konzentriert sich der Wissenschaftler nicht auf die Vielfalt sinnlich wahrnehmbarer Dinge, sondern auf die den Dingen zugrundeliegenden gemeinsamen Strukturen, auf den innersten Kern der Sache, auf das Allgemeine im Ein-

3.6. NORMATIVE METHODEN

zelnen. Es wird z.B. nicht nur die Vielzahl unterschiedlicher Staaten betrachtet, sondern vorrangig das, was das Wesen aller Staaten ausmacht, was allen Staaten gemeinsam ist. Als Wesenselemente werden u.a. genannt: Territorium, Bevölkerung und eine (staatliche) Herrschaftsgewalt. Und es wird gesagt, daß, wenn diese Elemente nicht gegeben sind, ein Staat ebenfalls nicht gegeben ist. Oder umgekehrt: Soll ein Staat funktionsfähig sein, müssen diese Elemente vorhanden sein. Das ist sowohl eine empirische als auch eine normative Aussage, eine Seins- als auch eine Sollens-Aussage.

Es kommt also zentral auf das Wesen (die Essenz) an, d.h. das allen Einzelerscheinungen Gemeinsame eines physischen und sozialen Phänomens. Die Wesenselemente machen eine Sache oder Institution erst zu dem, was sie wesentlich ist.

Das große Problem des methodologischen Essentialismus ist es, daß es nicht ein allgemein nachvollziehbares und generalisierbares Verfahren gibt, mit dem diese Wesenselemente festgelegt werden können. Hier ist z.B. die Verschiedenartigkeit von Wesenselementen, die dem Staat zugeschrieben wurde, je nach Theorie und Weltanschauung sehr groß. Gehört die Legitimität einer Herrschaftsgewalt (daß sie den Bürgern als gerechtfertigt erscheint) zu den Wesenselementen von Staaten? Muß ein Staat eine gemeinsame ethnische Grundlage haben? Was ist der Unterschied zwischen Staat und Nationalstaat und Nation? Jeder gibt hier ein anders Wesenselement als zentral an! Was für den einen wesentlich ist, ist es für den anderen noch lange nicht!

Die Topik, wie sie von Aristoteles erstmals entwickelt wurde, ist ebenfalls ein normatives Hilfsverfahren, das allerdings nicht in die essentialistische Fallstricke gerät.
Mit ihr sollen begrenzte Problembereiche unter Beachtung aller wichtigen Gesichtspunkte erschlossen, widerspruchsfrei erörtert und einer Lösung näher geführt werden können.

Das heißt im einzelnen:
Mit der Topik sollen Normen entwickelt werden, die bei der Lösung von Problemen angewandt werden können. Sie beziehen sich spezifisch auf das jeweilige Problem, und die entwickelten Normen beziehen

sich nur auf dieses Problem. Sie sind daher begrenzt, da problembezogen und problemspezifisch. Im Gegensatz zum Kantischen Imperativ, „Handle so, daß die Maxime Deines Handelns zum Prinzip einer allgemeinen Gesetzgebung werden kann", der für immer und alle Zeit und alle Orte gilt. Er besagt ja allgemein gültig, daß meine Handlungen so sein sollen, daß sie auch von allen anderen übernommen werden können müssen, ohne daß dadurch die Gesellschaft insgesamt zerstört werden würde. Mord ist in diesem Sinne keine generalisierbare, keine verallgemeinerungsfähige Norm, da – wenn ihr jeder folgen würde – keiner mehr übrig bliebe und auch die Mörder selbst zum Opfer würden.

Grundlage topischer Normen ist der allgemeine gesellschaftliche Dialog, wie er im großen und kleinen stattfindet. In einer einigermaßen intakten Gesellschaft (d.h. aber: nicht in einer Diktatur, wo dieser Dialog gestört ist) werden in diesem gesellschaftlichen Dialog (in einem Verein, auf dem Marktplatz der Antike, im Stadtrat oder im Parlament, am Biertisch, usw.) alle Gesichtspunkte geäußert, die bei der Beurteilung einer Frage oder bei einer Entscheidung beachtet werden müssen; das ergibt sich allein schon daraus, daß mehrere an diesem gesamtgesellschaftlichen Gespräch teilnehmen und durch die daraus resultierende Vielfalt der Meinungen mehrere Gesichtspunkte zur Sprache gebracht werden.

Und auf diese Gesichtspunkte (= *Topoi*, Singular: *Topos*) und deren volle Beachtung kommt es Aristoteles bei der ethisch-normativen Entscheidung zentral an. Er sagt: eine gute Entscheidung muß alle in Frage kommenden Gesichtspunkte beachten, wie sie sich aus der jeweiligen Problemlage ergeben. Wie dann der Entscheidende zwischen den Gesichtspunkten abwägt (und diese Notwendigkeit wird immer bestehen), bleibt seinem verständigen Urteil überlassen. Der eine legt legitimerweise mehr Gewicht auf diesen Gesichtspunkt, der andere mehr Gewicht auf einen anderen Gesichtspunkt.

Die in der Aristotelischen Tradition stehende Katholische Soziallehre hat diese topische Methode zur Perfektion entwickelt. Z.B. sagt sie, daß politische Entscheidungen sowohl die gesellschaftliche als auch die individuelle Natur des Menschen berücksichtigen müssen. Der Mensch darf also wegen seiner Einmaligkeit als unwiederholbares In-

3.6. NORMATIVE METHODEN

dividuum weder ganz in die Gesellschaft aufgehen noch darf das Individuum die Gesellschaft negieren, da er als Sozialwesen deren Teil ist. Zwischen beiden Gesichtspunkten muß die politische Entscheidung gelagert sein, beide müssen berücksichtigt werden.

In der internationalen Politik sind solche Gesichtspunkte heutzutage (mögliche) Konflikte und (mögliche) Kooperationen zwischen Nationalstaaten, weiterhin: die Ebenen möglicher Interaktionen (einzelne Akteure; Organisationen; Staatensystem); und schließlich folgende Aspekte: der wirtschaftliche Aspekt; die politische Zielsetzung; soziale und wirtschaftliche Sachverhalte; sowie Wertvorstellungen und Ideologien.

Diese Gesichtspunkte, die zusammengefaßt einen Topikkatalog ergeben, gilt es bei der Normsetzung und Entscheidungsfindung zu beachten (andernfalls wäre die Entscheidung falsch). Wieviel Konflikt ist in Kauf zu nehmen? Welche Kooperationen sind möglich? Wurden auch die wirtschaftlichen Auswirkungen einer Entscheidung bedacht? usw. Bei Abwägung dieser Gesichtspunkte gilt es dann zu entscheiden, wobei deutlich wird, daß man meist Kompromisse zwischen den Gesichtspunkten eingehen muß, denn die lupenreine Entscheidung, die alle Gesichtspunkte in ihrer vollen Bedeutung zu berücksichtigen vermag, gibt es nicht. Meist ist das Problem von „magischen Drei- oder Vierecken" gegeben, d.h. es müssen drei oder vier Gesichtspunkte bedacht werden, ohne daß sie unter einen Hut zu bringen sind. z.B. in der Wirtschaftspolitik die Ziele: Vollbeschäftigung, inflationsfreies Wirtschaftswachstum, außenwirtschaftliches Gleichgewicht.

Es ist mit dem topischen Verfahren nicht beabsichtigt, eine konkrete Norm oder Entscheidung für den oder den konkreten Fall anzugeben. Was aber geleistet wird, ist die Vorgabe des durch die relevanten Gesichtspunkte abgesteckten Raumes, innerhalb dessen die Entscheidung zu treffen ist. Wie sie aussehen wird, bleibt der Freiheit der Diskussion und des letztlichen Entscheiders überlassen, und das ist nicht prognostizierbar.

(Bellers, J. (1982): Internationale Politik und politische Moral, Mün-

KAPITEL 3. METHODEN DER POLITIKWISSENSCHAFT

ster

Hennis, W. (1963): Politik und praktische Philosophie, Neustadt und Berlin)

Die ideologiekritische Methode ist keine normative Methode im engeren Sinne. Sie dient geradezu umgekehrt der Analyse und Entlarvung von Normen. Um diese Aufgabe bewältigen zu können, fließen jedoch z.T. unbewußt Normen als Voraussetzung der Ideologiekritik ein.

Die ideologiekritische Methode fragt danach, was die „wahren" Motive sind, wenn eine bestimmte Norm oder ein bestimmtes Handlungsziel geäußert wird. Wenn z.B. ein Politiker mitteilt, er habe ein anderes Land erorbert, um die Freiheit oder die Gerechtigkeit oder den Sozialismus zu sichern, so mag dies aus der Sicht des Politikers (und vielleicht darüber hinaus) richtig und ehrlich gemeint sein; der Wissenschaftler hat jedoch zusätzlich kritisch zu fragen, was an weiteren oder an eigentlichen Motiven dahinter steckt, sei es nun, daß der jeweilige Politiker mit seiner Eroberung für die Wirtschaft seines Landes einen Absatzmarkt gewinnen wollte, oder sei es, daß er die militärische und politische Macht seines Nationalstaates steigern wollte. Dieses Hinterfragen ist Ideologiekritik. Äußerungen und Texte werden nicht wortwörtlich für wahr genommen, sondern es wird in und hinter ihnen ein Motiv vermutet, was allerdings vorderhand nicht zum Ausdruck kommt, evt. dem Äußernden gar nicht bewußt sein braucht.

Die verbalen und schriftlichen Äußerungen in der Politik (und natürlich auch in anderen Lebensbereichen) werden also nicht nur für sich genommen, sondern auch als Ausdruck anderer, in ihnen versteckt zum Ausdruck kommender Interessen. Solche Ideen und Ideensysteme, die von bestimmten Interessen bewußt oder unbewußt geleitet werden, nennt man Ideologien.

Diesbezüglich gibt es zwei grundsätzliche Unterschiede:

(1) Wenn man der Meinung ist, daß es in der Wissenschaft und im Alltagsleben die „Wahrheit" nicht gibt (der menschliche Verstand ist

3.6. NORMATIVE METHODEN

begrenzt und kann Realität nur begrenzt erfassen), dann ist alles ideologisch und Ideologie. Äußerungen werden nicht von der Suche nach Wahrheit geleitet, sondern von Interessen, die als einzig erkennbare übrigbleiben. Jede Äußerung, auch eine wissenschaftliche, ist demnach von bestimmten Interessen bestimmt, sei es nun von einem Interesse, das jeweilige Gesellschaftssystem zu stabilisieren, oder sei es, es zu überwinden („emanzipatorisches Interesse").

(2) Wissenschaftler und Politiker, die einen solchen Relativismus ablehnen, setzen einen bestimmten Fixpunkt, von dem aus sie Ideologien und Ideen als wahr oder falsch einzuordnen vermögen.

In der Disziplin der Internationalen Beziehungen gibt es zwei solcher Großtheorien, von denen aus Ideologien als „unwahr" entlarvt werden können.

Die „realistische" Theorie geht grundlegend und essentialistisch (siehe das Kapitel zur Teildisziplin „Internationale Beziehungen") davon aus, daß alle Politik ein Kampf um Macht ist. Das liege in der Natur des Menschen, und das ist der Fixpunkt, auf den bezogen die jeweilige Äußerung oder Handlung ideologiekritisch zu betrachten ist. Politische Äußerungen sind vor diesem Hintergrund zu qualifizieren, ob sie nicht lediglich ein Teil dieses Machtkampfes sind.

Wenn ein Land erobert und dies damit gerechtfertigt wird, daß so die Freiheit wieder hergestellt werden soll, so sagen „Realisten", der wahre Grund ist der der Machtsteigerung oder zumindest der Machtsicherung des betreffenden Staates. Alles andere ist wolkiges Gerede.

Marxisten vermuten hinter politischen Äußerungen und verbalisierten Handlungen ökonomische Interessen, und zwar klassenbedingte ökonomische Interessen: So suche z.B. das Bürgertum durch bestimmte Ideologien (z.B. den Liberalismus) seine Klassenherrschaft über die Arbeiterschaft zu sichern.

(Habermas, J. (1968): Technik und Wissenschaft als Ideologie, Frankfurt a.M.

Mannheim, K. (1952): Ideologie und Utopie, 3. Auflage, Frankfurt a.M.)

3.7 Erhebungstechniken

Im folgenden werden wir uns nicht mit Methoden im engeren Sinne – als Wege der Forschung – beschäftigen, sondern mit den Instrumenten und Techniken, die im Rahmen dieser Methoden – quasi als „Handwerkzeug" – zur Anwendung kommen. Dabei wird sich herausstellen, daß eine Technik im Kontext mehrerer Methoden durchaus sinnvoll eingesetzt werden kann. Das gilt im besonderen Maße für die hier als erstes zu behandelnde Technik der Befragung, – die – wie sich zeigen wird – sowohl für die Hermeneutik als auch z.B. für den Vergleich instrumentalisiert werden kann. Denn auch ein Hammer wird sowohl beim Hausbau verwendet als auch bei der Schusterei.

3.7.1 Die Befragung

Die Befragung hat – wie andere Methoden und Techniken auch – ihren Ursprung in der Alltagswelt. Hier gehört es zu den Selbstverständlichkeiten, daß ich meine Mitmenschen befrage: Was ihre Meinung ist? Wie beurteilen sie bestimmte Angelegenheiten? usw. In gewissem Umfang gibt es im Alltagsleben auch schriftliche Befragungen, so wenn ein Verband seine Mitglieder über bestimmte Tatbestände befragt.

Hier ist aber schon die Grenze zur wissenschaftlichen Befragung berührt, da solche Verbands-Befragungen meist von wissenschaftlichen Instituten durchgeführt werden.

Der Unterschied zwischen der wissenschaftlichen und der Alltagsbefragung besteht vor allem in der systematischen Vorgehensweise. Der Wissenschaftler versucht zunächst, genau festzulegen und zu formulieren, was er „herauskriegen", über welchen Sachverhalt er Auskünfte seitens der Befragten erhalten will. Z.B. sei das Ziel die Analyse von „Einstellungen der Bevölkerung gegenüber der Universität." (Ein anderes Beispiel aus dem Bereich der Internationalen Beziehungen könnte z.B. die Einstellung der deutschen Bevölkerung gegenüber den deutschen Nachbarstaaten sein. Wir wollen im folgenden aber das „Universitäts-Beispiel" durchdeklinieren.)

Die Bestandteile dieser Fragestellung sind zunächst einmal genau

3.7. ERHEBUNGSTECHNIKEN

zu definieren. Unter „Einstellung" sollen hier die vom Befragten bewußt geäußerten Antworten auf unsere Fragen verstanden werden. „Bevölkerung" ist in unserem Fall – wie in vielen anderen Fällen auch – als eine Zufallsauswahl unter den erwachsenen Einwohnern (über 18 Jahre) der Bundesrepublik zu verstehen. Wie statistische Berechnungen ergaben, beträgt die Zahl der (West-)Deutschen für eine solche Zufallsauswahl rd. 2.000 bis 3.000 Personen, dann sind die Antworten dieser 3.000 repräsentativ für die gesamte (west-)deutsche Bevölkerung, repräsentativ in dem Sinne, daß sie mit hoher Wahrscheinlichkeit die Einstellung der gesamten westdeutschen Bevölkerung wiedergeben. Die Auswahl muß allerdings zufallsgesteuert werden, z.B. anhand der Telefonbücher, aus denen man „blind" Adressen auswählen könnte.

Schließlich muß in dieser ersten Phase der Befragung bestimmt werden, was wir mit „Universitäten" in unserer Fragestellung meinen. Wir definieren sie als alle Hochschulen in der BRD, die sich als „Universitäten" selbst bezeichnen. Pädagogische und technische Hochschulen sind also nicht inbegriffen.

Die hier vorgenommenen Definitionen versuchen, so präzise wie möglich zu sein. Die Art der Definition hängt von der verfolgten Fragestellung ab: z.T. interessieren uns nur die bewußten Einstellungen der Bevölkerung gegenüber der Universität, nicht die unbewußten, allein deshalb, weil die unbewußten methodisch sehr schwer zu erfassen sind.

Daß wir eine repräsentative Umfrage unter der gesamten westdeutschen Bevölkerung beabsichtigen, ist deshalb möglich, weil wir davon ausgehen, daß wir genügend finanzielle Unterstützung zur Durchführung dieses Vorhabens erhalten. Denn eine schriftliche Umfrage unter rd. 3.000 Personen kostet einiges: Portokosten, Papier, Auswertung der Ergebnisse, Fragebögen, Personalkosten, Telefonkosten, falls man bei Nicht-Antworten fernmündlich nachhaken will. Umfragen sind daher sehr von finanziellen Ressourcen abhängig.

Die o.g. Definitionen scheinen z.T. willkürlich: warum werden nicht auch die Technischen Hochschulen einbezogen? Das hat seinen Grund darin, daß die Fragestellung auf die klassische, humanistische Universität in der Humboldtschen Tradition (und den Einstellungen ihr gegenüber) zielt, von der sich ja gerade die Technischen Universitäten unterscheiden.

Wie immer diese Definitionen auch beschränkt sein mögen (Definition heißt ja – übersetzt – „Begrenzung"), wichtig ist, daß sie präzise und so formuliert sind, daß jeder das gleiche unter ihnen versteht. Sie müssen intersubjektiv vermittelbar und nachvollziehbar sein.

Dieses Kriterium gilt im besonderen Maße für den Kern der Befragung, nämlich die Fragen selbst, die an den Befragten gerichtet werden. Sie sind zu formulieren, daß der Befragte auch das unter der Frage versteht, was der Frager meint. Das ist schon ein Problem der Alltags-Kommunikation, wo man des öfteren nachfragen muß, ob eine Aussage richtig verstanden worden ist.

Es ist also viel Mühe darauf zu verwenden, die Fragen genau und unmißverständlich zu formulieren – sei es nun eine schriftliche oder eine mündliche Umfrage, am wichtigsten jedoch bei der schriftlichen Umfrage, bei der Rückfragen des Befragten – im Gegensatz zur mündlichen Befragungssituation – nicht möglich sind.

Die Fragestellung ist also in einem nächsten Schritt in einzelne Fragen umzusetzen.

Die Fragen müssen systematisch entwickelt, der Fragebogen muß systematisch gemäß der Fragestellung gegliedert werden. Einen ersten Anhaltspunkt bieten dazu die Begriffe der Fragestellung selbst. Die Begriffe sind auf ihre Dimensionen und Implikationen abzuklopfen, um daraus Fragen abzuleiten.

Wie kann man den Komplex „Einstellung" in den Griff bekommen? Es kann z.B. danach gefragt werden, ob überhaupt oder in welchem Maße Wissen über Universitäten besteht. So kann eine der ersten Fragen sein, die Befragten zu bitten, auf einer Liste anzukreuzen, wieviel Universitäten es in der BRD ungefähr gibt: eher 20, 40, 60, 100 oder eher mehr.

Zur Einstellung gehört sicherlich auch die Frage, ob der Befragte selbst studiert hat. Solche Fragen, die die Person des Befragten betreffen (genannt: soziodemographische Fragen), werden jedoch am Ende

3.7. ERHEBUNGSTECHNIKEN

des Fragebogens gestellt, da sie für den Befragten evtl. sensibel sind (z.b. die Frage nach der Einkommenshöhe) und man durch deren Plazierung mitten im Fragebogen Gefahr liefe, daß die Beantwortung der Fragen insgesamt abgebrochen werden würde.

Im weiteren wäre es nun sicherlich zu einfach, schlicht zu fragen, ob jemand für oder gegen die Universitäten ist. Da muß differenzierter und geschickter nach der Einstellung gefragt werden, z.B. in Form fiktiver Alternativenwahl: „Stellen Sie sich bitte vor, Sie müßten als Landtagsabgeordneter Kürzungen im Staatshaushalt vornehmen. Wo würden Sie zuerst streichen: Wirtschaftsförderung, Sozialpolitik, Universitäten?" Man kann auch versuchen, die Einstellung durch Assoziationen zu erfragen. „Bei welchen der folgenden Begriffe denken Sie spontan an Universitäten:
– links
– deutscher Geist
– Element des wirtschaftlichen Fortschritts
– Fleiß
– In-den-Tag-hineinleben".

Diese Frage kann auch als „offene Frage" gestellt werden, in der Art, daß man darum bittet, niederzuschreiben, was man spontan denkt, wenn man das Wort „Universität" hört. Es werden bei offenen Fragen also keine Antwortvorgaben vorgelegt.

Schließlich möchte ich hier noch vorschlagen, nach den Funktionen von Universitäten zu fragen: „Welche der folgenden gesellschaftlichen Funktionen erfüllen Ihrer Meinung nach die Universitäten in Deutschland:
– Bildung und Erziehungen
– Technologieentwicklung
– Beitrag zum wirtschaftlichen Fortschritt
– wissenschaftlicher Fortschritt."

Der Fragebogen schließt – wie bereits erwähnt – mit einigen allgemeinen Fragen zur persönlichen Situation des Befragten („Biodatas"): Geschlecht, Alter, ggf. Studium, Einkommen usw.

Das sind nur einige der möglichen Fragen. Es müßten noch weitere hinzugefügt werden. Es bedarf einiger Phantasie, um solche Fragen zu entwickeln. Insgesamt sollte der Fragebogen nach Möglichkeit so gestaltet sein, daß er eine Geschichte erzählt, mit einem spannenden Anfang, einem Höhepunkt und einem Abklingen am Ende. Ein Fragebogen sollte das Interesse des Befragten wecken, evtl. auch seine Kompetenz herausfordern, sodaß er sich durch Beantwortung der Fragen in seinem Selbstwertgefühl bestätigt findet.

Um den Fragebogen für die Befragten möglichst verständlich und nachvollziehbar zu machen, ist es ratsam, ihn einem sogenannten *pretest* zu unterziehen. D.h. der so weit erarbeitete Fragebogen wird einer kleinen Auswahl (bis zu 10 Personen) des Befragtenkreises persönlich vorgelegt, und der Befragte wird gebeten, die Fragen durchzugehen und zu beantworten, vor allem auch unter dem Aspekt, ob sie ihm verständlich sind, bzw. was er unter ihnen versteht. In einem Vergleich des von den Fragebögen-Konstrukteuren Gemeinten und dem Verständnis der im pretest Befragten kann die Güte des jeweiligen Bogens festgestellt werden, ggf. sind Korrekturen vonnöten.

Durch dieses Verfahren kann das Grundproblem von Befragungen zumindest annähernd beseitigt werden, nämlich zwischen den unterschiedlichen Weltansichten und Lebenswelten von Befragten und Befragenden zu vermitteln. Dadurch kann natürlich nicht das Problem auch nur annähernd angegangen werden, daß keiner sicher sein kann, daß der Fragebogen ernsthaft und wahrhaftig beantwortet wird. Vor allem bei den Fragen zur Person ist ein hoher Grad von unkorrekten Angaben zu vermuten, da die Antwortenden z.B. befürchten, daß ihre Angaben zum Einkommen nicht vertraulich behandelt werden.

Hier wird deutlich, wie wichtig es ist, dem Befragten zu versichern und glaubhaft zu machen, daß seine Antworten absolut vertraulich behandelt und anonymisiert werden. Rückschlüsse aus den Antworten auf einzelne Personen müssen absolut ausgeschlossen werden.

Dies gilt es – auch unter Verweis auf die diesbezüglichen Bestimmungen der Datenschutzgesetze – in einem Begleitschreiben zum Fragebogen dem Befragten zu versichern. In diesem Begleitschreiben sollten auch Ziel und Zweck des Fragebogens kurz umrissen werden. Das

3.7. ERHEBUNGSTECHNIKEN

Begleitschreiben ist von einer möglichst hochrangigen Person (z.B. Institutsdirektor) zu unterschreiben.

Der Fragebogen selbst ist ansehnlich und übersichtlich auszugestalten (auch farblich). Diese formale Gestaltung entscheidet mit darüber, wie hoch die Antwortbereitschaft der Befragten und damit wie hoch die Rücklaufquote ist. (Ist sie gering, so läuft man Gefahr, daß die Befragung nicht mehr repräsentativ ist.)

Auch Angaben zur späteren statistischen Auswertung im Fragebogen selbst sind möglich, sollten aber erklärt werden. Denn der nächste Schritt nach der postalischen Versendung der Fragebogen oder nach den mündlichen Interviews ist die Auswertung der Antworten. Dies kann meistens nicht „per Hand" erfolgen, sondern nur über EDV-Anlagen, da die Masse der auszuwertenden Daten sehr groß ist. Zudem ermöglicht nur eine quantitativ-statistische Auswertung weiterführende Fragestellungen. Es ist dann z.B. nicht mehr nur möglich, die Zahl der „Jas" auf eine Frage festzustellen, sondern auch, wie viel der Antwortenden, die studiert haben, mit „Ja" geantwortet haben. Solche weitergehenden Antworten sind nur sehr schwer „per Hand" quantitativ zu erfassen.

Abschließend sind die quantitativ vorliegenden Ergebnisse in sprachliche Form zu fassen und auf die ursprüngliche Fragestellung zu beziehen. Graphiken und Tabellen sollten der Übersichtlichkeit wegen häufig verwendet werden. Darüber hinaus sind die Ergebnisse in Ergebnisse früherer Untersuchungen und in bestehende Theorien einzuordnen, um deren Aussagen zu bestätigen, zu relativieren oder zu widerlegen.

Eine Sonderform von Befragung ist das Delphi-Verfahren, in der Eliten und Expertinnen regelmäßigen Abständen zu bestimmten Gegenstandsbereichen befragt werden, um Aussagen und Expertenwissen vermittels des jeweiligen Expertenkreises zu gewinnen. Dabei werden die Antworten einer Befragungsrunde allen Befragten in der nächsten Befragungsrunde wieder vorgelegt. Gerade das Delphi-Verfahren wird oft im Bereich der internationalen Beziehungen angewandt.

(E. Nölle, E. (1963): Umfragen in der Massengesellschaft, Reinbek

Schössler, D. und E. Weede (1978): West German Elite Views on National Security and Foreign Policy Issues, Königsstein)

3.7.2 Die Inhaltsanalyse

Neben der Befragung ist das andere große sozialwissenschaftliche Instrument das der Inhaltsanalyse (IA).

Diese Technik hat zum Ziel, Texte jeglicher Art auf ihren Inhalt und ihre Aussage zu analysieren, und zwar nicht in der Art der Hermeneutik, den Sinn eines Textes in nur schwer nachvollziehbarer Art zu verstehen, sondern in quantitativ-systematischer und damit nachvollziehbarer Art und Weise. Der Hermeneutik wird seitens der quantitativen Inhaltsanalyse das Nebulöse und Subjektive ihres Verfahrens vorgeworfen: Der eine empfindet ein Gedicht halt so, und der andere anders. Wer vermag zwischen diesen Gefühlsregungen schon Richter darüber zu sein, was die „Wahrheit" ist? Aus diesem Dilemma will die Inhaltsanalyse herausführen.

Die Inhaltsanalyse zerlegt Texte in kleinere Einheiten, die ausgezählt werden. Welche Einheit einer Untersuchung zugrundegelegt werden soll, ist eine Frage der Praktikabilität, der Finanzen und natürlich auch der Fragestellung. Am einfachsten und praktischsten ist es immer, wenn man einzelnen Wörter als Grundeinheiten nimmt. Man kann sie leicht feststellen und dann ihre Häufigkeit auszählen. Das erfordert wenig Arbeitskapazität und ist daher leichter zu finanzieren.

Schwieriger ist es z.B. schon, nicht die Wörter in einem Text zu zählen, sondern Argumente, die von einem Redner geäußert werden und sich über mehrere Sätze ziehen können. Wo beginnt ein Argument? Was ist überhaupt das Argument? Verstehe ich das Argument richtig? Hier beginnen wieder die Probleme der oben erwähnten Subjektivität hermeneutischer Interpretationen. Auch die quantitative Inhaltsanalyse ist also nicht ganz frei von Subjektivität, sie vermag diese allerdings erheblich einzugrenzen und zu kontrollieren.

3.7. ERHEBUNGSTECHNIKEN

Natürlich ist es nicht von Interesse, wie viele Wörter oder Sätze oder Argumente in einem Text oder in einer Rede vorkommen. Von Interesse ist es, welcher Art von Wörtern oder Sätzen oder Argumenten vorkommen.

Um dies erfassen zu können, muß ein Raster oder ein Kategoriensystem entworfen werden, quasi ein System aus verschiedenen Körben, denen die Einheiten (im folgenden Beispiel = Wörter) zugeordnet werden.

Welche „Körbe" man wählt, hängt wiederum – wie schon bei der Befragung – von der jeweils verfolgten Fragestellung ab. Ich will z.B. untersuchen, wie stark Reden Adenauers im Jahr 1950 und im Jahr 1963 Wortkombinationen enthalten, die die Sowjetunion als aggressiven außenpolitischen Akteur darstellen.

Im Zentrum meiner Inhaltsanalyse stehen als Nennungen der UdSSR (oder „Sowjetrußland", so die Begrifflichkeit Adenauers, oder Sowjetunion, oder ähnliche Äquivalente für UdSSR), und zwar qualifizierte Nennungen, d.h. wie wird der Akteur bezeichnet, in welchem Licht erscheint er: Der böse Russe, der Kommunismus ist immer aggressiv, usw.

Und dies kann man nun schlicht und einfach – bleiben wir bei diesem simplen Beispiel – auszählen. Wie oft taucht der Akteur UdSSR auf, und wie wird er jeweils bezeichnet: als böse oder gut?

Vielleicht kann man bei einer solchen kleine Inhaltsanalyse feststellen, daß die Negativeinschätzung der UdSSR in den Reden Adenauers 1950 weit aus größer war als 1963. Das wäre sicher nichts Neues, wir wußten es auch schon vorher aufgrund unserer allgemeinen Kenntnis der damaligen Situation, aber nun wissen wir es sicher und genau, quantitativ-systematisch.

Wenn man derart erhobene quantitative Daten hat, kann man sie natürlich mit allen Verfahren der Statistik behandeln (Kreuztabellierungen, Korrelationen, usw.).

Man kann z.B. untersuchen, ob die Zahl der konflikthaften Ereignisse, wie sie von der UdSSR ausgingen (z.B. der kommunistische Putsch in Prag von 1948), zusammenhingen mit einem negativer werdenden Weltbild von Adenauer. Oder gibt es folgenden Zusammenhang: Je negativer die Einstellung des Kanzlers gegenüber der UdSSR wurde, um so positiver wurde seine gegenüber den USA.

(Bellers, J. u.a. (1982): Methodologische Probleme bei der Analyse von Pressewirkungen auf außenpolitische Entscheidungsprozesse, in: H. Schatz u.a. (Hrsg.), Massenkommunikation und Politik, Frankfurt a.M., S. 99-120

Früh, W. (1981): Inhaltsanalyse. Theorie und Praxis, München)

3.7.3 Event- und Transaction-Analysis (EA)

Diese Techniken werden hinsichtlich der Verfahrensschritte prinzipiell ähnlich wie die Inhaltsanalyse angewandt, nur daß hier die grundlegenden Analyseeinheiten nicht Texte oder Worte sind, sondern innen- und außenpolitische sowie zwischenstaatliche Ereignisse (events) (z.B. militärischer Einmarsch, Streiks, Putsche) oder zwischenstaatliche Transaktionen aller Art (vom Briefverkehr bis zum Warenaustausch), deren Häufigkeit (meist pro Jahr) gezählt und bestimmten Kategorien, „Körbchen" (konflikthafte oder kooperative Ereignisse z.B.) zugeordnet und dadurch gemessen wird. Ziel ist die quantitative Erfassung der Struktur eines innenpolitischen oder eines internationalen Systems nach bestimmten Gesichtspunkten auf der Objektebene, d.h. nicht psychische Einstellungen, sondern außerhalb des Bewußtseins liegende Geschehnisse werden registriert und analysiert. Die derart gewonnenen Datenreihen können mit anderen Datenreihen (z.B. denen aus Inhaltsanalyse zu Bewußtseinsstrukturen von Politikern) statistisch in Verbindung gesetzt (korreliert) werden, um so mögliche Verhältnisbeziehungen zwischen ihnen festzustellen.

Ein Ereignis wird definiert als ein Geschehnis, das zum jeweiligen Zeitpunkt aktuell in einer allgemein zugänglichen und angesehenen Publikation berichtet wurde (Keesings Archiv der Gegenwart, New York Times, Schulthess Geschichtskalender, Frankfurter Allgemeine Zeitung usw): Der Kohl fährt nach Moskau; die Iraker marschieren in Kuwait ein, und die Erdölpreise steigen, im Ruhrgebiet gibt es Demonstrationen – das sind solcherart unumstößliche Ereignisse. Ob alle oder nur ein Teil dieser Publikationen herangezogen wird, um möglichst alle Ereignisse zu erfassen, hängt von den Forschungskapazitäten ab (Geld,

3.7. ERHEBUNGSTECHNIKEN

Zeit).

Im Unterschied dazu werden Transaktionen bestimmt als die in einem längeren Zeitraum kontinuierlich wiederkehrenden Austauschbeziehungen zwischen oder in Nationalstaaten (also nicht aktuelle Ereignisse), z.B. der Warenverkehr zwischen zwei Staaten oder zwei Bundesländern, während der Abschluß eines Handelsvertrages ein „Ereignis" ist. Fundquellen für Transaktionsanalysen sind zahlreiche statistischen Veröffentlichungen (Bundesamt für Statistik, UN, OECD, ILO, FAO siehe auch Ca. C. Taylor, Handbook of Political and Social Indicators, 1982, III). Einer der bekanntesten Vertreter der Transaction-Analysis ist K.W. Deutsch, der das Verfahren vorzüglich in der internationalen Integrationsforschung verwendet: Wieviel zwischenstaatlicher Transaktionen bedarf es, damit mehrere Staaten sich z.B. in der Europäischen Gemeinschaft zusammenschließen?

E. Azar, der Begründer der EA, hat seit 1948 die *event*-Daten der Beziehungen von 135 Nationalstaaten erhoben und für Computer abrufbar verarbeitet (beziehbar über das Inter-University Consortium für Political and Social Research, University of Michigan; veröffentlicht z.T. in: E. Azar und Th. Sloan (1975): Dimensions of Interaction, International Studies, Occasional Papers No. 8).

Azar kategorisiert die *event*-Daten nach acht Gegenstandsbereichen:

1. Politisch-symbolische Beziehungen (z.B. die Äußerung einer außenpolitischen Präferenz);

2. Ökonomische Beziehungen (z.B. Boykott);

3. Militärische Beziehungen (gemeinsame Manöver);

4. Kulturelle und wissenschaftliche Beziehungen (Besuch von Wissenschaftlern);

5. Umweltpolitische Beziehungen (Abschluß eines internationalen Abkommens über Emmissionsschutz);

6. Menschenrechtliche, demographische und ethnische Beziehungen (z.B. Unterstützung für Exilanten);

KAPITEL 3. METHODEN DER POLITIKWISSENSCHAFT

7. Politische Beziehungen (Aufnahme der diplomatischen Beziehungen, Anerkennung der Souveränität usw.);

8. Residualkategorie (alle anderen Beziehungstypen, die von 1–7 nicht erfaßt werden).

Weiterhin werden die event-Daten auf einer 15 Punkte umfassenden Kooperations/Konflikt-Skala eingeordnet (15 = extensiver Krieg bis 1 = freiwillige Integration zwischen Staaten). D.h. die Ereignisse werden darauf hin eingeordnet, ob sie äußerst oder mittel oder gar nicht konfliktbeladen sind.

Darüber hinaus unterscheidet Azar u.a. folgende Kategorien: Akteure, die Ereignisse tragen; sowie Ziele, auf die Ereignisse gerichtet sind. Ereignisse können demgemäß je nach unterschiedlichem Ziel oder Akteur kategorisiert, eingeordnet werden.

Es wird dann z.B. gezählt, wieviel Ereignisse welcher Art in den deutsch-amerikanischen Beziehungen seit 1949 vorkamen und wie sie einzuordnen sind (eher kooperativ oder eher konflikthaft).

Es könnte sich daraus folgende Graphiken ergeben, z.B. bezogen auf die Zahl der Konflikte pro Jahr (fiktives Beispiel):

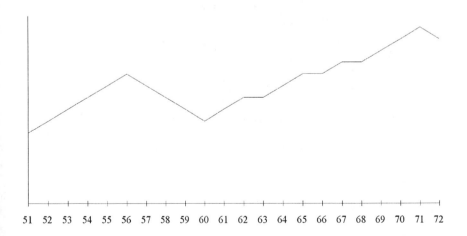

Diesbezüglich bahnbrechend für den deutschsprachigen Bereich waren vor allem die event-Untersuchungen von D. Frei und D. Ruloff. Sie korrelierten für die Ost-West-Beziehungen zahlreiche event- und Transaktions-Datenreihen miteinander (Konflikt/ Kooperations-Daten nach Azar; Handelsbeziehungen; Rüstungsausgaben in Ost und West; Zahl der politischen Sanktionen im Osten sowie Höhe der Arbeitslosigkeit im Westen; usw.) und kamen zu dem Ergebnis, daß die Ursachen für den Niedergang der Entspannungspolitik seit der zweiten Hälfte der 70er Jahre insbesondere durch das Auf und Ab der Konflikt/ Kooperations-Beziehungen der Akteure in Ost und West zu erklären sind, und nicht durch Aufrüstungsprozesse oder wirtschaftliche Transaktionen. Die entspannungspolitische Einstellung wird u.a. mit dem inhaltsanalytischen Instrumentarium erfaßt, sodaß die Untersuchungen von Frei und Ruloff auch ein interessantes Beispiel für die Kombination von Inhalts- und event-Analyse sind.

(D. Frei und D. Ruloff (1982): Entspannung in Europa: Perzeption und Realität, in: Politische Vierteljahresschrift, Heft 1, S. 27-45)

3.7.4 Die Spieltheorie

Diese Methode setzt sich zum Ziel, politische Akteure und ihr Verhalten in Entscheidungssituationen quantitativ zu analysieren. Grundannahme ist hier wie bei der Rationalanalyse, daß sich Akteure rational verhalten, d.h. bestrebt sind, ein vorgegebenes Ziel mit einem Minimum der vorhandenen Mittel zu erreichen. Auf die Quantifizierungsmöglichkeiten werde ich hier aber nicht eingehen – wegen des einführenden Charakters dieser Methodenlehre.

In der Spieltheorie werden Entscheidungssituationen dadurch dargestellt, daß die beteiligten Akteure in Form einer Matrix und in Form von Matrixwerten repräsentiert werden.

In einer Matrix werden Größen jeglicher Art miteinander konfrontiert und die Relation zwischen diesen Größen durch andere, weitere Größen oder Begriffe oder durch Zahlen ausgedrückt.

Z.B. kann man eine Matrix politischer Systeme bilden, indem man sie ordnet nach zwei Kriterien: nach dem Kriterium, wie viele jeweils herrschen, und danach, ob die Herrschaftsform gut oder schlecht ist.

KAPITEL 3. METHODEN DER POLITIKWISSENSCHAFT

Das ist die klassische Einteilung nach Aristoteles.

Die Matrix sieht dann wie folgt aus:

Herrschaftsform	Zahl der an der Herrschaft Beteiligten		
	einer	wenige	viele
gute	Monarchie	Aristokratie	Polykratie
schlechte	Tyrannis	Oligarchie	Demokratie

Solche Matrizen sind für die Analyse von und politische Beratung in Entscheidungssituationen aller Art anwendbar. Sie veranschaulichen und vereinfachen in übersichtlicher Art und Weise komplexe Sachverhalte.

Auch die Spieltheorie verwendet solche Matrizen. Man stellt zwei Akteure gegenüber, z.B. den Irak und die USA, und sagt, sie hätten in der Situation, die wir hier betrachten wollen (irakisch-amerikanischer Konflikt 1990/91 nach der irakischen Eroberung Kuwaits), je Akteur prinzipiell zwei Alternativen (Krieg oder Einlenken gegenüber dem anderen), die folgender Matrix zu entnehmen sind:

		USA	
		Krieg	Einlenken
Irak	Krieg	(4,3)	(1,5)
	Einlenken	(5,3)	(5,5)

Die Werte in den Kästen geben die Kosten an, die die jeweilige Aktionsvariante (beiderseitiger Krieg oder Einlenken usw.) dem jeweiligen Akteur verursachen würde. Der Wert ist eine Größe, die aus dem Spektrum 5 = höchste Kosten und 0 = keine Kosten gewählt wurde. Die Wahl erfolgt durch den Forscher, der aus seiner Kenntnis der irakischen und amerikanischen Interessenstruktur einer Wert auf der 5-Skala vergibt. Der erste Wert bezieht sich auf den Irak, der zweite auf die USA.

Wie man den Wertekombinationen entnehmen kann, ist das Einlenken für beide Seiten – so ihre Sicht! – die kostenreichste und damit die schlechteste Lösung. Einlenken kommt für beide Seiten auch nicht

3.7. ERHEBUNGSTECHNIKEN

in Frage, da sich beide zu sehr in ihre Position verrannt haben und erhebliche Prestigeverluste im Falle des Einlenkens befürchten müssen. Die „Lösung Krieg" ist aus der Sicht der Akteure (ich betone: der Akteure, nicht der Verfasser dieses Beitrages) die Kombination, in der beide Seiten zugleich die geringsten Kosten haben. So kam es dann auch tatsächlich zum Krieg.

Die Spieltheorie ist mit solchen Quantifizierungen einerseits sehr präzise, andererseits haftet aber auch ihr ein nicht vermeidbares Moment von Willkürlichkeit an, denn wie der jeweilige Akteur auf den Zahlenskalen eingeordnet wird, hängt von der Einstellung des Forschers ab, die zwar empirisch sehr fundiert sein kann, aber das Element von Subjektivität nie gänzlich wird eliminieren können.

> (G. Junne 1972: Spieltheorie in der internationalen Politik. Die beschränkte Rationalität strategischen Denkens Denkens, Düsseldorf)

3.7.5 Simulationen und Prognosen

Simulationen versuchen, in Ersatzsystemen Prozesse der Wirklichkeit nachzuspielen, bzw. überhaupt mögliche Prozesse von Politik durchzuspielen – unabhängig von der Reallität. Dadurch erhofft man sich Aussagen über Ursachen von politischen Entscheidungen und Prozessen. Im „Nachspiel" kann man – wie beim Vergleich (siehe oben) – die Situationen so verändern, daß man in den Spielen unterschiedliche Faktoren hervorhebt, bis man den Faktor gefunden hat, der dann z.B. Krieg oder Streiks bei Tarifverhandlungen dominant hervorruft. (Ähnlich verfährt man ja auch in naturwissenschaftlichen Experimenten: Man setzt Zellen z.B. unterschiedlichen Einflüssen aus, bis man den Einfluß und Faktor isolieren kann, der Krebs verursacht, während die anderen Faktoren nicht derartige Wirkungen zeitigten).

Die ersten und einfacheren Simulationen wurden mit Rollenspielern (meist Wissenschaftlern oder Studierenden) durchgeführt. Sie spielen wie Schauspieler – in verschiedenen Räumen von einander getrennt – historische Situationen nach, z.B. die, die zum Ausbruch des Ersten

KAPITEL 3. METHODEN DER POLITIKWISSENSCHAFT

Weltkrieges führte. Akteure sind hier der deutsche Kanzler und Kaiser, der Kaiser von Österreich-Ungarn, der britische Premier, der russische Zar, usw. Das wird dann interessant, wenn man dieses Nachspielen in bestimmten Partien ändert – im Vergleich zum „Original". Dann kann man z.b. Vermutungen darüber anstellen, daß es evt. nicht zum Krieg gekommen wäre, wenn der oder der Akteur anders gehandelt hätte. In dem Spiel, in dem das England von 1914 – entgegen dem wirklichen Ereignisablauf von damals – den Deutschen eindeutig seine Bereitschaft zum Krieg gegen Deutschland erklärt hatte, kam es nicht zum Krieg. Daraus können praktische Konsequenzen für die Politik bis heute gezogen werden, nämlich dahingehend, daß man Krieg verhindern kann, indem dem möglichen Aggressor rechtzeitig die Konsequenzen seines Handelns offenbart werden, sodaß es gar nicht erst zum Angriff kommt, indem man ihn abschreckt.

Diese Simulationen können allerdings ergänzt werden durch quantitative computergesteuerte Simulationen. Hier werden im Computer bestimmte Größen (z.B. Wirtschaftswachstum – Umfang der inneren und äußeren Aggressivität – Bevölkerungswachstum – Zahl der Regierungswechsel usw.) mit Daten gespeichert, meist bezogen auf einen Nationalstaat. Diese können – in der einfachsten Variante der Verwendung solcher quantitativen oder halb-quantitativen Verfahren – als Hintergrundbedingungen der Schauspieler-Simulation dienen (z.B. Bereitwilligkeit zum Krieg bei sich verschlechternder wirtschaftlicher Lage).

Diese verschiedenen Größen können in einem nächsten Schritt, der zu komplizierteren Computerverfahren führt, durch Funktionen, d.h. durch spezifische Beziehungen verbunden werden, z.B. dahingehend, daß eine spezifische Beziehung zwischen Bevölkerungs- und Wirtschaftswachstum und anderen Größen besteht: Je größer das Bevölkerungswachstum (B), um so größer das Wirtschaftswachstum (W). Eine solche Relation kann mathematisch in der Formel $W = f(B)$ oder in einem Koordinatensystem repräsentiert werden: Wirtschaftswachstum (W) ist vom Bevölkerungswachstum (B) abhängig, ist eine Funktion (f) davon.

3.7. ERHEBUNGSTECHNIKEN

Eine solche Relation kann natürlich nur vor dem Hintergrund entsprechender bestätigter Theorien formuliert werden, wie sie die Bevölkerungs- und Wirtschaftswissenschaften anbieten.

Solche Relationen sind zwischen allen oben genannten Größen (Regierungswechsel, Zahl der Streiks usw.) zu entwickeln und in die Rechenanlage einzuspeichern, sodaß eine Reihe von Funktionen zwischen den Größen entsteht. Solche Funktionen in ihrer Gesamtheit werden dann auch als Gleichungssystem bezeichnet, in dem jede oder fast jede Funktion mit der anderen durch eine Gleichung verbunden ist.

Damit sind wir bereits bei der rein quantitativen Simulation (ohne „Schauspieler") angekommen – der höchst entwickelten Simulationsform.

Die Simulation als solche besteht darin, daß man auf der Basis einer Reihe von gegebenen theoretischen Relationen (z.B. ein Bevölkerungswachstum von 1% pro Jahr bewirkt ein Wirtschaftswachstum von 0,5% pro Jahr) mögliche Beziehungen zwischen allen Größen durchspielt.

D.h. welches Wirtschaftswachstum ergibt sich, wenn die Bevölkerung und die Zahl der Regierungswechsel sich so oder so quantitativ entwickeln; sinkt das Wirtschaftswachstum bei zahlreichen Regierungswechseln?

Dabei können nun mehrere Zukünfte mit unterschiedlichen Daten simuliert werden, z.B. unter Maßgabe der Fragestellung, wie die genannten Größen ausgestaltet sein müssen, sodaß die innere und äußere Aggressivität am geringsten ist; oder damit das Wirtschaftswachstum am größten ist.

Auch die rein quantitative Simulation ist auf die Vergangenheit beziehbar. Hier sind ebenso für ein bestimmtes Ereignis alle relevanten Größen einzubeziehen und in einem ersten Schritt dann so zu simulieren, wie der tatsächliche Ereignisablauf war.

In einem weiteren Schritt kann man dann aber bestimmte Größen variieren, um so festzustellen, wie sich dann das Ergebnis ändert: Wäre wirklich der Krieg ausgebrochen, wenn das Wirtschaftswachstum nicht abgeflacht wäre, usw.?

KAPITEL 3. METHODEN DER POLITIKWISSENSCHAFT

Mit Simulationen verwandt sind diverse Prognosetechniken. Auch hier geht man von bestimmten empirisch fundierten Größen aus, die in bestimmten, empirisch feststellbaren Relationen zueinander stehen. Oder anders formuliert: Es gibt Gesetzmäßigkeiten, die festgestellt wurden und die bei Vorhandensein bestimmter Vorbedingungen zur Wirkung kommen.

Wenn nun zu vermuten ist, daß diese Vorbedingungen in der Zukunft gegeben sein werden, so kann prognostiziert werden, daß die oder die Begebenheit die und die Wirkung auch in der Zukunft hat. Um ein Beispiel zu nennen: Wir wissen, daß Gesellschaften, in der alle Gesellschaftsmitglieder der gleichen Religionsgemeinschaft angehören, stabiler sind als Gesellschaften, wo das nicht der Fall ist (= Gesetzmäßigkeit). Schwächen sich nun in einer Gesellschaft die gemeinsamen kohäsiven Kräfte der Religion ab (= Vorbedingung), so kann mit einem gewissen Grad von Wahrscheinlichkeit vorhergesagt werden, daß diese Gesellschaft auch einen Teil ihrer vormaligen Stabilität einbüßt (= Prognose). Folge dieser Destabilisierung kann eine wachsende innere Aggressivität in dieser Gesellschaft sein.

Eine andere Art der Prognose besteht darin, daß man Trends der Vergangenheit und Gegenwart in die Zukunft fortschreibt: Wenn in der Vergangenheit eine zunehmende Konkurrenz von Dritte-Welt-Produkten auf deutschen Märkten festzustellen war, so ist das auch für die Zukunft wahrscheinlich.

Eine besondere Form der Prognose ist die Szenario-Technik. Hier wird meist nicht quantitativ verfahren – oder nur am Rande und subsidiär.

Auf der Basis einer Analyse der Gegenwart werden mögliche Entwicklungspfade in die Zukunft beschrieben. Wie hat sich z.B. die europäische Einigung in der Vergangenheit entwickelt? Welche Faktoren waren hier maßgebend? Und wie wird sich der jeweilige Teilbereich in der Zukunft weiter entwickeln?

Zur Szenariotechnik gehört dabei, daß man für einen Teilbereich mehrere Zukünfte angibt, ohne daß man sicher ist, welche der Zukünfte wirklich eintreten wird. Das kann nur die Zukunft selbst erweisen. Es ist zu unterscheiden zwischen einer pessimistischen, optimistischen

3.7. ERHEBUNGSTECHNIKEN

und mittleren Prognosevariante und den Bedingungen, unter denen die jeweilige Art von Prognose eintritt. Die optimistische Variante wäre z.B. die Entwicklung der Europäischen Gemeinschaft zu einem voll vereinten Bundesstaat, die pessimistische ein Zerfall der EG wieder in relativ autonome Nationalstaaten und die mittlere Variante eine EG-Integration nur in einzelnen Bereichen.

Allerdings kann man die einzelnen Entwicklungspfade danach rangieren, welcher sehr wahrscheinlich und welcher weniger wahrscheinlich ist.

Im Rahmen dieser unterschiedlichen EG-Szenarios kann man nun mehr oder weniger spekulativ Schlußfolgerungen darüber ziehen, wie sich z.B. unter pessimistischen Bedingungen das wirtschaftliche Wachstum (oder andere Faktoren wie der Außenhandel) entwickeln wird und wie unter optimistischen Bedingungen. Denn ein Szenario entfaltet dann seine volle Wirkungskraft, wenn man Entwicklungspfade in einem Teilbereich mit Entwicklungspfaden in anderen Teilbereichen in Verbindung bringt und sich dadurch einem Gesamtbild möglicher Zukünfte nähert.

Dabei kann man auch das Pferd von hinten aufzäumen: D.h. man schildert ein mögliches Ereignis der Zukunft (Ausbruch eines globalen Atomkrieges oder eines Bürgerkrieges), und fragt dann, wie es dazu hätte kommen können, welche Entwicklungspfade auf dieses traurige Ende abzielten und welche nicht. Damit kann man auch dazu beitragen, solche Katastrophen zu verhindern, indem man die gefahrbringenden Wege meidet.

In Szenarios sollte man sich nicht davor scheuen, Geschichten zu erzählen: wie was hätte sein können oder wie etwas sein könnte, wenn etwas anderes so oder so ist. Orwells Romane sind auch eine Art von Szenario.

3.7.6 Darstellungsweisen

Von den Methoden sind zu unterscheiden bestimmte Darstellungsweisen. Sie kommen in allen Methoden und Theorien zur Anwendung. Mit Darstellungsweisen versucht man einen Sachverhalt, der verbal nur sehr komplex zu vermitteln ist, einfacher und übersichtlicher darzustellen.

Die graphischen Darstellungsweisen wurden bereits mehrmals erwähnt.
Mathematische Darstellungsweisen arbeiten mit Funktions-Formeln, wie wir sie oben bereits am Beispiel von Simulationen erläutert haben. Solche Funktionen geben den Zusammenhang von zwei oder mehreren Größen prägnant und reduziert auf eine kleine Formel wieder.

Symbol-logische Darstellungsweisen verwenden die Kürzel der mathematischen Logik, so das Gleichheitszeichen „=", mit dem symbolisiert werden soll, daß zwei Größen identisch sind. „>" steht dafür, daß die Größe vor „>" größer als die Größe nach „>"ist. Bei „<" ist es umgekehrt.

Eine bekannte, allerdings wohl fragliche Formel ist die des Physikers Fucks:

$$\text{Macht eines Staates} = (\text{Stahl} + \text{Energie}) \times \sqrt[3]{\text{Bevölkerung}}$$

Damit wird die Macht nahezu identifiziert mit dem Umfang der nationalen Energie- und Stahlproduktion und der Größe der Bevölkerung, die jedoch nicht ganz so wichtig wie die beiden erstgenannten Faktoren eingestuft und deshalb durch die Kubikwurzel relativiert, in ihrer Bedeutung eingeschränkt wird.

3.8 Abschließende Bemerkungen

Keine der geschilderten Methoden und Darstellungsweisen kann beanspruchen, allein den Weg zur Wahrheit zu bieten, wenn es in der Wissenschaft überhaupt so etwas wie eine unwandelbare, ewige, nie zu revidierende Wahrheit gibt.
Weitaus wahrscheinlicher ist es, daß zur Erforschung eines Gegenstandsbereiches eine Vielzahl von Methoden kombiniert eingesetzt werden können. Dogmatische Alleinvertretungsansprüche sind hier sicherlich nicht angebracht. Der Methodenvielfalt sind letztlich nur durch

3.8. ABSCHLIESSENDE BEMERKUNGEN

die Zeit und die Ressourcenknappheit des Forschers Grenzen gesetzt.

So ist z.B. gängige Praxis, daß sich quantitative Inhaltsanalyse und hermeneutische Praxis einander ergänzen. Was die eine Methode nicht zu leisten vermag (z.B. die Erfassung ganzheitlicher Sinnkomplexe durch die Inhaltsanalyse), das kann vielleicht die andere.

Den Königsweg der wissenschaftlichen Forschung gibt es nicht. Es gibt nur eine Vielzahl mühseliger Pfade der Annäherung an das, was man vielleicht Wahrheit nennen könnte.

Literatur

Azar, E. und Th. Sloan (1975): Dimensions of Interaction. A Source Book for the Study of Behavior of 31 Nations from 1948 through 1973, o.O.

Behrens, H. (1982): Die Afghanistan-Intervention der UdSSR, München

Bellers, J. (1982): Internationale Politik und politische Moral, Münster

Bellers, J. u.a. (1982): Methodologische Probleme bei der Analyse von Pressewirkungen auf außenpolitische Entscheidungsprozesse, in: H. Schatz u.a. (Hrsg.), Massenkommunikation und Politik, Frankfurt a.M., S. 99-120

Berber, F. (1965) (Bd. 1), (1969) (Bd. 2), (1977) (Bd. 3): Lehrbuch des Völkerrechts, München

Besson, W. (Hrsg.) (1965): Geschichte, 3. Auflage, Frankfurt a.M.

Czempiel, E.-O. (1981): Internationale Politik. Ein Konfliktmodell, Paderborn, München und Zürich

Dahl, R.A. (1957): The Concept of Power, in: Behavioral Science, July, S. 201-215

Deutsch, K.W. (1969): Politische Kybernetik: Modelle und Perspektiven, Freiburg i.Br.

Deutsch, K.W. und D. Senghaas (1971): Die brüchige Vernunft von Staaten, in: D. Senghaas (Hrsg.), Kritische Friedensforschung, Frankfurt a.M., S. 105-163

Dormann, M. (1971): Faktoren der außenpolitischen Entscheidung, in: Politische Vierteljahresschrift, Bd. 1/1971, S. 15-28

Frei, D. und D. Ruloff (1982): Entspannung in Europa: Perzeption und Realität, in: Politische Vierteljahresschrift, Heft 1, S. 27-45

Früh, W. (1981): Inhaltsanalyse. Theorie und Praxis, München

Habermas, J. (1968): Technik und Wissenschaft als Ideologie, Frankfurt a.M.

Hegel, G.W.F. (1970): Werke in zwanzig Bänden, Frankfurt a.M., insbesondere Band III

Hennis, W. (1963): Politik und praktische Philosophie, Neustadt/Berlin

Hildebrand, K. (1976): Geschichte oder „Gesellschaftsgeschichte"? Die Notwendigkeit einer Politischen Geschichtsschreibung von den Internationalen Beziehungen, in: Historische Zeitschrift, Band 223, S. 328-357

Hufnagel, G. (1971): Kritk als Beruf, Der kritische Gehalt im Werk Max Webers, Frankfurt a.M. u.a.

Junne, G. (1972): Spieltheorie in der internationalen Politik, Die beschränkte Rationalität strategischen Denkens Denkens, Düsseldorf

Mittelstraß, J. (Hrsg.) (1984): Enzyklopädie Philosophie und Wissenschaftstheorie. Bd. 2, Mannheim, Wien und Zürich.

Kindermann, G.-K. (Hrsg.) (1986): Grundelemente der Weltpolitik, 3. Auflage, München

3.8. ABSCHLIESSENDE BEMERKUNGEN

Konegen, N. und K. Sondergeld (1989): Was ist eine Methode?, in: J. Bellers und W. Woyke, Analyse internationaler Beziehungen, Opladen, S. 11-16

Leontieff, W. (1951): The Structure of American Economy 1919-1939, New York

Mannheim, K. (1952): Ideologie und Utopie, 3. Auflage, Frankfurt a.M.

Meyers, R. (1979): Weltpolitik in Grundbegriffen, Bd. I, Düsseldorf

Nölle, E. (1963): Umfragen in der Massengesellschaft, Reinbek

Parsons, T. (1976): Zur Theorie sozialer Systeme, hrsg. von S. Jensen, Opladen

Popper, K.R. (1957): Die offene Gesellschaft und ihre Feinde, Bern

Rosenau, J. (1971): Comparative Foreign Policy: Fad, Fantasy or Field, in: ders., The Scientific Study of Foreign Policy, New York und London

Schössler, D. und E. Weede (1978): West German Elite Views on National Security and Foreign Policy Issues, Königsstein

Singer, J. (1974): Die szientifische Methode. Ein Ansatz zur Analyse internationaler Politik, Teil 1 in: Politische Vierteljahresschrift 4/1973, S. 471 ff., Teil 2 in: PVS 1/1974, S. 3 ff.

Snyder, R., H.W. Bruck und B. Sapin (1962): Foreign Policy Decision Making: An Approach to the Study of International Politics, New York

Stäglin, R. (Hrsg.) (1982): International Use of Input-Output Analysis, Proceedings of an International Conference on Input-Output, Göttingen

Wilkinson, D. (1969): Comparative Foreign Relations, Belmont, Cal.

Kapitel 4

Teildisziplinen der Politikwissenschaft

4.1 Politisches System der Bundesrepublik Deutschland

Bevor wir uns nun den einzelnen Gegenstandsbereichen der Politikwissenschaft zuwenden, bedarf es noch einer Erklärung, warum wir überhaupt eine Aufteilung vornehmen und – wenn man das akzeptieren kann – warum die Ausdifferenzierung in die hier vorfindlichen Teilbereiche erfolgt.

Die Vielfältigkeit politischer Sachverhalte macht eine Binnengliederung nach verschiedenen Objektbereichen erforderlich, wollen wir uns nicht im komplexen Feld der Politikwissenschaft verlieren. Wie diese nun konkret aussieht, ist eine Frage des Fach- und Wissenschaftsverständnisses der Fachvertreter, ihres wissenschaftlichen Werdeganges oder der Zugehörigkeit zu bestimmten „Schulen". Mitunter folgt die Einteilung auch nur den Vorgaben staatlicher Gesetzgebung (z.B. Prüfungsordnungen für Lehrämter) oder einfach den überkommenen Gegenheiten des akademischen Lehrbetriebs.

Wir finden hier ein breites Spektrum von Differenzierungen vor, die allesamt nicht den Anspruch erheben können, der politikwissen-

4.1. POLITISCHES SYSTEM DER BUNDESREPUBLIK DEUTSCHLAND

schaftlichen Weisheit letzter Schluß zu sein. Selbst die als „klassisch" zu bezeichnende Unterscheidung von Innen- und Außenpolitik muß man in ihrer Tragfähigkeit zunehmend in Frage stellen. Wo ist da letztlich noch eine sinnvolle Trennlinie zu ziehen? Außenpolitik hat auch seine innenpolitische Dimension, sie ist auch eine Funktion der Innenpolitik und umgekehrt. Die Differenzierung zwischen politischer Theorie einerseits und den einzelnen Politikfeldern andererseits suggeriert Trennlinien, die es gar nicht gibt.

Das politische System ist heute ein zentraler Gegenstandsbereich politikwissenschaftlicher Forschung und Lehre; bis zum Ende der 60er Jahre befaßte man sich dagegen noch mit der Regierungslehre. Hier wurde nicht einfach ein Begriff durch einen neuen, umfassenderen ersetzt, sondern dahinter verbirgt sich ein anderer theoretischer Zugang. Mit dem Systembegriff wird eine vielgestaltige Kategorie eingebracht, die in alle Wissenschaftszweige Eingang gefunden hat. Es handelt sich dabei um eine gedankliche Konstruktion, mit der reale Erscheinungen erfaßt werden sollen. Aus systemtheoretischer Sicht werden Sachverhalte aller Art als Bestandteil eines gegliederten und geordneten Ganzen, einer aus interagierenden Elementen zusammengesetzten Einheit beschrieben. Soweit kleinere Einheiten von Verbundenheit daraus ableitbar sind, bilden sie eigene Systeme bzw. Subsysteme.

Wenn wir auf die Sozialwissenschaften blicken, so haben sich hier verschiedene systemtheoretische Schulen herausgebildet, von denen nach Maßgabe ihres jeweiligen Konzepts unterschiedliche Aspekte in den Vordergrund gestellt werden: die einzelnen Elemente des Sytems und ihre Interaktion, das Verhalten des Systems insgesamt, die internen und externen Systembezüge etc.

Unter dem politischen System der Bundesrepublik Deutschland können wir ganz allgemein die Summe der verschiedenen, in Zusammenhang stehenden Elemente oder Ebenen der Politik in diesem Land verstehen. Seine Darstellung umfaßt mithin mehr „als nur die staatlichen Institutionen, andererseits weniger als die gesamte Gesellschaft. Sie hat diejenigen Akteure und Rollenzusammenhänge vorzustellen, über welche gesamtgesellschaftlich verbindliche Entscheidungen bewußt beeinflußt, legitim herbeigeführt und in der Gesellschaft durchgesetzt werden. Das politische System ist als spezifisch diesem Zweck dienendes Subsystem der Gesellschaft zu verstehen, dem der einzelne in den Rollen des Staatsbürgers, Wählers, Verbands- und Parteimitglieds, Demonstranten, Abgeordneten u.a.m. zugehört " (Rudzio 1991: 9). Manche sprechen statt vom politischen System von der Innenpolitik der Bundesrepublik, der Gegenstand ihres wissenschaftlichen Bemühens ist der gleiche: die Formen, Inhalte, Konflikt- und Konsensprozesse und schließlich auch die Ergebnisse politischen Handelns innerhalb des Staates.

Im politischen System begegnet uns also Politik auf unterschiedliche Weise und in mehreren Dimensionen. In der englischen Sprache werden drei verschiedene Ebenen von Politik begrifflich differenziert: Man kennt *polity*, *politics* und *policy*. Diese Termini wurden von der deutschen Politikwissenschaft weitgehend übernommen. Alle drei Ebenen sind eng miteinander verbunden und überschneiden sich teilweise. Der praktische Nutzen einer solchen Differenzierung liegt darin, die verschiedenen Dimensionen von Politik deutlich machen und den jeweiligen Erkenntnisschwerpunkt benennen zu können.

Polity kennzeichnet die Organisationsform, dazu gehören vor allem die Institutionen und das ganze Normengefüge des politischen Systems; hierbei geht es um die Formen, in denen Politik abläuft.

Politics meint die – mitunter konfliktreichen und von Konkurrenz geprägten – Prozesse der Verwirklichung politischer Interessen und Ziele; angesprochen wird die Prozeßebene.

Policy bezieht sich auf die Aufgaben, die politische Gestaltung in den verschiedenen Politikfeldern (wie z.B. Kommunal-, Umwelt-, Sozialpolitik); damit wird auf die Inhalte von Politik abgestellt (vgl. dazu Böhret, Jann, Kronenwett 1988: 3 ff).

In diesem Kapitel soll nun ein Überblick zu wesentlichen Themen und einigen Problemstellungen aus dem Gegenstandsbereich des politischen Systems der Bundesrepublik Deutschland gegeben werden.

4.1. POLITISCHES SYSTEM DER BUNDESREPUBLIK DEUTSCHLAND

4.1.1 Parlament und Regierung

Auf der institutionellen Ebene stehen Parlament und Regierung als zentrale politische Instanzen im Mittelpunkt des Interesses. In einem parlamentarischen Regierungssystem – wie in der Bundesrepublik – sind beide Verfassungsorgane weniger als selbständige Gewalten denn als miteinander verbundene und aufeinander bezogene Institutionen zu sehen, die politische Macht gemeinsam, gewissermaßen „zur gesamten Hand" ausüben.

Man kann das aus der Perspektive von Parlamentsfunktionen gut erläutern:

Der Deutsche Bundestag wählt den Bundeskanzler und kann ihn unter bestimmten Umständen auch wieder abwählen: Jede Bundesregierung ist also vom Vertrauen einer Parlamentsmehrheit abhängig; in allen Bundesländern besteht ein entsprechendes Abhängigkeitsverhältnis zwischen Parlament und Regierung. Die Gesetze werden vom Parlament verabschiedet, aber die Regierung hat in dem ganzen Gesetzgebungsprozeß eine starke Stellung. Diese dokumentiert sich vor allem in der Tatsache, daß von ihr der weitaus größte Teil der Gesetzentwürfe – auf Bundesebene wie in den Ländern – eingebracht wird; sie setzt auf diese Weise ihr politisches Programm um.

Das Parlament nimmt gegenüber der Exekutive auch die Aufgabe der politischen Kontrolle wahr. Die Praxis stellt sich gegenüber dieser pauschalen Aussage etwas differenzierter dar, weil das Parlament nicht als Ganzes der Regierung gegenüber steht. Die Opposition will kontrollieren, um die Regierung öffentlich kritisieren zu können. Die Mehrheit des Hauses, die die Regierung politisch stützt, will öffentlich für die Regierungspolitik werben; auf Kritik wird sie dennoch nicht einfach verzichten, aber die bringt sie informell und hinter verschlossen Türen vor. So hat etwa die (öffentliche) parlamentarische Anfrage an die Regierung für die beiden politischen Lager höchst unterschiedliche Bedeutung. Ebenso ist deren Verhalten im Rahmen parlamentarischer Untersuchungen über politische Mißstände von ganz verschiedenen Interessen geprägt.

KAPITEL 4. TEILDISZIPLINEN DER POLITIKWISSENSCHAFT

Im Rahmen der parlamentarischen Gesetzgebung – und Kontrollfunktion spielt die Ministerialverwaltung eine wichtige Rolle. Von ihr werden fast alle Gesetzentwürfe erarbeitet, die im Parlament eingebracht werden, und die für den Kontrollprozeß notwendigen Sachinformationen gegeben. Sie verfügt über eine umfassende, hochdifferenzierte Fachkompetenz und ist damit an Sachverstand und Information allen anderen überlegen. Je komplizierter die Lebenssachverhalte und die Regelungsgegenstände werden, desto stärker wird ihre Position – Wissen ist bekanntlich Macht! Die Ministerialverwaltung kann auf diese Weise in zunehmendem Maße selbst auf die Politik Einfluß nehmen.

Neben den genannten, sich aus Grundgesetz und Länderverfassungen unmittelbar ergebenden Funktionen von Parlamenten sind von der Politikwissenschaft noch weitere herausgearbeitet worden. Dazu zählt die Artikulationsfunktion; damit ist die parlamentarische Aufgabe gemeint, gesellschaftliche Probleme aufzugreifen und zu diskutieren sowie den politischen Willen der Bevölkerung zum Ausdruck zu bringen. Korrespondierend damit gibt es die Informationsfunktion. Die Öffentlichkeit wird über die politischen Positionen der im Parlament vertretenen Parteien informiert; Plenardebatten richten sich ganz bewußt an die Bevölkerung, die Parteien können auf diese Weise um potentielle Wähler werben. Mit der Rekrutierungsfunktion wird die Bedeutung der Parlamente als personelles Reservoir für Führungspositionen im innenpolitischen oder internationalen Raum angesprochen. In der Tat führt der Weg in ein Regierungsamt meist über ein Parlamentsmandat.

Von besonderem Interesse ist für den Politikwissenschafter das Verhalten der parlamentarischen Akteure. Welche politischen Verhaltensmuster sind etwa bei der Opposition als dem „Gegenspieler" zur Regierung und der sie stützenden Parlamentsmehrheit vorzufinden? Es fällt auf, daß sich die beiden großen Parteien in der Oppositionsrolle jeweils als kooperative Kontrahenten erwiesen haben. Scharfe Wortgefechte können nicht darüber hinwegtäuschen, daß die große Masse der Gesetze von der Opposition mitgetragen und im Parlament einvernehmlich verabschiedet wird. Bei politischen Krisen oder bedrohlichen Konflikten dominiert die Bereitschaft zur Zusammenarbeit: Die Berlin-Krise mit dem Bau der Mauer im Jahre 1961 als Höhepunkt oder die

4.1. POLITISCHES SYSTEM DER BUNDESREPUBLIK DEUTSCHLAND

Abwehr des Terrorismus in den 70er Jahren sind dafür markante Beispiele (vgl. von Beyme 1991: 163).

Wenn auch Parlament und Regierung die politische Führung gemeinsam innehaben, so stellt doch die Regierung dabei den eindeutig gewichtigeren Teil dar. Von ihr geht mehr gestaltende Aktivität aus, sie verkörpert in erster Linie politische Führung. Das Streben der Parteien nach der Regierungsgewalt ist dafür augenfälliger Beweis. Welche Aufgabe hat nun die Regierung, die normalerweise (anders z.B. Bayern) aus dem Regierungschef und den Ministern besteht; was macht die Tätigkeit des Regierens eigentlich aus? „Die Staatsregierung ist die oberste leitende und vollziehende Behörde des Staates", so steht es in der bayerischen Verfassung (Art. 43). Diese schlichte Feststellung kann natürlich nicht befriedigen. In der Politikwissenschaft gibt es zahlreiche Ansätze einer umfassenderen Beschreibung dessen, was „regieren" beinhalten soll. Nach Ellwein heißt das, den Aufgabenbestand „mit Führungsimpulsen zu bedienen, den sich ständig ergebenden Leitungsbedarf zu befriedigen, und indem man dies tut, über den Bestand an Aufgaben hinaus zu blicken, auf Wandlungstendenzen zu reagieren, über den Abbau bestehender und über die Übernahme neuer Aufgaben nachzudenken" (Ellwein 1987: 323).

Der Regierungschef hat eine herausgehobene Stellung innerhalb der Regierung. Ohne auf die Besonderheiten in einzelnen Bundesländern eingehen zu müssen, kann man als von der Verfassung vorgegebenen Regelfall festhalten, daß er „seine" Minister selbst auswählt und innerhalb der Regierung die Richtlinien der Politik bestimmt; gegenüber dem Parlament ist er meistens dadurch in einer starken Position, als er nur durch die Wahl eines Nachfolgers abberufen werden kann (sog. konstruktives Mißtrauensvotum).

Wenn wir nun einmal die wichtigste Regierungsebene, die des Bundes, etwas genauer betrachten, so haben wir es hier mit drei Verantwortungsprinzipien zu tun, die das Grundgesetz vorgibt (Art. 65): Der Bundeskanzler bestimmt die Richtlinien (sog. Kanzlerprinzip), die für alle Bundesminister verbindlich sind. Im übrigen leitet jeder Minister seinen Geschäftsbereich selbständig und eigenverantwortlich (sog. Ressortprinzip). Über Meinungsverschiedenheiten zwischen den Ministern

KAPITEL 4. TEILDISZIPLINEN DER POLITIKWISSENSCHAFT

(und in anderen Fällen) entscheidet die Bundesregierung als Kollegium (sog. Kollegialprinzip). In der praktischen Regierungsarbeit spielen allerdings politische Faktoren eine Rolle, welche die verfassungsrechtlichen Vorgaben erheblich relativieren können. Zur Bildung einer Bundesregierung war in der bisherigen Geschichte der Bundesrepublik fast immer eine Koalition von zwei oder mehr Parteien notwendig. Koalitionsvereinbarungen mit konkrete Absprachen in Sachfragen und über die Vergabe von Ministerposten, in Konfliktfällen auch schwierige Kompromißformeln, überlagern dann die Richtlinienkompetenz, will man nicht das politische Parteienbündnis gefährden. Der Kanzler ist zudem eingebunden in seine Partei, deren Führungsgremien mehr oder minder starken Einfluß auf seine politischen nehmen. Das sind die unmittelbaren Folgen des politischen Systems selbst, der parteienstaatlichen Demokratie und nicht externer „Sachzwänge".

Die tatsächliche Wahrnehmung seiner Führungsfunktionen ist also stark von den politischen Gegebenheiten, nicht zuletzt auch von der Persönlichkeit des Kanzlers abhängig. Konrad Adenauer, der erste Bundeskanzler (CDU; 1949-1963), war mit Ausnahme seiner letzten Amtsjahre ein starker und unangefochtener Regierungschef. Seinem Nachfolger Ludwig Erhard (CDU; 1963-1966) fehlte es an Führungskraft und Durchsetzungsvermögen, er scheiterte schließlich auch wegen der Wirtschaftskrise am Ende seiner Amtszeit. Kurt Georg Kiesinger war Bundeskanzler (CDU; 1966-1969) der Großen Koalition. Das Bündnis mit der fast gleichstarken SPD ließ ihm wenig Führungsmöglichkeiten; die Richtlinien der Politik bestimmte faktisch ein Koalitionsgremium. Sein Nachfolger Willy Brandt (SPD; 1969-1974) konnte durch seine Politik und Autorität teilweise überzeugen, büßte jedoch im Laufe seiner Amtszeit immer mehr an Führungskompetenz ein. Ihm folgte mit Helmut Schmidt (SPD; 1974-1982) ein Kanzler, der die Führungsfunktion lange Zeit voll ausfüllte, praktische Handlungsfähigkeit und Sachkompetenz vermittelte, letztlich aber die Interessenkonflikte innerhalb des eigenen politischen Lagers nicht mehr überwinden konnte. Von der Persönlichkeit her stellt Bundeskanzler Helmut Kohl (CDU; seit 1982) gewissermaßen den „Gegenentwurf" dar, seine Autorität hat durch den Wiedervereinigungsprozeß jedoch erkennbar zugenommen. Insgesamt gesehen haben die einzelnen Ressorts unter seiner

4.1. POLITISCHES SYSTEM DER BUNDESREPUBLIK DEUTSCHLAND

Amtsführung an politischem Gewicht gewonnen.

Formal betrachtet sind alle Minister im Kabinett grundsätzlich gleich. Ihr politisches Gewicht dagegen kann sehr unterschiedlich und von mehreren Faktoren abhängig sein. Die Relevanz der Ressortaufgaben für das politische System ist dabei ein wichtiger Gesichtspunkt, aber auch die Komplexität und Größe des Ministeriums, das persönliche und vor allem das politische und fachliche Ansehen des Amtsinhabers oder seine politische Stellung im Koalitionsgefüge (vgl. v. Beyme 1991: 288 f). Unabhängig davon ist natürlich jeder Minister bemüht, die Interessen seines Ressorts in den Vordergrund zu stellen und für sich und seinen Aufgabenbereich möglichst große Erfolge zu erzielen. Rücktritte vom Ministeramt oder Ministerwechsel sind in der Bundesrepublik im Vergleich zu anderen westlichen Demokratien relativ selten. Die augenfällige Stabilität deutscher Kabinette erklärt sich nicht zuletzt aus der Tatsache, daß hierzulande derartige Veränderungen eher als politische Schwäche der Regierung gewertet werden (vgl. Sontheimer 1989: 256 f).

4.1.2 Der Bundesrat

Im Gesetzgebungsverfahren ist auf der Ebene des Bundes außerdem der Bundesrat beteiligt, der eine eigenwillige Konstruktion darstellt, die ganz in der deutschen Verfassungstradition steht. Er ist nach föderativen und repräsentativen Gesichtspunkten gemischt zusammengesetzt: Jedes Bundesland ist als solches, als föderaler Gliedstaat mit mindestens drei Stimmen vertreten; je nach der Bevölkerungszahl erhöht sich ihre Zahl bis auf sechs Stimmen.

Der Bundesrat besteht aus Mitgliedern der Regierungen der einzelnen Bundesländer. Sie verfügen über kein freies Mandat, sondern unterliegen den Weisungen ihrer jeweiligen Landesregierung; bei Abstimmungen müssen sie für ihr Bundesland ein einheitliches Votum abgeben. Daraus wird deutlich, daß es sich hierbei nicht um ein parlamentarisches Gremium handeln kann.

Die politische Bedeutung des Bundesrates erwächst in erster Linie aus der Tatsache, daß im Durchschnitt über die Hälfte aller Bundesgesetze, darunter die wichtigen, zustimmungsbedürftig ist.

Der Bundesrat muß in diesen Fällen mit Stimmenmehrheit den vom Bundestag verabschiedeten Gesetzen zustimmen, andernfalls können sie nicht in Kraft treten. Insoweit ist der Bundesrat eine echte zweite Kammer; auch der Vermittlungsausschuß – ein Gremium, das einberufen werden kann, um einen zwischen den divergierenden Positionen beider „Häuser" vermittelnden Vorschlag zu machen – kann die fehlende Zustimmung nicht ersetzen. Anders verhält es sich bei den Gesetzen, gegen die der Bundesrat nur die Möglichkeit eines Einspruchs hat; den kann das Parlament durch Mehrheitsbeschluß zurückweisen.

Die Aufgabe des Bundesrates soll es vor allem sein, die Interessen und die Verwaltungserfahrung der Länder auf Bundesebene zur Geltung zu bringen (vgl. Sontheimer 1989: 272). Aber seine Mitglieder sind natürlich auch parteipolitisch gebundene Interessenvertreter. Die parteipolitische Dimension kommt besonders dann zum Tragen, wenn die Mehrheitsverhältnisse beider „Häuser" nicht kongruent sind: die Opposition im Bundestag verfügt im Bundesrat über eine Mehrheit. Bei zustimmungsbedürftigen Gesetzen kann die Opposition dann politisch gestaltenden Einfluß nehmen. Diese Situation hat in den siebziger Jahren zur Zeit der sozialliberalen Bundesregierung bestanden, während der die Union stets die Mehrheit im Bundesrat innehatte. Eine vergleichbare Lage, mit veränderten Rollen, ergibt sich nun Anfang der neunziger Jahre; die SPD als parlamentarische Opposition kann im Bundesrat eine Mehrheit gegen die Regierungskoalition von CDU/CSU und FDP aufbringen.

Das zwingt die Regierungsseite zu Kompromissen, will man seine politischen Ziele gesetzgeberisch umsetzen. Kompromisse sind fast immer möglich gewesen, der Bundesrat wurde in der bisherigen Geschichte der Bundesrepublik nicht als Instrument für Obstruktionspolitik eingesetzt. Vor solchem Hintergrund kann es nicht verwundern, wenn Landtagswahlkämpfe eine bundespolitische Komponente erhalten oder gar von ihr dominiert werden, so daß sie letztlich zu „Bundesratswahlen" geraten können.

4.1. POLITISCHES SYSTEM DER BUNDESREPUBLIK DEUTSCHLAND

4.1.3 Die Verwaltung

Wir haben oben schon von der Ministerialverwaltung gesprochen, die eine Sonderstellung in ihrer Anbindung an die Regierung einnimmt. Aber sie ist auch Teil einer flächendeckenden öffentlichen Verwaltung, die einen weitgesteckten staatlichen Aufgabenbestand zu erledigen hat. Die Struktur der öffentlichen Verwaltung entspricht im Modell der Bürokratietheorie von Max Weber: So das Prinzip der Amtshierarchie mit Weisungs- und Kontrollbefugnissen auf der einen und Gehorsams- und Berichtspflichten auf der anderen Seite. Nach ihren Funktionen gegliedert kann man beispielsweise unterscheiden zwischen Ordnungsverwaltung, Dienstleistungsverwaltung, wirtschaftende Verwaltung, Organisationsverwaltung und politische Verwaltung (Ellwein 1978: 348 f). Generalisierend läßt sich sagen, daß die gestaltenden Aspekte der Verwaltungstätigkeit gegenüber den gesetzesvollziehenden im modernen Sozialstaat in den Vordergrund getreten sind. Für die Politikwissenschaft verbinden sich mit den Struktur- und Funktionsproblemen der Verwaltung vielfältige Fragestellungen. Die Rolle der Ministerialverwaltung im politischen Prozeß wurde hier angesprochen, ein anderes Thema ist etwa der Einfluß des Bürgers, seine Partizipationschancen bei Verwaltungsentscheidungen.

4.1.4 Der Bundesstaat

Der Föderalismus als staatliches Ordnungsprinzip kann in Deutschland auf eine lange Tradition verweisen. Die Entscheidung nach dem Zweiten Weltkrieg für einen Bundesstaat in Deutschland erklärt sich jedoch weniger aus verfassungsgeschichtlichen Wurzeln, als vielmehr aus dem Willen der westlichen Alliierten, nur einen westdeutschen Staat föderalistischen Typs zuzulassen. Ihr Leitgedanke dabei war, durch vertikale Verteilung staatlicher Macht eine starke Zentralgewalt zu verhindern.

Elementares Strukturprinzip ist die Gliederung in zwei staatliche Ebenen, den Bund und die nachgeordneten, territorialen Länder. Die verfassungsmäßige Ordnung im Bund wie in den Ländern muß den Grundsätzen des republikanischen, demokratischen und sozialen Rechtstaats entsprechen (Art. 28 GG). Die Aufgabenbereiche der drei staatlichen Gewalten sind asymmetrisch auf beide Ebenen verteilt. In der

Gesetzgebung spielt der Bund eindeutig die bedeutendere Rolle, der über das Instrument der konkurrierenden Gesetzgebung viele Politikfelder besetzt und durch die Übernahme bisheriger Länderkompetenzen die Legislative immer mehr auf sich konzentriert hat. So steht ihm auch mit wenigen Ausnahmen die Steuergesetzgebung zu. Die Interessen der Länder werden dadurch gewahrt, daß die Zustimmung des Bundesrates bei den Bundessteuergesetzen notwendig ist, deren Aufkommen ganz oder zumindest teilweise den Ländern zufließt. Die politisch relevante Landesgesetzgebung ist im Laufe der Entwicklung auf die Bereiche von Verwaltung und Kultur reduziert worden.

Hingegen obliegt die Ausführung der Gesetze wie auch die Organisation der Rechtsprechung weitgehend den Ländern. Im Regelfall werden Bundesgesetze durch deren Verwaltungsbehörden und vielfach auch durch die Kommunen exekutiert. Gemeinden und Landkreise – sie sind Gebietskörperschaften und haben keine Staatsqualität – erledigen neben ihren eigenen Angelegenheiten (Selbstverwaltungsaufgaben) eine Fülle staatlicher Verwaltungsaufgaben, die ihnen vom Bund oder vom Land übertragen worden sind; sie tragen damit erheblich zur staatlichen Leistungskapazität bei. Im Hinblick auf den politisch-administrativen Aufbau können wir also von einer dreigliedrigen vertikalen Struktur sprechen: Dem Bund folgen die Länder, darunter befindet sich die kommunale Ebene.

Das staatsrechtliche Modell des Föderalismus in der Bundesrepublik steht zunehmend unter dem Druck politischer Anforderungen, denen die Trennung und Segmentierung von Verantwortungen nicht voll gerecht werden kann. Sontheimer spricht von der „nivellierenden Kraft der Industriegesellschaft" (Sontheimer 1989: 268), die den Ländern kaum noch Chancen für ein spezifisches politisches Eigenleben eröffnet. Zentripetale Wirkung erzeugt nicht minder der verfassungsrechtliche und politische Anspruch auf Gleichheit der Lebensverhältnisse im ganzen Bundesgebiet.

So gewinnt der Aspekt von Zusammenarbeit, der dem föderalistischen Prinzip ebenso wie die Eigenständigkeit der Länder immanent ist, an politischem Gewicht. Man spricht in diesem Zusammenhang

4.1. POLITISCHES SYSTEM DER BUNDESREPUBLIK DEUTSCHLAND

von kooperativem Föderalismus und von Politikverflechtung, beide Begriffe werden nicht einheitlich gebraucht. Darunter sind verschiedene Phänomene des Zusammenwirkens sowohl zwischen Bund und Ländern als auch der Länder untereinander zu verstehen. Das Grundgesetz enthält eine Reihe von Kooperationsnormen, so z.B. Art. 35 (gegenseitige Rechts- und Amtshilfe sowie Katastrophenhilfe) oder Art. 107 Absatz 2 (Länderfinanzausgleich und Finanzzuweisungen des Bundes an leistungsschwache Bundesländer). Darüber hinaus gibt es die sog. Gemeinschaftsaufgaben. Zentrale Bedeutung hat hier Art. 91a des Grundgesetzes, wonach der Bund bei der Erfüllung von Länderaufgaben in einigen Bereichen mitwirkt: Ausbau und Neubau von Hochschulen, Verbesserung der regionalen Wirtschaftsstruktur sowie der Agrarstruktur und des Küstenschutzes. Es besteht weiterhin eine intensive koordinierende Zusammenarbeit zwischen den Akteuren. Sie schlägt sich nieder in einer Vielzahl von Staatsverträgen und Verwaltungsabkommen. Ein wichtiges Instrument sind informelle Zusammenkünfte des Bundeskanzlers mit den Ministerpräsidenten der Länder, der verschiedenen Ressortminister, der Länderchefs unter sich etc. Zahllose Bund-Länder-Ausschüsse, besetzt mit Fachleuten aus den Ministerien, komplettieren das Bild enger Verzahnung (vgl. zum ganzen v. Beyme, 1991: 336 ff). Eine besondere Form der Kooperation stellen nun nach der Wiedervereinigung die Partnerschaftsbeziehungen zwischen alten und neuen Bundesländern dar. Neben der staatlich-institutionellen gibt es eine weitere Kooperationsebene, die sich über die Zugehörigkeit zur selben Partei definiert. Die Funktionsträger einer Partei aus Bund und Ländern pflegen die Zusammenarbeit und treffen Absprachen auf der Grundlage ihrer jeweiligen partei-spezifischen Zielsetzungen.

Die intensive Politikverflechtung ist insoweit problematisch, als sie sich weitgehend unter Ausschluß der Parlamente vollzieht. Die Kooperation wird im wesentlichen von den Exekutiven betrieben: Die Regierungen mit ihren Ministerialbürokratien verhandeln über Inhalte und treffen Vereinbarungen; in der Regel können die Volksvertretungen dann nur noch vollendete Tatsachen entgegennehmen (vgl. Rudzio, 1991: S. 340). Ein anderes Problem für den deutschen Föderalismus stellt die Europäische Gemeinschaft dar. Ihre zentralisierende Kraft kommt immer stärker zum Tragen. Dieser Prozeß vollzieht sich

KAPITEL 4. TEILDISZIPLINEN DER POLITIKWISSENSCHAFT

im übrigen zu Lasten der politischen Gestaltungsmöglichkeiten in den Bundesländern (vgl. v. Beyme, 1991: 363 f).

4.1.5 Das Bundesverfassungsgericht

Das Bundesverfassungsgericht trifft als oberster Hüter der Verfassung rechtliche Entscheidungen. Von ihm gehen aber auch beträchtliche politische Wirkungen aus; das macht die Verfassungsgerichtsbarkeit zu einem wichtigen Gegenstand politikwissenschaftlicher Untersuchung.

Das im Jahre 1951 gebildete Gericht ist mit umfassenden Kompetenzen ausgestattet, von denen hier nur einige wesentliche genannt werden. Es entscheidet (Art. 93 und Art. 100 GG)

- bei Verfassungsstreitigkeiten zwischen Verfassungsorganen des Bundes

- bei Verfassungsstreitigkeiten zwischen Bund und Ländern (und anderen öffentlich-rechtlichen Streitigkeiten)

- im Normenkontrollverfahren zur Überprüfung von Bundes- oder Landesrecht auf seine Vereinbarkeit mit dem Grundgesetz und von Landesrecht auf seine Vereinbarkeit mit sonstigem Bundesrecht

- bei Verfassungsbeschwerden von Bürgern

Eine Hälfte der Richter wird von einem Wahlmännerausschuß des Bundestages und eine Hälfte vom Bundesrat mit jeweils 2/3 der Stimmen gewählt, insgesamt 18 Richter (in zwei Senaten) für eine Amtszeit von 12 Jahren. Bei der Richterwahl spielen die parteipolitischen Orientierungen der Kandidaten eine ganz wesentliche Rolle – ein starkes Symptom für die politische Relevanz des Bundesverfassungsgerichts.

Während die Verfassungsbeschwerden die große Masse der Verfahren darstellen, sind die politisch bedeutsamen Streitigkeiten unter den anderen Verfahrensarten auszumachen. Vorrangig ist hier die sog. abstrakte Normenkontrolle (abstrakt deshalb, weil es nicht um die Entscheidung in einem konkreten Rechtsstreit geht) zu nennen. Die jeweilige parlamentarische Opposition hat in nicht wenigen Fällen den

4.1. POLITISCHES SYSTEM DER BUNDESREPUBLIK DEUTSCHLAND

Gang zum Gericht gesucht, um die Verfassungswidrigkeit eines Gesetzes feststellen zu lassen und so ihre parlamentarische Niederlage in einen politischen Sieg zu verwandeln. Das Gericht hat darüber zu entscheiden, ob der Gesetzgeber verfassungsgemäß gehandelt hat, dessen politische Gestaltungsfreiheit im Rahmen des Grundgesetzes darf dabei nicht beschränkt werden. Das kann zu einer schwierigen Gratwanderung zwischen Recht und Politik führen, die den Richtern nicht immer gelungen ist. Hier setzen zahlreiche Kritiker seiner Spruchpraxis an. Das Gericht hat in einer ganzen Reihe von Verfahren aktiv in die politische Sphäre eingegriffen, indem es dem Gesetzgeber Vorschriften zur konkreten Ausgestaltung von Gesetzen machte; ein immer wieder zitierter Beispielsfall hierzu ist die Entscheidung von 1975 zur Neuregelung des § 218 des Strafgesetzbuches (Strafbarkeit des Schwangerschaftsabbruchs). Es hat überdies mehrfach für sich in Anspruch genommen, eine Art Gesetzgebungsprogrammatik und bis ins Detail reichende Rahmendaten für die künftige Politik aufzustellen, womit die Grenze zum Aufgabenbereich von Parlament und Regierung klar überschritten wurde (vgl. Billing 1977: 143 f).

4.1.6 Die Parteien

Wir kommen nun zu den Akteuren der Politik. Darunter fallen vor allem die Parteien und Verbände, beide bilden einen festen Bestandteil im westlichen Demokratieverständnis. Die Parteien durchdringen die zuvor angesprochenen Institutionen in ihrer personellen Zusammensetzung und politischen Ausrichtung. Mit der geläufigen Formel vom „Parteienstaat" wird zum Ausdruck gebracht, daß sie überdies auf vielen Ebenen in Staat und Gesellschaft politische Macht ausüben.

Unmittelbar nach dem Zweiten Weltkrieg konnten sich politische Parteien in Deutschland nicht frei gründen. Die Besatzungsmächte hatten ein besonderes Zulassungsverfahren eingeführt, das erst ab 1950 im ganzen Bundesgebiet aufgehoben war. Im folgenden Jahrzehnt erlebte die Parteienlandschaft einen gewaltigen Konzentrationsprozeß, der sich zu allererst auf Bundesebene auswirkte. Die kräftige wirtschaftliche Erholung und der beginnende Massenwohlstand in Westdeutschland führten vor allem den Unionsparteien Anhänger zu. Die SPD konsolidierte sich als zweitstärkste politische Kraft, und die FDP konnte sich behaupten. Alle anderen wurden entweder von den großen Parteien aufgesogen oder verschwanden in der Bedeutungslosigkeit: Regionalen Parteien war mit der Durchmischung der Bevölkerung im Gefolge des Zweiten Weltkriegs weitgehend der Boden entzogen; die Vertriebenen wurden integriert; extremistische Parteien hatten unter diesen Bedingungen keine Chance und wurden letztlich durch Parteiverbote (SRP im Jahre 1952 und KPD 1956) ausgeschaltet; ein übriges bewirkte das Wahlrecht mit der 5%-Klausel. Ende der siebziger Jahre setzte sich mit den Grünen eine neue politische Partei in Bund und Ländern durch. Ihre Wahlerfolge resultieren in starkem Maße aus der Unzufriedenheit mit den etablierten Parteien. Die grundlegende Parteienkonstellation hat sich dadurch kaum verschoben: Es bestehen die zwei großen Parteien CDU/CSU und SPD, die Regierungsmacht anstreben. Das kann bisher – aus politischen oder rechnerischen Gründen – nur mit der FDP gelingen, der somit eine Schlüsselrolle zukommt. Diese Parteien verstehen sich heute als Volksparteien, die sich dadurch auszeichnen, daß sie nicht an den Interessen bestimmter gesellschaftlicher Schichten oder Klassen orientiert, sondern prinzipiell auf die gesamte Wählerschaft ausgerichtet sein wollen.

Das Grundgesetz benennt die Parteien in Art. 21 als Institutionen, die bei der politischen Willensbildung des Volkes mitwirken. Ausführlicher äußert sich das Parteiengesetz von 1967 zu ihren Aufgaben (§ 1), das im übrigen den Begriff der Partei verbindlich bestimmt (§ 2). Zur Erfüllung ihres Aufgabenbestandes sind sie finanziell gut ausgestattet: Neben den Mitgliederbeiträgen verfügen sie über ein teilweise erhebliches Parteispendenaufkommen und können aus der Staatskasse Wahlkampfkostenerstattungen in Anspruch nehmen.

Für die Politikwissenschaft stehen die Funktionen von Parteien im politischen System im Blickfeld. Nach von Beyme sollen sie folgende erfüllen (vgl. v. Beyme, 1982: 24 ff):

- Zielfindungsfunktion: Die Parteien haben Programme und vertreten politische Überzeugungen. Sie bemühen sich um richtungsweisende Strategien und zeigen politische Handlungsmöglichkei-

4.1. POLITISCHES SYSTEM DER BUNDESREPUBLIK DEUTSCHLAND

ten auf.

- Elitenrekrutierungs- und Regierungsbildungsfunktion: Die Parteien rekrutieren das politische Personal.

- Funktion der Aggregation und Artikulation gesellschaftlicher Interessen: Die Parteien bündeln und artikulieren bestimmte politische Interessen ihrer Mitglieder oder ihnen nahestehender Gruppen.

- Funktion der Mobilisierung und Sozialisation: Die Parteien wollen ihre potentielle Wählerschaft mobilisieren und tragen damit zur Entwicklung politischen Bewußtseins bei.

Wenn man diesen Katalog von Funktionen akzeptiert, der auf einer bestimmten normativen Vorstellung von demokratischen Gemeinwesen beruht, so stellt sich die Frage, inwieweit er von den Parteien denn auch realisiert wird. Diese legen Wert auf ein programmatisches Profil. Im Hinblick auf die Rekrutierungsfunktion besteht eher die Sorge einer Übererfüllung, wenn man ihren Einfluß bei Stellenbesetzungen in Behörden, in Rundfunkanstalten etc. bedenkt. Die Parteien haben als Artikulationsinstanz von Interessen an Gewicht verloren, und ihre Bedeutung für die Mobilisierung und Sozialisation der Bürger hat abgenommen – beides Ausdruck unüberhörbarer Kritik an den etablierten Parteien (mangelnde Problemlösungskompetenz, fehlende Glaubwürdigkeit oder Loslösung der Mandatsträger von der Basis sind nur einige Stichworte dazu). Diese Funktionen haben sich teilweise auf andere Träger verlagert; zu nennen sind hier die zahlreichen Bürgerinitiativen (vgl. Böhret 1988: 122, 202) – darunter sind Zusammenschlüsse von Bürgern zu verstehen zur direkten Beeinflussung von politischen Entscheidungen, von denen sie betroffen sind. Bürgerinitiativen und mit ihnen die neuen sozialen Bewegungen überhaupt (dazu zählen Ökologie-, Frauen- und Friedensbewegung etc.) stellen insofern eine aktuelle Herausforderung des Parteiensystems in der Bundesrepublik dar.

Ein anderer Untersuchungsgegenstand sind die innerparteilichen Strukturen. Die innere Ordnung der Parteien muß nach den allgemeinen Grundsätzen der Demokratie aufgebaut sein: Die Willensbildung muß von unten nach oben erfolgen, es gilt das Prinzip der Mehrheitsentscheidung, der Gleichheit aller Mitglieder usw. Diesen formalen Anforderungen genügen die Parteien zweifellos. Faktisch sind aber in allen oligarchische Strukturen feststellbar; gemeint ist damit die Herrschaft von Parteieliten, von Führungspersonen, die bestimmenden Einfluß auf die Parteipolitik „von oben" haben. Mit dieser Feststellung soll nicht einer undifferenzierten Schwarz-Weiß-Vorstellung das Wort geredet werden. Es gibt auch Gestaltungsräume für die einfachen Mitglieder, die in der Kommunalpolitik noch am größten sind. Darüber hinaus wäre mancher innerparteiliche Konflikt gar nicht denkbar ohne Gegenkräfte „von unten".

4.1.7 Die Verbände

Neben den politischen Parteien sind die Verbände, auch als Interessengruppen oder Lobbies bezeichnet, wichtige Teilhaber im politischen Willensbildungs- und Entscheidungsprozeß. Sie organisieren und vertreten die (jeweiligen verbandsspezifischen) Interessen ihrer Mitglieder.

Mit dem wirtschaftlichen Wiederaufbau traten auch wieder die organisierten Interessen auf den Plan, die an alte Traditionen des Verbandswesens in Deutschland anknüpfen konnten. Die Verwirtschaftlichung der Politik und die staatlichen Aufgaben der Daseinsvorsorge hatten schon vor der NS-Zeit zu seiner Förderung kräftig beigetragen.

Die Interessengruppen und ihre Aktivitäten sind ein wesentlicher Faktor in der pluralistischen Demokratie. Gemeint sind damit solche Vereinigungen, die primär oder auch nur gelegentlich nach politischem Einfluß streben. Ihre Zahl ist nicht genau zu ermitteln, es dürften einige Tausend sein. Daneben gibt es eine Vielzahl von Vereinigungen (Vereinen) mit sportlicher, geselliger o. a. Zielsetzung, die überhaupt nicht als politische Akteure in Erscheinung treten.

Art. 9 des Grundgesetzes gewährleistet die Freiheit zur Gründung von Vereinigungen aller Art, also auch von Interessenverbänden. Besonders hervorgehoben wird das Recht, Vereinigungen zur Wahrung und Förderung der Wirtschaftsbedingungen zu bilden. Geschützt werden dadurch insbesondere die Gewerkschaften und Arbeitgeberverbän-

4.1. POLITISCHES SYSTEM DER BUNDESREPUBLIK DEUTSCHLAND

de sowie ihre Rechte, Lohn- und Arbeitsbedingungen in Tarifverträgen ohne staatlich Eingriffe festzulegen.

Für eine grobe Systematisierung der zahlreichen Verbände, die (auch) politisch aktiv sind, bietet sich die Differenzierung in folgende fünf Gruppierungen an, wobei die Grenzen mitunter fließend sind (vgl. Weber 1981: 84 ff):

- Vereinigungen innerhalb des Wirtschafts- und Arbeitssystems (z.B. Bundesvereinigung der Deutschen Arbeitgeberverbände, Deutscher Gewerkschaftsbund, Bundesärztekammer, Arbeitsgemeinschaft der Verbraucherverbände)

- Vereinigungen im sozialen Bereich (z.B. Rotes Kreuz, Bund der kinderreichen Familien, Paritätischer Wohlfahrtsverband)

- Vereinigungen im Freizeitbereich (z.B. Deutscher Sportbund, ADAC)

- Vereinigungen im Bereich von Kultur, Religion, Politik und Wissenschaft (z.B. Zentralkomitee der Deutschen Katholiken, Liga für Menschenrechte, Stifterverband für die Deutsche Wissenschaft)

- Vereinigungen von Gebietskörperschaften und anderen Körperschaften des öffentlichen Rechts (z.B. Deutscher Städtetag, Deutscher Landkreistag).

Die Verbände streben nicht wie Parteien die Übernahme von Regierungsverantwortung an. Sie nehmen andere Möglichkeiten wahr, ihre Interessen im politischen Raum geltend zu machen. Vielfach wirken sie durch gezielte Öffentlichkeitsarbeit auf die öffentliche Meinung ein, um Unterstützung für punktuelle Forderungen oder auch nur ein langfristig günstiges „Meinungsklima" zu erlangen. Gegenüber den Parteien setzen sie finanzielle Mittel ein oder suchen Einfluß zu nehmen über Verbandsmitglieder, die gleichzeitig einer Partei angehören. In den Parlamenten suchen sie Kontakte zu Abgeordneten aller Fraktionen, deren politischer Tätigkeitsbereich im Umfeld ihres jeweiligen

Verbandsinteresses liegt, und nutzen öffentliche hearings der Parlamentsausschüsse, um ihren Standpunkt zu vertreten. Besonders wichtige Adressaten sind die Parlamentarier, die dem jeweils eigenen Verband angehören. Die Verquickung zwischen Mandat und Verbandsmitgliedschaft läßt sich quantitativ festmachen: Im Deutschen Bundestag beispielsweise waren in der 9. Wahlperiode (1980-1983) über 60% und in der 10. Wahlperiode (1983-1987) über 50% der Parlamentarier gleichzeitig Verbandsmitglieder. Die herausragende Bedeutung von Regierung und Verwaltung im Entscheidungsprozeß haben diese zum bevorzugten Adressaten verbandlicher Aktivitäten gemacht. Auf der ministeriellen Ebene können sie schon in einem frühen Stadium auf die inhaltliche Ausgestaltung von Gesetzentwürfen einwirken. Es gibt vielfach eine politische und persönliche Nähe zwischen den Akteuren beider Seiten und verfestigte „Betreuungsverhältnisse". Schließlich darf nicht der Hinweis auf die zahlreichen Beiräte bei den Ministerien fehlen, in denen verbandsgebundenes Expertentum konzentriert ist. Ihrem jeweiligen Arbeitsauftrag entsprechend geben sie politikrelevante Empfehlungen und üben so Einfluß aus.

Solche Verbindungen sind wechselseitig fruchtbar, das gilt prinzipiell für alle Kontaktebenen. Die Verbände wollen ihre politischen Interessen einbringen und bieten damit den Adressaten gleichzeitig ihren spezifischen Sachverstand an (vgl. Rudzio 1991: 78 ff). Eine andere Qualität des Verhältnisses zwischen Verbänden und Staat besteht dort, wo eine Verflechtung zwischen beiden und eine wechselseitige Abhängigkeit zu beobachten ist. Man spricht hierbei in der Politikwissenschaft von (Neo-)Korporatismus. In wichtigen Bereichen der Wirtschafts- und Sozialpolitik ist die sachverständige Mitwirkung der Großverbände und damit die Einbindung der betroffenen Gruppen Voraussetzung für politisch durchsetzbare Entscheidungen der staatlichen Ebene geworden.

Für das politische System bedeutend sind die Außenfunktionen der Verbände, im Gegensatz zu den auf die Mitglieder bezogenen Binnenfunktionen. Bevor die Anliegen ihrer Mitglieder als konkrete Forderungen in den politischen Entscheidungsprozeß eingebracht werden können, müssen die Verbände – das gilt vor allem für die großen – eine

4.1. POLITISCHES SYSTEM DER BUNDESREPUBLIK DEUTSCHLAND

Interessenaggregation vornehmen, also unterschiedliche und divergierende Positionen intern auf einen Nenner bringen und in verbandspolitische Programme und Ziele umsetzen. Diese werden dann nicht „unbearbeitet" nach außen vertreten, sondern durch Interessenselektion erst gefiltert: Die Verbände setzen Prioritäten entsprechend ihren internen Macht und Mehrheitsverhältnissen und im Hinblick auf konkrete Durchsetzungschancen. Sie leisten so einen Beitrag zur Integration der unterschiedlichen gesellschaftlichen Gruppen in das politische System, in dem sie Kommunikationsbeziehungen zwischen Bürgern und Staat herstellen und Partizipationschancen an politischer Willensbildung eröffnen. Sie fördern überdies die Legitimation staatlichen Handelns, soweit sie durch ihre Einflußnahme zu einer Politik beitragen, die sich orientiert an konkreten Lebenssituationen ihrer Mitglieder. Deren Bereitschaft wird andererseits gestärkt, sich mit politischen Institutionen und Entscheidungen zu identifizieren (vgl. Weber 1981: 343 ff).

4.1.8 Die politische Kultur

Die politische Kultur ist heute als ein eigenständiges Lehr- und Forschungsgebiet innerhalb der Politikwissenschaft etabliert. Der Begriff ist in letzter Zeit ein gängiges Schlagwort geworden, wenn es um Fragen des politischen Stils oder um Formen der politischen Auseinandersetzung geht. Die Politikwissenschaft versteht darunter etwas anderes. Mit politischer Kultur ist die „subjektive Seite" der gesellschaftlichen Grundlagen politischer Systeme gemeint. Sie umfaßt alle politisch relevanten Persönlichkeitsmerkmale, in Einstellungen und Wertvorstellungen verankerte Prädispositionen zu politischem Handeln und konkretes politisches Verhalten selbst (Berg-Schlosser 1990: 30). Damit ist zweifellos ein komplexer Gegenstandsbereich angesprochen, den wir im Sinne der oben eingeführten drei Politikdimensionen inhaltlich systematisieren wollen: die politische Kultur des politischen Systems mit seinen Strukturen und Institutionen, die auf die politischen Prozesse und schließlich die auf die materiellen Politikinhalte bezogene politische Kultur. Es geht kurz gesagt, um Einstellungen und Verhalten im Hinblick auf die jeweilige Politikebene.

Das Kernproblem politischer Kulturforschung ist die Frage der

KAPITEL 4. TEILDISZIPLINEN DER POLITIKWISSENSCHAFT

Legitimität des politischen Systems, seiner Anerkennung durch die Bürger. Von ihr hängt die Stabilität einer demokratischen Ordnung sehr viel mehr ab, als von einem effektiven, gegenüber politischen Krisen gefestigten Institutionengefüge.

In der deutschen Bevölkerung war die Demokratie nach 1945 nicht verwurzelt, anderes konnten die Entwicklungen der deutschen Geschichte im 20. Jahrhundert und die aktuelle Notlage der Menschen auch nicht erwarten lassen. Es dominierten die alten Einstellungsmuster, die für ein demokratisches Gesellschaftsmodell nicht gerade förderlich sein konnten. Die Deutschen waren geprägt von der hergebrachten etatistischen Orientierung, die den Staat als über der Gesellschaft stehende Obrigkeit und den Bürger eher als Untertanen ansieht. Pflicht und Gehorsam sind die ersten Tugenden des Staatsbürgers, Ruhe und Ordnung sein vorrangiges Interesse. Politik ist danach weniger die Sache des Volkes, sondern die Angelegenheit von einigen dazu berufenen Persönlichkeiten (vgl. Sontheimer 1989: 119 ff).

Die politische Verunsicherung und die Distanz zur Demokratie waren etwa Mitte der fünfziger Jahre überwunden. Jedenfalls gaben damals schon 70 % der Bevölkerung dem demokratischen Regime den Vorrang gegenüber jedem anderen (vgl. Gabriel 1987: S. 35). In gewissem Widerspruch zur abstrakten Befürwortung stand die Praxis: Man kam seinen staatsbürgerlichen Pflichten nach und beteiligte sich an demokratischen Wahlen, im übrigen war wenig Interesse an aktiver politischer Teilhabe vorhanden. Die Menschen orientierten sich in erster Linie am output des politischen Systems, ihre Einstellung dazu war abhängig von der Befriedigung ganz praktischer Bedürfnisse. Mit wachsendem Massenwohlstand nahm so die Unterstützung des Systems durch die Bevölkerung zu.

Etwa seit Mitte der sechziger Jahre ist in der Bundesrepublik ein Wertewandel festzustellen – in anderen westlichen Industriestaaten gibt es vergleichbare Phänomene –, der nicht ohne Auswirkungen auf die politische Kultur bleiben konnte. Eine Grundaussage des diagnostizierten Wertewandels, die mit unterschiedlichen Begründungen vertreten wird, lautet: Gesamtgesellschaftlich haben die traditionellen Wer-

4.1. POLITISCHES SYSTEM DER BUNDESREPUBLIK DEUTSCHLAND

te wie Ordnung, Pflichterfüllung und Anpassung an Bedeutung verloren zugunsten einer Anspruchshaltung auf mehr individuelle Selbstverwirklichung, in erster Linie bei der jüngeren Generation. Die einzelnen Thesen zu dieser komplexen Problematik sind nicht unbestritten geblieben. Ohne darauf näher eingehen zu müssen, können wir jedoch feststellen, daß sich im Zuge der Veränderungen der Wertstrukturen das Bedürfnis nach demokratischer Partizipation verstärkt hat. Gleichzeitig wuchs die Kritik an den bestehenden Parteien, deren Monopolstellung als Institutionen zur Wahrnehmung von Bürgerinteressen ging zunehmend verloren. Bürgerinitiativen und andere, neue Formen politischer Artikulation (z.B. *sit-ins*) setzten sich durch. Die Gründe für den Vertrauensverlust der Parteien sind vielfältig; der Vorwurf mangelnder Berücksichtigung der Wünsche und Interessen des Bürgers, fehlender Glaubwürdigkeit und Problemlösungskompetenz gehören dazu.

Dennoch erreicht die Systemzufriedenheit nach wie vor hohe Werte. Verschiedenen Befragungen der letzten Jahre zufolge sind im Durchschnitt über zwei Drittel der Bevölkerung des Landes zufrieden mit dem politischen System. Auch eine kritische Wirtschaftslage konnte die Zufriedenheit bisher kaum beeinträchtigen. Geblieben ist ein Spannungsverhältnis zwischen dem abstrakten Bekenntnis zu den Funktionsprinzipien der Demokratie und den tatsächlichen Verhaltensweisen (vgl. Gabriel 1987: S. 36 ff).

In welche Zukunft geht nun die politische Kultur der Bundesrepublik, nachdem sich die staatliche Gemeinschaft um 16 Millionen Menschen vergrößert hat, die zuvor in einem völlig andersartigen politischen und sozialen System gelebt haben? Der Vereinigungsprozeß ist auch hier mit Unwägbarkeiten verbunden. Mit der fortschreitenden Anpassung der sozialen und ökonomischen Bedingungen in Ostdeutschland an westliche Standards werden sich wohl – so steht zu vermuten – Angleichungseffekte an die gewachsene politische Kultur Westdeutschlands einstellen.

4.1.9 Handlungsfelder der Politik

In die Betrachtung des politischen Systems mit einzubeziehen ist die Dimension der materiellen Politik in den verschiedenen Politikfeldern, die policy. Neben den Ordnungsaufgaben hat der Staat in zunehmendem Maße Leistungsaufgaben wahrzunehmen, wobei letztere mehr im Blickfeld politikwissenschaftlichen Interesses stehen. Die zentralen Fragestellungen dabei richten sich auf das „Was", auf das „Warum", die Voraussetzungen und Einflußfaktoren, sowie auf das „Wofür", die Effekte und Folgewirkungen.

Es würde den Rahmen dieser Einführung sprengen, wollte man in dieser Weise auf einzelne Politikfelder inhaltlich eingehen.

Stattdessen sollen hier nur einige wichtige Bereiche beispielhaft benannt werden, die als Gegenstand solcher Untersuchungen in Frage kommen: Wirtschaftspolitik, Sozialpolitik, Finanzpolitik, Umweltpolitik, Bildungspolitik, Sicherheitspolitik. Es kann sich hierbei nur um eine grobe Einteilung handeln, Überschneidungen zwischen einzelnen Feldern sind gar nicht auszuschließen. Weitergehende Ausdifferenzierungen sind natürlich immer möglich; die Sozialpolitik etwa, ganz allgemein verstanden als Einflußnahme auf die sozialen Bedingungen der Menschen, läßt sich mühelos in verschiedene Einzelbereiche „zerlegen".

Literatur

Berg-Schlosser, D. (1990): Entwicklung der Politischen Kultur in der Bundesrepublik Deutschland, in: Aus Politik und Zeitgeschichte (Beilage zur Wochenzeitung „Das Parlament"), B 7/90, S. 30-46.

Beyme, K.v. (1991): Das Politische System der Bundesrepublik Deutschland nach der Vereinigung, 6. Auflage, München.

Beyme, K.v. (1974): Interessengruppen in der Demokratie, 4. Auflage, München.

Beyme, K.v. (1984): Parteien in westlichen Demokratien, 2. Auflage, München.

4.1. POLITISCHES SYSTEM DER BUNDESREPUBLIK DEUTSCHLAND

Billing, W. (1977): Bundesverfassungsgericht, in: K. Sontheimer und H.H. Röhring (Hrsg.): Handbuch des politischen Systems der Bundesrepublik Deutschland, München.

Böhret, C., W. Jann und E. Kronenwett (1988): Innenpolitik und politische Theorie, 3. Auflage, Opladen.

Ellwein, Th. und J. J. Hesse (1987): Das Regierungssystem der Bundesrepublik Deutschland, 6. Auflage, Opladen.

Gabriel, O. und W. (1987): Demokratiezufriedenheit und demokratische Einstellungen in der Bundesrepublik Deutschland, in: Aus Politik und Zeitgeschichte (Beilage zur Wochenzeitung „Das Parlament"), B 22/87, S. 32-45.

Perschel, W. (1978): Verfassungsrechtssprechung und Politik, Stuttgart.

Röhring, H. (Hrsg.): Handbuch des politischen Systems der Bundesrepublik Deutschland, München.

Rudzio, W. (1991): Das politische System der Bundesrepublik Deutschland, 3. Auflage, Opladen.

Sontheimer, W. (1989): Grundzüge des politischen Systems der Bundesrepublik Deutschland, 12. Auflage, München.

Weber, J. (1977): Die Interessengruppen im politischen System der Bundesrepublik Deutschland, Stuttgart u.a.

KAPITEL 4. TEILDISZIPLINEN DER POLITIKWISSENSCHAFT

4.2 Vergleichende Politikwissenschaft

Die Problematik dieses Teilgebiets beginnt schon mit seiner Bezeichnung. Es werden zahlreiche unterschiedliche Begriffe benutzt, über die Reichweite des jeweils gewählten Terminus besteht nicht immer Konsens.

Während früher meistens von Vergleichender Regierungslehre gesprochen wurde, hat sich heute mehr die Bezeichnung Vergleichende Analyse politischer Systeme oder Vergleichende politische Systemforschung durchgesetzt, oder man übernimmt die anglo-amerikanische Begrifflichkeit und spricht von *comparative government* oder *comparative politics*. Die sprachliche Veränderung signalisiert vor allem eine inhaltliche Erweiterung: Die Regierungslehre stand gemeinhin für die Beschränkung auf mehr oder minder formale Vergleiche staatlicher Willensbildungs- und Entscheidungsinstitutionen. Die neuen Formulierungen bringen die Ausrichtung auf das gesamte politische System und seine Subsysteme als Objekt wissenschaftlicher Betrachtung zum Ausdruck. Hier soll dem Begriff Vergleichende Politikwissenschaft der Vorzug gegeben werden, weil er am besten deutlich macht, daß die ganze Spannbreite der Politik Gegenstand des Vergleichs sein kann. Er ist in jeder Teildisziplin des Faches anwendbar, in den einzelnen Feldern der Innenpolitik, der Außen- und Internationalen Politik oder auch in der politischen Theorie und Ideengeschichte. Auf eine allgemeine Formel gebracht geht es darum, Vergleichbares (oder Äquivalentes) und Unterschiedliches zweier oder mehrerer Sachverhalte herauszuarbeiten und daraus theoretische Erklärungen abzuleiten.

Damit stellt sich weiterhin die Frage, ob der Vergleich in der Politikwissenschaft überhaupt als eigenständiges Teilgebiet bezeichnet werden kann. Zunächst einmal ist ganz offenbar gar kein spezifischer Gegenstand angesprochen, sondern es geht um eine wissenschaftliche Methode, deren Tradition im übrigen bis zu Aristoteles zurückreicht. Sie kennt zahlreiche Vorgehensweisen (vgl. v. Beyme 1988: 52 ff), läßt sich mit anderen methodischen Ansätzen koppeln bzw. durch sie ergänzen und gilt nicht exklusiv für einen bestimmten Gegenstandsbereich. So sind etwa auch beim Studium eines einzigen politischen

4.2. VERGLEICHENDE POLITIKWISSENSCHAFT

(Sub-)Systems die Methoden des Vergleichs anwendbar. Zum Verständnis von politischen (Sub-)Systemen oder *policies* und zur Beantwortung der Frage nach Unterschieden in der Leistungsfähigkeit können sie viel beitragen.

Stimuliert wurde der Vergleich in der Politikwissenschaft in den vierziger Jahren in den USA durch die weltpolitischen Entwicklungen. In Gestalt der Sowjetunion und späterhin des sozialistischen Lagers hatte man sich dann jahrzehntelang einem politischen System gegenübergesehen, welches den Anspruch erhob, zukunftsweisende und unausweisliche Alternative zu sein. Außerdem waren mit dem Ende des britischen und des französischen Kolonialreichs eine Vielzahl neuer und „fremder" politischer Systeme entstanden. So hat sich eine selbständige Teildisziplin der vergleichenden Politikwissenschaft entwickelt, ohne daß zwingende Gründe der wissenschaftlichen Logik oder Systematik dieses erfordern würden. Zwingende Gründe der wissenschaftlichen Logik oder Systematik sind dafür nicht gegeben.

Die vergleichende Politikwissenschaft ist heute an den deutschen Hochschulen vielfach als besonderes Lehr- und Forschungsgebiet sowie als curricularer Bestandteil politikwissenschaftlicher Studiengänge etabliert. Was unter dieser Bezeichnung angeboten wird, kann allerdings nicht immer als methodenbewußter Beitrag, manchmal überhaupt nicht als Vergleich bezeichnet werden. So verbergen sich darunter auch reine Länderstudien, die auf jede Komparatistik verzichten – die findet dann bestenfalls im Kopf des Lesers bzw. Hörers statt. Sie werden dennoch gemeinhin der fachlichen Teildisziplin zugeordnet.

Nachfolgend sollen nur einige Themen aus dem weiten Feld der Vergleichenden Politikwissenschaft angesprochen werden.

Zu den herausragenden unter ihnen gehört nach wie vor der Vergleich von Regierungssystemen, wenngleich mit dem Niedergang der sozialistischen Systeme in Osteuropa ein wichtiges Objekt nicht mehr existiert. Ein beständiger Topos bleibt der Vergleich zwischen parlamentarischen und präsidentiellen Systemen, den beiden wesentlichen Grundformen der westlichen Demokratie, die in sehr verschiedenen Ausprägungen, teils in Mischformen vorkommen. Ein besonderer Stellenwert kommt hierzulande dem Vergleich mit dem Regierungssystem der USA zu.

Das parlamentarische Regierungssystem Deutschlands (auf Bundesebene) ist dadurch gekennzeichnet, daß die Regierung grundsätzlich vom Vertrauen des Parlaments abhängig ist, dieses kann mit seiner Mehrheit den Kanzler und damit das gesamte Kabinett aus politischen Gründen durch ein konstruktives Mißtrauensvotum abberufen. Wir kennen eine funktionale Gewaltenteilung, bei der Regierung und Parlamentsmehrheit zusammen als eine politische Einheit der Opposition gegenüberstehen. Der Kanzler und die Minister werden in der Regel aus dem Bundestag rekrutiert, es besteht keine Inkompatibilität (Unvereinbarkeit) zwischen Abgeordnetenmandat und Regierungsamt. Im präsidentiellen System der USA gibt es dagegen eine deutliche Trennung zwischen Exekutive und Legislative. Der Präsident wird indirekt vom Volk gewählt; er ist Regierungschef und Staatsoberhaupt in einem, kann aber nicht gleichzeitig Parlamentsmitglied sein. Seine Amtszeit ist in der Verfassung festgelegt, keines der beiden Häuser des Kongresses, weder der Senat noch das Repräsentantenhaus, kann ihn aus politischen Gründen vorzeitig absetzen (ein Verfahren zur Amtsenthebung, das sog. *impeachment*, gegen Mitglieder der Exekutive ist nur bei Rechtsverstößen möglich). Umgekehrt hat der Präsident keine Möglichkeit, den Kongress aufzulösen (vgl. Steffani 1979: 61 ff). Zusammenfassend läßt sich sagen, daß der amerikanische Präsident im Vergleich zum Bundeskanzler eine größere Kompetenz- und Machtfülle innehat. Aber will er regieren, muß er seine Gesetzesvorlagen durch den Senat und das Repräsentantenhaus bringen. Dort hat seine Partei nicht unbedingt eine Mehrheit, unabhängig davon spielt in beiden Häusern des Kongresses Fraktionsdisziplin – im Vergleich zum Bundestag – eine geringe Rolle. Die Staatsgewalt ist auf die „rivalisierenden Partner" Präsident und Kongreß verteilt, die sich gegenseitig kontrollieren und in der Machtentfaltung hemmen (Prinzip von *checks and balances*); beide bleiben im politischen Prozeß aufeinander angewiesen. In der Bundesrepublik ist die politische Identität zwischen Kanzler und Parlamentsmehrheit im System angelegt. Die politische Konfliktlinie verläuft zwischen diesen und der Opposition, welche in der Regel keine Einflußchancen bei parlamentarischen Entscheidungen hat.

4.2. VERGLEICHENDE POLITIKWISSENSCHAFT

Die vergleichende Analyse von Regierungssystemen der Dritten Welt steht vor besonderen Problemen. Hier handelt es sich häufig um Systeme, die mit den herkömmlichen Kriterien und Kategorien schwer erfaßbar sind. Der Begriffsapparat der Vergleichenden Regierungslehre ist bisher auf westliche Demokratien und Diktaturen in der entwickelten Welt ausgerichtet. In den Ländern der Dritten Welt sind jedoch andere Verhältnisse vorzufinden, dazu gehören Formen traditioneller Stammes- oder Familienherrschaft, instabile institutionelle Strukturen etc. So setzt die vergleichende Analyse hier ganz andere Akzente. Im Vordergrund stehen Fragestellungen der Entwicklungssoziologie, der Ökonomie und der internationalen Beziehungen (vgl. Hartmann 1986: 175 f). Deren Ergebnisse führten zur Ausdifferenzierung von stärker entwickelten Staaten, den „Schwellenländern", und von besonders armen Ländern, der „Vierten Welt".

Zu den Parteien und Verbänden (Interessengruppen) als unmittelbaren politischen Akteuren soll hier lediglich ein kurzer Hinweis erfolgen. Der Vergleich in diesem Bereich hat seit den siebziger Jahren bei uns erheblich mehr Interesse gefunden. Die vielfältigen Probleme in den Parteiensystemen der westlichen Demokratien – in der Bundesrepublik das Phänomen der Parteienverdrossenheit und das Aufkommen „alternativer" Gruppen und Parteien – verfehlten ihre Wirkung auf die Politikwissenschaft nicht. Bezeichnend ist die weitgehende Beschränkung auf den europäischen Raum, die im Hinblick auf die strukturellen Unterschiede zu außereuropäischen Parteisystemen auch verständlich ist. Bei den Verbänden steht bisher der Vergleich der Gewerkschaften resp. der Gewerkschaftspolitik deutlich im Vordergrund, angesichts der Wirtschaftsprobleme in den westlichen Industriestaaten und der damit verbundenen Verteilungskonflikte eine naheliegende Schwerpunktbildung (vgl. Hartmann 1986: 169 f).

Im Bereich der *policy*, der inhaltlichen Dimension von Politik, ist der Vergleich ebenfalls etabliert; seine Bedeutung steigt im Zuge regionaler Integrationsprozesse (EG) und weltweiter Verflechtung. Die Sozial- und Wirtschaftspolitiken in den entwickelten Industriegesellschaften des Westens sind da ein fruchtbares Untersuchungsfeld. Im Ländervergleich zeigen sich einige bemerkenswerte Profilunterschiede:

KAPITEL 4. TEILDISZIPLINEN DER POLITIKWISSENSCHAFT

Der hochentwickelte Sozialstaat und die relativ geringe Arbeitslosigkeit in den skandinavischen Staaten Schweden und Norwegen basieren auf spezifischen politischen Bedingungen; zu ihnen gehören die langzeitige Regierungsmacht der Sozialdemokraten in Verbund mit einer mächtigen und zugleich gemäßigten Gewerkschaftsbewegung sowie die tragende Bedeutung solidarischer Werte, andererseits ein zersplittertes und dadurch politisch geschwächtes bürgerliches Lager. Unter solchen Voraussetzungen bestehen gute Chancen für eine Politik massiver sozialstaatlicher Intervention. Ganz anders stellt sich die Lage in Ländern wie der Schweiz, Japan oder in den USA dar, wo bürgerliche Parteien und die Unternehmerschaft dominieren. Hier kommt dem Markt entscheidende Bedeutung zu, der Staat hält sich mit sozialpolitischen Interventionen mehr oder minder zurück, entsprechend ist die Umverteilung gering und die soziale Differenzierung stark ausgeprägt. Die Bundesrepublik gehört zu den Ländern, die dazu eine mittlere Position einnehmen. Mit sozial- und wirtschaftspolitischen Maßnahmen greift der Staat flankierend in das Marktgeschehen ein. In Krisenperioden haben jedoch Konkurrenzfähigkeit der Wirtschaft und Preisstabilität regelmäßig Vorrang gegenüber mancher sozialpolitischen Zielsetzung, wie z.B. Vollbeschäftigung (vgl. Schmidt 1987: 193 f).

Als ein Beispiel aus dem Bereich der Internationalen Politik sei hier nur auf den Vergleich in der Friedens- und Konfliktforschung hingewiesen; er konzentriert sich auf Krisen und Konflikte innerhalb von Staaten und nicht zwischen ihnen. Zu den bedeutsamen Untersuchungsfeldern gehören politische Gewalt, politische Instabilität, Systemkrisen, Staatsstreiche und Revolutionen. Die vergleichende Untersuchung von revolutionären Prozessen hat dabei eine Art Vorrangstellung inne (vgl. Zimmermann 1987: 245 ff).

Schließlich können auch politische Ideologien und Theorien miteinander verglichen werden. Was unterscheidet beispielsweise den italienischen Faschismus (und andere Faschismen) vom deutschen Nationalsozialismus, und was haben sie gemeinsam? Das Wort Faschismus ist in der tagespolitischen Diskussion und manchmal auch in wissenschaftlichen Beiträgen zu einem Allgemeinbegriff oder politischen Gattungsbegriff geworden, der eine ideologische Einheit vortäuscht, die es nicht gibt.

Auf die konkrete Fragestellung bezogen kann man feststellen, daß zu ihren Gemeinsamkeiten das nationalistische Grundverständnis, der Antikommunismus sowie die Gegnerschaft zu Liberalismus, Demokratie und Parlamentarismus gehören. Charakteristisch ist außerdem das autoritäre Führerprinzip und die alles erfassende eine Massenpartei. Spezifische Züge des Nationalsozialismus liegen in seinem Rassismus, dem globalen Herrschaftsanspruch sowie der Radikalität seiner Herrschafts- und Vernichtungspolitik (vgl. Bracher 1984: S. 24 ff).

Literatur

Beyme, K.v. (1988): Der Vergleich in der Politikwissenschaft, München.

Bracher, K.D. (1984): Zeitgeschichtliche Kontroversen. Um Faschismus, Totalitarismus, Demokratie, 5. Auflage, München.

Hartmann, J. (1986): Vergleichende Regierungslehre, in: K.v. Beyme, (Hrsg.): Politikwissenschaft in der Bundesrepublik Deutschland, Opladen, S. 168-179.

Schmidt, M.G. (1987): Vergleichende Policy-Forschung, in: D. Berg-Schlosser und F. Müller-Rommel (Hrsg.): Vergleichende Politikwissenschaft, Opladen, S. 185-200.

Steffani, W. (1979): Parlamentarische und präsidentielle Demokratie, Opladen.

Zimmermann, E. (1987): Vergleichende Krisen- und Konfliktforschung, in: D. Berg-Schlosser und F. Müller-Rommel (Hrsg.): Vergleichende Politikwissenschaft, Opladen, S. 241-260.

4.3 Außen- und internationale Politik

4.3.1 Einleitung

Einen ihrer historischen Ursprünge hat die heutige Politikwissenschaft in dem Bestreben von Politikern und Wissenschaftlern nach 1918,

KAPITEL 4. TEILDISZIPLINEN DER POLITIKWISSENSCHAFT

einen nochmaligen Weltkrieg oder Krieg überhaupt zu verhindern. Der Erste Weltkrieg hatte durch den brutalen Einsatz mechanischer Waffen ein derartiges Maß an Opfern gefordert, daß man Krieg für immer bannen wollte. So wurde im Rahmen der Versailler Friedensvertragsverhandlungen 1919 vereinbart, in Großbritannien und in den USA Institute zur Erforschung der internationalen Beziehungen zu errichten. 1928 wurde auf Anregung des Völkerbundes die „International Studies Conference" gegründet. Und heutzutage gibt es an fast jedem universitären Standort in Deutschland, an dem Politikwissenschaft gelehrt wird (und das sind die meisten), auch eine (oder mehrere) Professuren oder Lehrstühle für das Teilfach Internationale Politik. (vgl. Rittberger und Hummel 1990: 29 ff.)

Bis heute ist sich die Teildisziplin jedoch nicht über den Umfang ihres Gegenstands einig, was u.a. in der unterschiedlichen Namensgebung (internationale „Politik" vs. „Beziehungen") zum Ausdruck kommt. Mit dieser Frage beginnen wir zugleich auch die Darstellung unterschiedlicher Theorien und geistesgeschichtlichen Strömungen in diesem Teilfach.

4.3.2 Theorien des Teilfaches „Internationale Politik/ Beziehungen"

Die Teildisziplin mit der Bezeichnung „internationale Politik" beschäftigt sich vorrangig mit den zwischenstaatlichen Beziehungen auf (macht-)politischer Ebene und den zentralen Akteuren nationalstaatlicher Regierungen. Es wird behauptet, daß auf dieser Ebene die wesentlichen Prozesse ablaufen, die internationale Politik bestimmen.

„Internationale Beziehungen" legt demgegenüber einen umfassenderen Gegenstandsbereich zugrunde und analysiert nicht nur die macht- und militärpolitischen, sondern darüber hinaus auch die sozialen, wirtschaftlichen und kulturellen Beziehungen wie z.B. den Außenhandel oder grenzüberschreitende Werbung durch Satelittenfernsehen oder Tourismus als Teil von internationalen Beziehungen. Graphisch läßt sich das wie folgt verdeutlichen:

4.3. AUSSEN- UND INTERNATIONALE POLITIK

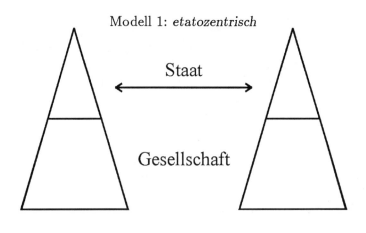

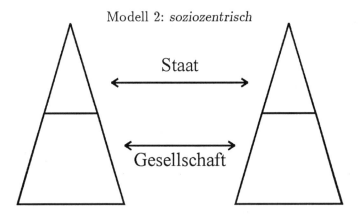

Diese Unterscheidung ist nicht willkürlich, hinter ihr stehen vielmehr grundlegende philosophische Differenzen über die Eigenart und Spezifik von Politik im allgemeinen und internationaler Politik im besonderen. Diese Unterscheidung zeigt sich auch in der nun schon fast 50-jährigen Kontroverse zwischen den „Realisten" einerseits und den „Idealisten" andererseits.

Die Kontroverse resultiert letztlich aus unterschiedlichen anthropologischen Annahmen über die Natur des Menschen (Anthropologie ist die Lehre von der Art der Menschen.): Die „Realisten" gehen davon aus, daß Menschen potentiell normwidrig („böse") handeln können – und mehr oder weniger häufig auch so handeln. Wegen dieser Annahme halten sich diese Vertreter für „realistisch" (Der Mensch ist eben so!).

KAPITEL 4. TEILDISZIPLINEN DER POLITIKWISSENSCHAFT

Demgegenüber hat der „Idealismus" zur Grundlage, daß der Mensch zur vernunftgemäßen Selbstbestimmung fähig, daß er im Grunde genommen gut sei.

Beginnen wir mit der Darstellung des „Realismus" (vgl. Morgenthau 1963)

Da der Mensch – seit der Vertreibung aus dem Paradies – potentiell auch böse sein kann, muß sich ein Gemeinwesen, der Staat dagegen wappnen, sagen die Realisten: normwidrig Handelnde müssen notfalls von der Polizei ergriffen und inhaftiert werden. Es wird nicht bestritten, daß die übergroße Mehrheit der Bevölkerung normalerweise normgerecht handelt. Aber man muß halt auch mit den Sündern rechnen. Um Normverletzungen und Verbrechen zu unterbinden, bedarf es der abschreckenden oder direkt eingreifenden staatlichen Macht und Gewalt. Politik ist daher nach diesem Verständnis notwendigerweise immer auch verbunden mit Machtausübung, ggf. gegen den Willen der Herrrschaftsunterworfenen.

Das gilt in verstärktem Maße für die internationale Politik. Auch hier muß jeder verantwortliche Staatsmann damit rechnen, daß er von anderen Staaten durch deren Übermacht oder Aggressivität bedroht, erpreßt oder direkt angegriffen werden kann. Gerade die 30er Jahre dieses Jahrhunderts haben gezeigt, wie schnell außenpolitisch kriegerische faschistische Regime an die Macht kommen konnten. Das Problem der „Bosheit" verschärft sich in der internationalen Politik dadurch, daß es hier – im Gegensatz zur Innenpolitik von Nationalstaaten – keine zentrale Regierung oder verbindliche Gerichtsbarkeit gibt, die hemmend auf normwidrig Handelnde einwirken könnte. In der internationalen Politik dominiert ein anarchischer (herrschaftsloser) Zustand, der jederzeit vom geregelten und leidlich friedlichen Nebeneinander der Staaten zum gewaltsamen Kampf aller gegen alle umkippen kann. Und für diesen Fall muß man militärisch gerüstet sein, um mögliche Aggressoren abzuschrecken oder abwehren zu können. Denn wenn es in den zwischenstaatlichen Beziehungen „hart auf hart" kommt, zählt allein die Macht im Sinne militärischer Gewaltausübung, will man z.B. die Freiheit seines Landes verteidigen.

Die „Realisten" sind allerdings nicht machtlüstern; wo Krieg vermieden werden kann, wollen sie ihn vermeiden.

Sie haben zu diesem Zweck drei Methoden entwickelt, um im in-

4.3. AUSSEN- UND INTERNATIONALE POLITIK

ternationalen System trotz der anarchischen Grundstruktur Ordnung und Stabilität zu stiften:

1. Man muß Gleichgewichtssysteme in der Staatenwelt etablieren, in denen die Macht eines Staates oder einer Staatengruppe durch die Gegenmacht eines anderen Staates oder einer anderen Staatengruppe konterkariert wird. Der „Ost-West-Konflikt" war ein solches Gleichgewichtssystem, das ja auch zwischen den Kontrahenten (den beiden Supermächten USA und UdSSR) über 40 Jahre hinweg einen direkten kriegerischen Konflikt verhindert hat. Wenn der andere weiß, daß ich mich mit einer ähnlich großen Macht wie der seinigen wehren werde, wird er mich – Vernunft vorausgesetzt – aller Wahrscheinlichkeit nicht angreifen.

   Solche Gleichgewichtssysteme können unabhängig von der Art des innenpolitischen Systems der Teilnehmerstaaten installiert werden. Wichtig ist nur, daß sich dieTeilnehmer an die Spielregeln des Systems halten, z.B. daß sich die angegriffenen Staaten gemeinsam gegen den Aggressor verteidigen. Dazu sind aus der Sicht der „Realisten" sowohl Demokratien als auch Diktaturen in der Lage. (Dies sei hier eigens erwähnt, weil in dieser Frage ein zentraler Unterschied zwischen „Realisten" und „Idealisten" besteht. Dazu kommen wir später.)

2. Die Diplomatie kann zwischen Staaten und deren Entscheidungsträgern ein möglichst dichtes Netz gemeinsamer Regelungen und Verhaltenserwartungen weben und ggf. zu Völkerrecht kodifizieren, in der Hoffnung, dies werde Aggressivitäten bändigen. Diplomatie kann aber natürlich keine Garantie gegen Krieg sein: Wenn die Diplomatie bei Konflikten und Krisen nicht weiter weiß, werden stattdessen oft Waffen eingesetzt. Aber immerhin hat die Diplomatie schon des öfteren das Umkippen einer Krise in einen Krieg verhindert – durch das Schließen von Kompromissen und Verträgen.

3. Die beste Regelung wäre daher die Errichtung einer internationalen Regierung. Diese müßte mit tatsächlicher Souveränität und Herrschaftsgewalt entweder in globalem oder regionalem Umfang (z.B. nur beschränkt auf Westeuropa) ausgestattet sein, um –

KAPITEL 4. TEILDISZIPLINEN DER POLITIKWISSENSCHAFT

wie innerhalb der Nationalstaaten – auch zwischenstaatlich die anarchische Situation zu überwinden und eine internationale Gerichtsbarkeit einzurichten, an die sich alle halten. Aber das ist aus der Sicht der „Realisten" gegenwärtig wenig wahrscheinlich, da die Nationalstaaten ihren Souveränitätsanspruch (noch) nicht aufzugeben bereit sind.

Was als realistische Perspektive bleibt, ist geduldige Diplomatie, die die nationalen Interessen jedes Staates (auch von Diktaturen) in gewissem Maße als legitim anerkennt, soweit sie nicht imperialistisch oder weltrevolutionär andere Staaten bedrohen. Aufgabe der Diplomatie ist es, bilateral oder auf internationalen Konferenzen zwischen diesen Interessen zu vermitteln und einen Kompromiß zustande zu bringen. (vgl. Meyers 1979: 53 ff.) Kompromisse sind aber nur dann möglich, wenn man die verständlichen Interessen aller Beteiligten akzeptiert.

Demgegenüber geht der „Idealismus" davon aus, daß der Mensch sich normalerweise auf Grund der ihm eigenen Vernunft selbst bestimmen könne. In den meisten Angelegenheiten bedürfe es keines übergeordneten Staates, die Bürger könnten vielmehr alleine oder im Verbund von mehreren die erforderlichen Geschäfte erledigen. Die Menschen können ihre gemeinsamen Angelegenheiten selbst regeln können und benötigen nur in minimalem Umfang so etwas wie eine Regierung mit autoritativer Kraft. Die Selbstregulation erfolgt in wirtschaftlicher Hinsicht – und die ist die zentrale in neuzeitlichen Gesellschaften – über den Markt: Der Markt steuert – so die Idee – die Beziehungen der Menschen (sprich: der Bürger und Kaufleute) gemäß des Gesetzes von Angebot und Nachfrage in einer staatsfreien Sphäre: Bei steigender Nachfrage erhöhen sich die Preise, sodaß für die Unternehmer ein Anreiz entsteht, mehr vom nachgefragten Produkt zu produzieren. Und umgekehrt: Bei sinkender Nachfrage fallen die Preise, sodaß weniger produziert werden wird.

Solche selbstregulativen und sich selbst steuernde und Defizite ausgleichende Prozesse gibt es aber nicht nur im wirtschaftlichen Sektor: auch im sozialen Bereich organisiert sich der Bürger z.B. selbst in Vereinen oder sonstigen Gesellungsformen.

4.3. AUSSEN- UND INTERNATIONALE POLITIK

Bürgerlich-liberale Wirtschafts-Gesellschaften dieser Art sind – und das ist die zentrale außenpolitik-theoretische Aussage des „Idealismus" – auch gegenüber anderen Staaten oder Gesellschaften friedliebend auf Kooperation eingestellt: Der Händler, der möglichst weltweit (überall dort, wo er Gewinne realisieren kann) seine Waren verkaufen möchte, ist am zwischenstaatlichen Frieden interessiert, da Krieg seinen Absatz erschwert oder verhindert. Die selbstregulativen Wirtschaftsbeziehungen erstrecken sich demnach auch auf den zwischenstaatlichen Verkehr und vermögen auch hier die sozialen und wirtschaftlichen Beziehungen weitgehend konfliktfrei und ohne staatliche Eingriffe zu regulieren.

Allgemein verflechten sich hochindustrialisierte Gesellschaften zunehmend mit anderen Gesellschaften gleichen oder ähnlichen Typs: der internationale Handel wuchs nach dem 2. Weltkrieg relativ betrachtet schneller als die Weltproduktion, und der Außenhandelsanteil am Bruttosozialprodukt (BSP) aller Industriestaaten steigt kontinuierlich an. Mittlerweile wird rd. 50% des BSP der Bundesrepublik Deutschland (inkl. Vorprodukten) im Außenhandel erwirtschaftet. Mehr als 50% des deutschen Außenhandels wird mit den EG-Staaten abgewickelt.

Das bedeutet eine starke Verflechtung und Interdependenz mit anderen Staaten. Sie wird verstärkt durch einen florierenden internationalen Tourismus, durch Kapitalinvestitionen in anderen Staaten, durch konvertible Währungen, durch grenzüberschreitende Rundfunkübertragungen usw.

Staaten, die aber in einem solchen Umfang miteinander verbunden und verwoben sind, werden wahrscheinlich nicht gegeneinander Krieg führen, da dadurch die eigene Wirtschaft und Gesellschaft funktionsunfähig wird – als Folge des Krieges, aber auch als Folge der Funktionsunfähigkeit der anderen nationalstaatlichen Gesellschaften, die ja zuvor wichtige Absatzmärkte für die eigene Industrie waren, aber infolge des Krieges ausfallen könnten. (*War does not pay!*)

Es bleibt natürlich die Frage, warum es überhaupt zum Krieg kommt, wenn der Mensch so vernünftig ist.

Der Idealismus führt Krieg und außenpolitische Aggressivität über-

KAPITEL 4. TEILDISZIPLINEN DER POLITIKWISSENSCHAFT

haupt auf die undemokratische Struktur politischer Systeme zurück: Denn der Bürger sei nicht am Krieg interessiert, da er es ist, der notfalls auf dessen Schlachtbank geopfert werde. Nur Diktaturen könnten ihn dazu zwingen, bzw. durch Propaganda Feindbilder schaffen, daß man – derart aggressiv angeheizt – bereit ist, in den Krieg zu ziehen. In Diktaturen kommen die eigentlich friedliebenden, auf wirtschaftlichen Austausch angelegten Interessen der Bürger nicht zum Ausdruck. Sie können unterdrückt werden; nur noch die kriegerischen Gelüste z.B. einer adligen Feudalkaste, die nicht internationalen Handel treibt und auf ihn nicht angewiesen ist, kämen zum Tragen. Eine solche Kaste sieht ihr Lebensideal nicht im Kaufmann (der eher verachtet wird), sondern im heldischen Krieger, der sich im Kampf zu bewähren habe. Daher forderten die amerikanischen Präsidenten W. Wilson und F.D. Roosevelt, die bedeutende Repräsentanten des Idealismus in der praktischen Politik waren, sowohl nach dem Ersten als auch Zweiten Weltkrieg eine Demokratisierung Deutschlands als Bedingung internationalen Friedens.

Richtig an dieser Argumentation ist, daß (parlamentarische/ präsidentielle) Demokratien es stets schwer hatten und haben, ihre Bevölkerung zum Eintritt in den Krieg gegen einen Aggressor zu motivieren. Man denke nur an die Vereinigten Staaten und ihr zögern, an den Weltkriegen teilzunehmen.

Richtig ist auch, daß es bisher Kriege zwischen demokratischen Staaten nicht gab.

Problematisch ist allerdings die Annahme, daß Kriege nur Folge autokratischer Regime seien. Das Beispiel „Erster Weltkrieg" und dessen Ausbruch lehrt uns, daß Bevölkerungen (insbesondere die Deutsche) mit großer Freude in den Krieg zogen – und das kann man nicht nur auf Propaganda zurückführen. Der Mensch scheint nicht nur so rational zu sein, wie es der „Idealismus" unterstellt.

Nebenbei gesagt: Auch der Marxismus ist – allerdings mit großen Einschränkungen – ein illegitimer Nachfahre des „Idealismus". Auch er geht von der binnengesellschaftlichen Verursachung zwischenstaatlicher Konflikte aus; für diese Konflikte seien aber nicht oder nicht nur die autakratischen Herrschaftssysteme verantwortlich, sondern vor allem die Art des kapitalistischen Wirtschafts- und Gesellschaftssystems, das durch seine Gewinnorientierung und durch sein Bestreben,

4.3. AUSSEN- UND INTERNATIONALE POLITIK

möglichst weltweit Waren und Kapital zu exportieren, mit anderen kapitalistischen Systemen in Konflikt geraten kann. Diese verfolgen nämlich das selbe Ziel: den Export von Waren und Kapital. Die daraus entstehenden Konflikte können sich bis zum Krieg verschärfen.

Wie wir gesehen haben: der „Idealismus" gehört in seinen Kernaussagen zur Sozialphilosophie des Liberalismus; daher zählt er auch I. Kant zu seinen Urvätern. Demokratie und weltweite, staatsfreie Marktwirtschaft würden den Krieg verhindern helfen.

Die Diskussion zwischen „Realisten" und „Idealisten" setzt sich bis heute fort, z.T. mit anderen Schwerpunktsetzungen. So wurde in den 70er Jahren der idealistische Strang unter dem Begriff der „Interdependenz" (Cooper) fortgesetzt, mit dem auf die zunehmende wechselseitige (wirtschaftliche) Durchdringung der Nationalstaaten von außen her durch umfangreiche Kapital- und Warentransfers hingewiesen wurde. Diese Durchdringung und daraus folgende Abhängigkeit habe eine Verletzlichkeit der Nationalstaaten zur Folge, die vor allem in einer zunehmenden Sensibilität gegenüber Ereignissen und Prozessen in anderen Nationalstaaten zum Ausdruck komme: Wenn im Nachbarstaat das Zinsniveau höher als mein Zinsniveau heraufgesetzt wird, so bedeutet das für mich meist, daß Kapital ab- und dem Hochzinsraum zufließt, weil dort die Anlagemöglichkeiten profitabler sind. Ich muß ggf. mein Zinsniveau an das des anderen anpassen.

Die sog „Neo-Realisten" (Gilpin) betonen nun auch verstärkt die Bedeutung ökonomischer Prozesse in der internationalen Politik, in einer gewissen Annäherung an den Idealismus und im Gegensatz zum klassischen Realismus, der zentralen Stellenwert vor allem auf die militärische Macht legte. Neo-Realisten sagen u.a., daß internationale Systeme durch ein oder zwei Hegemonialmächte bestimmt sind, wie dies lange Zeit die Supermächte USA und UdSSR in ihren jeweiligen Einflußbereichen waren. (Im letzten Jahrhundert war die ökonomische Supermacht Großbritannien.) Deren internationale Vorherrschaft ist auch durch ökonomische und technologische Potenz sowie durch die Verfügung über umfangreiche natürliche und wirtschaftlich nutzbare Ressourcen bestimmt. Mit der Zeit kommt es jedoch zu einer Dialektik, einer Umkehr, einem Zerfall der Vorherrschaft: Die Vormacht ist Vormacht, weil sie u.a. wirtschaftlich überlegen ist (z.B. gegenwärtig

KAPITEL 4. TEILDISZIPLINEN DER POLITIKWISSENSCHAFT

die USA immer noch durch die in ihrem Lande erfundene moderne Elektronik.) Die ökonomischen Kräfte (Kapital, *Know-how*) der Vormacht durchdringen die von ihr abhängigen Staaten und machen diese zunächst einmal von der Supermacht abhängig. Sie bewirken aber langfristig, daß die abhängigen Staaten durch den Zufluß von Kapital und Technologie auch mit der Zeit wirtschaftspolitisch und technologisch prosperieren und wachsen und damit die vorherrschende Macht zumindest relativieren, wenn nicht sogar in Frage stellen. Das beste Beispiel für diesen Prozeß sind Japan und die Bundesrepublik Deutschland. Die vormaligen „Satelliten" emanzipieren sich wirtschaftlich und politisch und untergraben damit die Stellung des Hegemons, der Vormacht. Deren Macht und Einfluß nehmen ab, und es entsteht ein internationales System ohne Hegemonialmacht. Die Kehrseite dieser Entwicklung ist, daß ein solches nicht-hegemoniales Vielmächtesystem relativ instabil ist, da es keine Führungsmacht mehr gibt, die die für alle verbindliche internationale Regelungen festlegt und mögliche Aggressoren in die Schranken weist. Die gegenwärtigen Entwicklungen in Osteuropa mit ihren Bürgerkriegen und dem Verfall von Staaten sind ein gutes Beispiel für eine internationale Ordnung, in der der Hegemon (UdSSR) verschwand, sodaß nun keine Macht mehr da ist, die zumindest Ordnung schafft und aufrechterhält.

Eine solche Phase der Instabilität wird dann meist abgelöst durch das erneute Aufkommen einer Hegemonialmacht, die allerdings dem gleichen Prozeß der Enthegemonisierung unterliegt, wie oben geschildert.

Eng mit der realistisch-idealistischen Diskussion hängt die Debatte zusammen, wie und unter welchen Bedingungen zwischenstaatliche Integrationen (Zusammenschlüsse) erfolgreich sind. Das ist natürlich von besonderem Interesse angesichts der Entwicklungen in der Europäischen Gemeinschaft. (Bellers 1984) Hier gibt es prinzipiell zwei „Lager": Die sog. Föderalisten betonen in realistischer Tradition, daß zwischenstaatliche Integration, d.h. die Schaffung eines neuen größeren Staates (z.B. in Westeuropa), der sich aus den vormals selbständigen Staaten zusammensetzt, nur dann gelingt, wenn die machtpolitische Souveränität der Teilnehmerstaaten gebrochen und dem neuen Staat übertragen wird. Demgegenüber heben die sog. Funktionalisten

4.3. AUSSEN- UND INTERNATIONALE POLITIK

in idealistischer Denkweise hervor, daß vor allem die wirtschaftlichen und sozialen Verflechtungen zwischen den Staaten wachsen müssen, damit neue umfassendere Integrationsformen entstehen.

Die Föderalisten/Realisten gehen davon aus, daß – wie oben dargelegt – die Nationalstaaten im wesentlichen durch einen zentralisierten und bürokratisierten Machtapparat bestimmt sind. Dieser Machtapparat beansprucht, in seinen inneren und äußeren Angelegenheiten das letzte Wort zu sprechen – und kann das zum Teil auch durchsetzen. So könnte man vereinfacht das Phänomen der Souveränität definieren. Und solange diese Souveränität sich real oder partiell oder auch nur dem Anspruch nach bei den einzelnen nationalstaatlichen Regierungen befindet, haben alle übernationalen internationalen Organisationen (von der EG bis zur UN) kaum Durchsetzungschancen. Was sie einzig leisten können, ist eine lockere Koordination von nationalstaatlichen Interessen (was allerdings auch schon recht viel sein kann).

Oder um ein Beispiel aus der Geschichte der Integration von Nationalstaaten zu nehmen (die prinzipiell analog verläuft wie die zwischenstaatlichen Integrationsformen): Deutschland war nicht geeinigt, als die weiterhin voll souveränen Teilstaaten in der Zeit von 1815 bis 1866 lediglich in dem wenig verpflichtenden Deutschen Bund zusammengeschlossen waren – einem Staatenbund oder einer Konföderation, die die Eigenständigkeit der Mitgliedsstaaten nicht tangierte. 1866 fand sogar noch ein Krieg zwischen Mitgliedsstaaten statt (Österreich vs. Preußen). Deutschland wurde erst zu einem vollintegrierten Nationalstaat, als 1870/71 die Kompetenz zur Außen- und Militärpolitik sowie das Recht, Krieg zu erklären und Frieden zu schließen, auf das Deutsche Reich überging, das damit die diesbezüglichen Kompetenzen Bayerns, Württembergs, usw. übernahm.

Die Macht- und Souveränitätsfrage wurde im Sinne des Reiches, oder allgemeiner gesprochen: im Sinne der übergeordneten Einheit, die z.B. auch die Europäische Gemeinschaft sein könnte, entschieden. Es ist hier bewußt von „entschieden" die Rede, denn die Übertragung von Souveränität kann nicht stückweise, sukzessive erfolgen, sondern nur in einem Akt, so wie sich z.B. die amerikanischen Verfassungsväter 1776 in Philadelphia trafen, um einen neuen übergeordneten Staat, die Vereinigten Staaten von Amerika, zu schaffen. Denn ein Staat kann nicht ein „bißchen souverän" sein: Entweder er ist souverän, d.h. er hat das

KAPITEL 4. TEILDISZIPLINEN DER POLITIKWISSENSCHAFT

letzte Wort; oder er ist nicht souverän. Hier gibt es kein Drittes.

Natürlich sehen die Föderalisten auch, daß die Bereitschaft der einzelnen Staates zur Integration gering ist, wenn das neue übergeordnete Gebilde ein zentralistischer Superstaat ist, der den vorher selbständigen Staaten keinen Freiraum mehr läßt. Daher plädieren sie für internationale Föderationen, d.h. es soll z.B. in Westeuropa ein die EG-Staaten umfassender Bundestaat gegründet werden, der zwar in den außen- und militärpolitischen Angelegenheiten das letzte Wort hat, aber den Mitgliedsstaaten, den Bundesstaaten, weitgehende Eigenbefugnisse z.B. in der Regional- oder Bildungspolitik beläßt (wie das ja auch in der Bundesrepublik Deutschland der Fall ist). Weil sie einen Bundesstaat mit einem Bund und mehreren Teilstaaten anstreben, heißen sie ja auch Föderalisten. (*foedus* = Bund)

Wichtig ist, daß sich das neue bundesstaatliche Gebilde eine Verfassung gibt. Diese Verfassung soll den Rahmen bilden, in dem die (früher selbständigen) Teilstaaten ihre Konflikte regeln oder lösen können, sodaß das gesamte neue Gebilde nicht wieder auseinanderbricht.

Vom genau umgekehrten Ansatzpunkt, nämlich von den ökonomischen Prozessen, gehen die „Funktionalisten" an zwischenstaatliche Integrationsprozesse heran. Hier ist insbesondere D. Mitrany zu nennen. Mitrany stellte vor allem fest, daß es eine zunehmende wirtschaftliche und soziale Verflechtung zwischen den industrialisierten Gesellschaften der nördlichen Welthalbkugel gebe, Verflechtungen, wie sie vor allem in den wachsenden Außenhandelsquoten zum Ausdruck kommen. Die zunehmenden internationalen wechselseitigen Abhängigkeiten erfordern – sollen sie sich nicht negativ auf die jeweiligen Binnenpolitiken auswirken – eine internationale Regelung, die z.B. für einen reibungslosen Ablauf der internationalen Arbeitskräftewanderung sorgen. Hier denkt Mitrany nun vorrangig an funktional beschränkte, technokratische internationale Organisationen wie den Weltpostverein oder die Weltgesundheitsorganisation, die sich nur einer Aufgabe und Funktion widmen. In diesen Organisationen würden die anstehenden Probleme durch unabhängige Experten pragmatisch, jenseits von Ideologien und Weltanschauungen gelöst: unabhängig von den nationalstaat-

4.3. AUSSEN- UND INTERNATIONALE POLITIK

lichen Regierungen, unabhängig von parteipolitischen Ideologien und unabhängig von machtpolitischem Denken. Die machtpolitisch denkenden Regierungen würden vielmehr nur den sachlich orientierten Entscheidungsprozeß in internationalen Organisationen stören.

Die internationalen Organisationen, die Mitrany im Blick hat, sollen funktional beschränkt sein, d. h. ihre Regelungsbereich soll sich auf die Probleme beschränken, die es zu bewältigen gilt. Was abgelehnt wird, ist das von den Föderalisten geforderte Primat für die Schaffung eines allumfassenden, funktional unspezifischen übernationalen Staates. Mitrany befürchtet dabei, daß hier nur der alte machtpolitisch ausgerichtete Nationalstaat und Nationalismus mit all' seinen Problemen auf höherer Ebene restituiert und reproduziert wird. Damit würde das wiederholt, was es gerade zu vermeiden gelte. Sein Bestreben ist es demgegenüber, national und international vom Machtstaat wegzukommen und stattdessen in der britisch-liberalen Tradition des Idealismus auf die national und international selbstregulativ wirkenden wirtschaftlichen und sozialen Kräfte zu vertrauen, wie wir das oben bereits erläutert haben. D. h. normalerweise sind die Menschen derart mit Vernunft ausgestattet, daß sie ihre Angelegenheiten selbst und ohne Staat organisieren können. Über den Marktmechanismus finden die notwendigen wirtschaftlichen Ausgleichsprozesse statt – national und international, sodaß man letztlich nicht das Supergebilde „Staat" braucht. Notwendig sind nur begrenzte Verwaltungsinstanzen.

Deshalb sagt Mitrany: „Form follows function", d.h. wir sollen nur so viel an Form, an nationalen und internationalen Organisationen begründen, wie wir zur Organisation unserer wirtschaftlichen und sozialen Beziehungen („functions") benötigen. Die zwischenstaatliche Integration erfolgt hauptsächlich durch sozioökonomische Verflechtungen. Deren Organisationsform ist sekundär.

Demgegenüber behauptet der Föderalismus: „function follows form". D. h. erst ein intakter institutioneller Rahmen in Form eines voll ausgebildeten Staates sichert, daß die funktionalen Verflechtungen nicht zu größeren Konflikten zwischen den Staaten führen. Oder anders gesagt: Nicht zunehmende Interdependenzen schaffen z.B. die neue europäische Einheit, die Europäische Union, sondern nur die bewußten Entscheidungen von Regierungen und Bevölkerungen, dies auch zu wollen und dementsprechend eine gemeinsame Verfassung einzuführen.

KAPITEL 4. TEILDISZIPLINEN DER POLITIKWISSENSCHAFT

Nur daß die Funktionalisten darauf antworten würden: Solche neuen Verfassungen wollen wir ja gerade nicht!

Auch die politikwissenschaftliche Friedens- und Konfliktforschung, wie sie in der Bundesrepublik zu Beginn der 70er Jahre staatlicherseits u.a. durch die Deutsche Gesellschaft für Friedens- und Konfliktforschung (DGFK) institutionalisiert wurde, steht geistesgeschichtliche in der Tradition von „Realismus" und „Idealismus":
Die sog. Konventionelle Friedensforschung strebt – ganz „realistisch" – danach, Frieden in der gegenwärtigen, von Konflikten gekennzeichneten Staatenwelt vor allem als Nicht-Krieg, als Abwesenheit von Krieg zu definieren und diesen Frieden vorrangig durch wechselseitige militärische Abrüstungsmaßnahmen längerfristig zu sichern. Die Friedensforschung in diesem Sinne konzentriert sich darauf, im militär- und außenpolitischen Bereich Friedensmaßnahmen zu empfehlen. Zur Friedenssicherung kann allerdings auch gehören, daß man ggf. militärisch dazu in der Lage ist, einen Feind vom Krieg durch Abschreckung abzuhalten. (vgl. Czempiel 1972)

Der Kritischen Friedensforschung ist das nicht genug: Sie zielt auf einen positiv verstandenen Frieden, in dem optimale Selbstverwirklichungschancen für den Menschen in allen Lebensbereichen verwirklicht sein sollen. Es reicht nicht aus, nur die Militärpotentiale zu bändigen und zu reduzieren, worauf sich die konventionelle Friedensforschung beschränkt. Auch die Gesellschaften selbst müssen pazifiziert, zum Frieden fähig und so umstrukturiert werden, daß sie keine Aggressivität mehr erzeugen. Marxisten behaupten in diesem Kontext, daß kapitalistische Gesellschaften durch den ihnen inhärenten Wachstums (=Profitmaximierungs-) Zwang auch potentiell zu außenpolitischer Aggression neigten. Aufgabe der Friedensforschung in dieser Sicht ist es dann logischerweise, mit zur Überwindung des kapitalistischen Systems beizutragen. Oder national und international friedensstörende Tendenzen werden in den autoritären Erziehungsstrukturen einer Gesellschaft gesehen, die aggressive Verhaltensweisen hervorrufen würden. usw.
Christlich-demokratisch regierte Bundesländer der Bundesrepublik Deutschland haben diese Tendenzen zum Anlaß oder Vorwand genom-

4.3. AUSSEN- UND INTERNATIONALE POLITIK

men, die Friedensforschung insgesamt zu diskreditieren und die Arbeit der DGFK nicht mehr finanziell zu fördern. In institutionalisierter Form wird die Friedensforschung gegenwärtig vor allem noch in der Hessischen Stiftung für Friedens- und Konfliktforschung und in einem Forschungsschwerpunkt der Deutschen Forschungsgemeinschaft betrieben.

Natürlich beansprucht aber die Teildisziplin der Internationalen Beziehungen insgesamt, friedenspolitisch zu arbeiten und zur Realisierung des Friedenszieles mit beizutragen – sei es nun konventionell oder kritisch.

Schon in den 50er Jahren wurden Theorien internationaler Beziehungen entwickelt, die die realistisch-idealistische Kontroverse und überhaupt anthropologische Grundannahmen (der Mensch gut oder böse) hinter sich zu lassen versuchen. Entscheidungstheoretische Ansätze beschreiben nicht mehr die Macht, das Machtstreben und das Suchen nach Machtgleichgewicht als das Grundmotiv zwischenstaatlichen Handelns, sondern spezifische Entscheidungen zentraler Entscheidungsträger dieser Staaten. Wie diese Entscheidungen nun im einzelnen aussehen, wird historisch untersucht. Ihre konkrete Ausgestaltung hängt von der Person des Politikers („Entscheidungsträgers") ab, seinen Erfahrungen und seiner parteipolitischen Einstellung, seiner Stellung im politischen System, der Rolle der Bürokratie, seiner Erziehung und Ausbildung, kurz: seinem Weltbild und seiner Weltsicht („cognitive map", wie es im Englischen heißt). Es gibt also in entscheidungstheoretischer Sicht nicht wie im Realismus ein objektives Staatsinteresse („Staatsräson"), das unabhängig von der Person des jeweiligen Politikers durchgesetzt wird, bzw. sich durchsetzt, z.B. das Streben nach Machterhalt des Staates im allgemeinen oder das z.B. (angebliche), historisch tradierte Streben Rußlands zum Meer hin (St. Petersburg – Ostsee; Schwarze Meer; Afghanistan – Indischer Ozean) – ein Streben, das durch die geographisch kontinentale Lage des Staates bedingt sei: Ein derartiger Kontinental- und Binnenstaat müsse, um seine Macht zu sichern, Zugang zum Meer erhalten.

Entscheidungstheoretiker gehen vielmehr davon aus, daß das außenpolitische Interesse eines Staates subjektiv von den Entscheidungsträgern definiert, bestimmt wird. Pointiert gesagt: Wie ich die Welt sehe, so handle ich auch außenpolitisch.

Die Entscheidungsträger („decision makers") sind die, die tatsächlich die jeweilige außenpolitische Entscheidung getroffen haben (was zuweilen nicht leicht festzustellen ist, aber meist sind es der Außenminister und der Premier, aber auch „graue Eminenzen" z.B. sind wichtig, oder Referatsleiter, oder einflußreiche Parteiführer, die im Hintergrund wirken.)

Der entscheidungstheoretische Ansatz ist keine Theorie, weil Theorien ja immer in „wenn-dann-Aussagen" gekleidet sind.

Ansätze („approaches") wollen demgegenüber zunächst einmal nur angeben, wo mit der Forschung sinnvollerweise begonnen werden soll, angesetzt werden kann. Und die begründete Annahme der Entscheidungs„theorie" ist, mit der Untersuchung solcher außenpolitischen Entscheidungen zu beginnen, weil auf sie ein Großteil der konkreten Außenpolitik eines Nationalstaates zurückgeführt werden kann.

Kritische oder marxistische Theorien konzeptualisieren internationale Beziehungen – auch jenseits des Realismus, aber mit einer gewissen Affinität zum Idealismus – als zwischenstaatliche Ausbeutung, Ausbeutung definiert als einseitiger Transfer von Werten vor allem materieller Art von einem Staat zu einem anderen. Das ist vorrangig ein Thema des Nord-Süd-Verhältnisses zwischen Industrie- und Entwicklungsländern. Die älteren Imperialismustheorien (Lenin, Luxemburg) sahen die Kolonien als Rohstoffreservoire für die Industrialisierung im Norden oder als günstige Anlage für das Kapital der Industrieländer, das nur noch in unterentwickelten Gebieten durch die dortigen niedrigen Löhne profitable Chancen sieht.

Das gegenwärtige internationale System ist hiernach nicht realitätsgerecht mit Begriffen wie dem der Souveränität von Nationalstaaten oder dem des Gleichgewichts der Mächte zu beschreiben, denn dieses Gleichheit gibt es tatsächlich nicht.

Vielmehr sei gerade umgekehrt das internationale System gekennzeichnrt durch eine Ungleichheit und Hierarchie hinsichtlich der politischen und ökonomischen Durchsetzungskraft der dominierenden Gesellschaften im industrialisierten Norden (inklusive der Ostblockstaaten) auf der einen Seite und den ökonomisch unterentwickelten Ländern

4.3. AUSSEN- UND INTERNATIONALE POLITIK

des Südens auf der anderen Seite. Durch diese Ungleichheit haben sich seit dem 15. Jahrhundert im Verlauf der Kolonialgeschichte Herrschafts- und Ausbeutungsbeziehungen des Stärkeren gegenüber dem Schwächeren gebildet.

Diese internationalen Ungleichheitsstrukturen werden in den Imperialismustheorien thematisiert:

Lenin definiert den Imperialismus aus der Sicht zu Beginn dieses Jahrhunderts als das monopolistische Stadium des Kapitalismus. Er sei charakterisiert durch:

1. die Dominanz von Monopolen aus den kapitalistischen Industriestaaten des Nordens

2. den Zusammenschluß von Bank- und Industriekapital zum Finanzkapital, daraus folgend:

3. einer große Bedeutung des Kapitalexportes in die Kolonien und

4. den internationalen Verbände von Kapitalisten, die die Welt unter sich aufteilen.

Wie diese Definitionsmerkmale zeigen, sind die Leninsche Imperialismustheorie sowie auch andere Imperialismustheorien (Luxemburg, Bucharin) dadurch gekennzeichnet, daß sie das Nord-Süd-Herrschaftsverhältnis aus der Perspektive des Nordens betrachten, aus Bewegungsgesetzen des Kapitalismus in Europa zu erklären versuchen. Abgesehen davon, daß diese Theorien, um die Jahrhundertwende entstanden, auch empirisch nur noch partiell die Realität zu erfassen vermögen (es gibt kaum noch Kolonien im klassischen Sinn; auch war der Kapitalexport in diese Kolonien immer gering), können sie daher auch von ihrem strukturellen Aufbau her die Beziehung zwischen Nord und Süd nicht in den Begriff bekommen, da sie, darin selbst noch imperialistisch und eurozentrisch, die Folgen, Ablaufmechanismen und Durchsetzungsweisen von Imperialismus in den Kolonien, bzw. den Entwicklungsländern vernachlässigen und alles aus der Sicht der Industrieländer betrachten.

KAPITEL 4. TEILDISZIPLINEN DER POLITIKWISSENSCHAFT

Einen Ansatz, der diese Kritik berücksichtigt, legt die Dependenztheorie vor. Mit dem Begriffspaar von Zentrum und Peripherie (= Randgebiet) vermag sie umfassend sowohl die „kapitalistischen" Gesellschaften des Nordens als auch die unterentwickelten Gesellschaften des Südens als auch die Beziehungen zwischen beiden zu beschreiben, zu klassifizieren und ansatzweise zu erklären. Zentrum wird definiert als örtliche und soziale Konzentration von Werten aller Art (materiell und ideell, Investitionen, Technologie, ausgebildete Arbeitskräfte), während die Peripherien gerade umgekehrt durch deren Mangel gekennzeichnet sind. Der Mangel in der Peripherie ist u.a. bedingt durch eine Wertekonzentration im Zentrum, in das die Mehrzahl der Werte strebt, wie z.B. Investitionen, weil dort die Bedingungen zur Realisierung der Werte weit besser sind als in der Peripherie (z.B. hinsichtlich der Infrastruktur): Ein Unternehmer investiert halt dort lieber, wo bereits ein ausgebautes Kommunikations- und Straßensystem vorhanden ist, als dort, wo dies nicht der Fall ist. Es entsteht für die Peripherie ein Teufelskreis: Da dort die Bedingungen zur Realisierung von Werten, zur Gewinnerzielung ungünstig sind, fließen keine Werte dort hin, und weil keine Werte dort hinfließen, sind die Bedingungen zur Realisierung von Werten schlecht, und werden immer schlechter, usw.

Dazu kommt, daß die Austauschbeziehungen zwischen Zentrum und Peripherie ungleich sind: Werden Werte (vor allem Güter) zwischen beiden Seiten getauscht, so erhält das Zentrum systematisch für den von ihm angebotenen 1 Wert mehr als 1 Wert aus der Peripherie, während die Peripherie systematisch für 1 von ihr angebotenen Wert weniger als 1 Wert aus dem Zentrum bekommt: Für 1 Maschine tauscht sich das Zentrum ein Mehrfaches an Rohstoffen ein, die Peripherie, die Entwicklungsländer erhalten für ihre Rohstoffe immer weniger Maschinenbestandteile: Vor 10 Jahren gab es beispielsweise für 1 Sack Kaffee noch so und so viel Elektrobirnen, heutzutage erhält man für den Sack nur noch die Hälfte der Zahl der Birnen. Das ist das Problem der für die Entwicklungsländer fallenden *terms of trade*.

Das Peripherie-Zentrum-Modell ist als allgemeines Modell angelegt, das zur Analyse des Stadt-Land-Gegensatzes ebenso verwendet werden kann wie zur Untersuchung von Unterschieden zwischen inner-

4.3. AUSSEN- UND INTERNATIONALE POLITIK

gesellschaftlichen Schichten und Klassen. Auch in städtischen Regionen der Bundesrepublik konzentrieren sich Werte, während das Umland vergleichsweise unterversorgt ist: in den Städten gibt es große Bibliotheken, Theater und weiterführende Bildungseinrichtungen, auf dem Lande nicht; die Städte sind verkabelt, die Dörfer nicht, usw.

Galtung faßt insbesondere mit Bezug auf den Nord-Süd-Konflikt seine Grundkategorien und deren Zusammenhang in folgendem Schaubild zusammen:

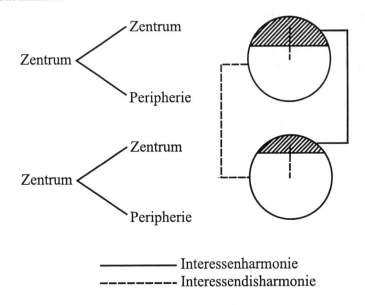

(aus: J. Galtung (1972), Eine strukturelle Theorie des Imperialismus, in: Dieter Senghaas (Hrsg.), Imperialismus und strukturelle Gewalt, Analysen über abhängige Reproduktion, Frankfurt a.M., S. 29-104, S. 36)

Interessenharmonie besteht nach Galtung vor allem zwischen dem Zentrum in der Zentralnation (z.B. die US-amerikanische Herrschaftselite) und dem Zentrum in der Peripherienation, den sogenannten Brückenköpfen der Zentralnationen in den Peripherienationen (z.B. früher der Schah im Iran als Brückenkopf der USA, deren Willen er

KAPITEL 4. TEILDISZIPLINEN DER POLITIKWISSENSCHAFT

durchführt.). Beide Zentren stützen sich zu ihrem wechselseitigen Vorteil. Dadurch, daß beide Zentren von ihrer wechselseitigen Zusammenarbeit profitieren, wenn auch in unterschiedlichem Ausmaß, bleibt das imperialistische System erhalten.

Diese Zusammenarbeit wird dadurch gestärkt, daß die Interessendisharmonie innerhalb der Peripherienation größer ist als innerhalb der Zentralnation. Denn den Peripherien (Unterschichten, unterentwickelten Regionen) in den Industrieländern geht es vergleichsweise gut, sodaß die Distanz zu den Zentren der Zentren nicht so groß ist. Dies gibt den Industrieländern eine gewisse innere Stabilität. Im Gegensatz hierzu sind die sozialen und regionalen Differenzen zwischen Zentren und Peripherien in den Entwicklungsländern erheblich.

Dieser Unterschied zwischen Industrie- und Entwicklungsländern hat zur Folge, daß sich die jeweiligen Peripherien der 1. und 3. Welt nicht gegen ihr jeweiliges Zentrum und deren Verbindungen gemeinsam wehren, denn auch die Peripherie der Zentralnation profitiert vom Wertetransfer aus der Peripherienation. Z.B. ist der relative Wohlstand der organisierten Arbeiterschaft – so die Dependenztheorie – zu einem Teil mit den aus der kolonialen und neokolonialen Ausbeutung resultierenden Gewinnen zu erklären.

Die Zentrum-Peripherie-Modelle verschiedenster Provenienz haben sich als zu grobschlächtig erwiesen, da sie die differenzierten und recht unterschiedlichen Prozesse in der Dritten Welt nicht zu erfassen vermögen. Wie läßt sich nach diesem Modell der wirtschaftliche Erfolg Süd-Koreas erklären – trotz seines Status' als Peripherie-Nation?

Man wandte sich aufgrund des Scheiterns dieses Ansatzes daher in den 80er Jahren wieder vermehrt der traditionellen Modernisierungstheorie zu, wie sie in den 50er und 60er Jahren entwickelt worden war.

In ihr wird grundsätzlich und unbestritten soziale und ökonomische Entwicklung als ein Prozeß zunehmender Arbeitsteilung und Vergemeinschaftung von sozialen Funktionen begriffen. Je weiter eine Gesellschaft in ihrer Entwicklung voranschreitet, um so spezieller werden die Produktionsweisen und Berufe. Immer begrenzter wird der Aufgabenkreis, immer spezifischer der Produktionsprozeß. Analog hierzu

4.3. AUSSEN- UND INTERNATIONALE POLITIK

bedarf es natürlich großer sozialer Anstrengungen, um diese immer mehr in sich differenzierte Produktion zusammenzuhalten: es bedarf eines funktionierenden Rechts- und Verkehrssystems, um die disparaten Teile zusammenzufügen. Ein Produzent muß auf der Basis rechtlicher Verträge auch sicher sein können, daß der Zulieferer auch liefert – und liefern kann, denn dazu ist ein intaktes Straßen- und Eisenbahnnetz vonnöten.

Diese Entwicklung kann man durchaus als Prozeß der Modernisierung bezeichnen, und wo dieser Prozeß aus welchen Gründen auch immer gestört ist oder verzögert wurde, kommt es zur Unterentwicklung.

Die Modernisierungstheorien (entwickelt anhand der Industrialisierungsprozesse in West- und Nordeuropa sowie in den USA) konzipieren die soziale, ökonomische und psychische Entwicklung von (unterentwickelten) Gesellschaften als einen eigendynamisch, selbsttätig ablaufenden Prozeß des Wandels oder genauer: des Aufstiegs von vorindustriellen, traditionalen (z.B. primitiven oder feudalen) Gesellschaftstypen über bestimmte, transitionale Übergangsphasen zum Ziel der „modernen", westlich-industriell-kapitalistisch-wohlfahrtstaatlich organisierten Gesellschaft mit stark ausgebildeter Sozialpolitik – eines Gesellschaftstyps, der nach dem Bild der USA vorgestellt wurde, was sicherlich kritisch anzumerken ist.

Fortschrittsoptimistisch wird von den Modernisierungstheoretikern angenommen, daß die jeweils vorhergehenden, älteren Entwicklungsstadien (z.B. die vorindustrielle) von den nachfolgenden verdrängt werden.

In diesem Rahmen unterscheidet W. L. Bühl (1970: 78 ff.) drei Grundmodelle von Modernisierungstheorien:

1. Das „Evolutions-Modell" (z.B. vertreten von Marion Levy) stellt den Entwicklungsprozeß als einen kontinuierlichen Prozeß allmählich-bruchlos zunehmender sozialer und ökonomischer Spezialisierung, Zentralisierung und Institutionalisierung dar (fortschreitende, wirtschaftliche Arbeitsteilung, Ausbau von Staat und

Verwaltung, Funktionsdifferenzierung); dadurch wandelt sich eine traditionale in eine moderne Gesellschaft, bei stetigem Verlust der vorindustriell-feudal-agrarischen Elemente. Das bedeutet auch zugleich einen Wandel der kulturellen Identität, des Selbstwertgefühls der Gesellschaftsmitglieder.

2. Das Konversions-Modell (z.B. bei D.E. Apter) stellt die traditionale und die moderne Gesellschaft als „sakral-religiös-kollektivistisch" einerseits und als „säkular-weltlich-liberalistisch-individualistisch" andererseits gegenüber. Es betrachtet die Modernisierung als diskontinuierliche, in Brüchen sich vollziehende Umpolung, als konvulsischen-revolutionären Umschlag des einen Gesellschaftstyps in den anderen.

3. Im „Rückkopplungsmodell"(z.B. bei D. Lerner) erscheint der soziale Wandel dem gegenüber als wachsende Eingliederung der traditionalen Elemente in die moderne Gesellschaft. Beide Pole der Entwicklung: traditional-modern werden als verwoben betrachtet, sie sind miteinander „rückgekoppelt" . Das Traditionale geht im Modernen nicht unter, es erhält nur einen anderen Stellenwert.

Umrißhaft soll im folgenden eine typische Modernisierungstheorie dargestellt werden. Sie wurde in dem Buch von P. Flora (1974) gut zusammengefaßt.

„Phasen oder Stadien der politischen Entwicklung:

1. Die Politik der ursprünglichen Einigung.
   Primäre Regierungsfunktion: nationale Einigung – Errichtung eines zentrale Herrschaftsapparates: Ausdehnung der Herrschaft in die territoriale Peripherie bzw. über politische und/oder kulturelle Teile einer Gesellschaft; Entwicklung eines nationalen Bewußtseins; Schaffung eines nationalen Marktes.

2. Die Politik der Industrialisierung.
   Primäre Regierungsfunktion: direkte und indirekte Förderung

4.3. AUSSEN- UND INTERNATIONALE POLITIK

des Wirtschaftswachstums = Kapitalakkumulation, Konsumrestriktion, Stimulierung des Urbanisierungsprozesses; Vorraussetzung ist die Verlagerung der politischen Macht von traditionalen zu modernisierenden Eliten. Diese Funktionen wurden bisher von drei verschiedenen 'Regierungstypen' erfüllt, dem 'bürgerlichen', 'stalinistischen' und 'faschistischen' Typ.

3. Die Politik des Überflusses.
Primäre Regierungsfunktion: Erleichterung der Anpassung an die Auswirkungen der Automation und politische Kontrolle der Konzentration wirtschaftlicher Macht. Die automatisierte Industrie erfordert garantierte internationale Märkte; das bringt möglicherweise das Ende des Nationalstaates. Nur die Vereinigten Staaten und einige Länder Europas und des Commonwealths stehen am Anfang dieses Stadiums.

4. Die Politik der nationalen Wohlfahrt.
Primäre Regierungsfunktion: Schutz der Bevölkerung vor den Auswirkungen der Industrialisierung = Steuerung des Wirtschaftswachstums, Erhöhung des Lebensstandards, Unterstützung der Unterprivilegierten. Diese Politik der vollständig industrialisierten Länder ist unabhängig von der Massendemokratie."

4.3.3 Die Struktur des modernen Staatensystems

Das, was wir heutzutage als Staatenwelt und internationale Beziehungen vor Auge haben, ist entstanden als Folge des Dreißigjährigen Krieges und als Folge der Französischen Revolution von 1789. Der Westfälische Friede von 1648 schuf den heutigen Territorialstaat mit einheitlicher zentralisierter Staatsgewalt, mit ausgebautem Verwaltungsapparat und genau abgesteckten Grenzen. Frühere lockere Gebilde wie das Heilige Reich Deutscher Nation, das mehrere Herrschaftsgebiete durch die Institution des Kaisers umfaßte, verloren weitgehend ihre vormaligen Funktionen.

Der einheitliche, meist absolutistisch regierte Territorialstaat erhielt seine heutige Gestalt in der Französischen Revolution, in der der staatlich-zentralistische Verwaltungsapparat ergänzt wurde durch eine gesamtgesellschaftliche Legitimationsbasis, nämlich dem Recht des

KAPITEL 4. TEILDISZIPLINEN DER POLITIKWISSENSCHAFT

Bürgers, über seine Angelegenheiten selbst in parlamentarischen oder sonstwie demokratischen Formen bestimmen zu können. Der Territorialstaat ist seitdem Nationalstaat, d.h. eine Kombination aus zentraler Verwaltung und nationalem Konsens einer Bevölkerung, die diesen Staat befürwortet und trägt. Dieser nationale Konsens, die nationale Übereinstimmung besteht nicht nur darin, daß man das Herrschaftsgebilde auf seinem Territorium unterstützt, sondern auch darin, daß ein Minimum an Gemeinsamkeiten in der Bevölkerung vorhanden ist und akzeptiert wird. Diese Gemeinsamkeiten sind vor allem: gemeinsame Sprache, ähnliche Verhaltensgewohnheiten, gemeinsame Geschichte, Unterstützung der politischen Verfassung.

Der Kampf zwischen dem national-bürgerlichen Prinzip und dem aristokratischen Herrschaftsanspruch des alten monarchisch-absolutistischen Staates kennzeichnet die Innen- und Außenpolitik des 19. Jahrhunderts. In drei revolutionären Wellen (1830; 1848; 1870), die den gesamten Kontinent ergriffen, suchte das Bürgertum die zentrale, Politik gestaltende Macht zu werden, und war hiermit letztlich in Frankreich 1870 dauerhaft erfolgreich. Frankreich ist seitdem Republik. In Deutschland kam es 1870 zu einem Machtkompromiß zwischen Aristokratie und Bürgertum, das durch die neue Institution des Reichstags an der Politik mehr oder weniger direkt an der Politik beteiligt wurde. In England hatte sich das Bürgertum bereits im 17./18. Jahrhundert als dominante Kraft durchgesetzt.

Nur in Osteuropa und Rußland war die bürgerliche Bewegung schwach und erfolglos – letztlich, was Rußland betrifft, Folge der langen tartarischen Herrschaft in diesem Gebiet, die eigenständige, bürgerliche Regungen, wie sie in Deutschland schon im Mittelalter in den freien Städten bestanden hatten, unterdrückte. Diese politische Spät- oder Garnicht-Entwicklung im Osten bewirkte weiterhin eine wirtschaftliche Unterentwicklung dieser Gebiete (im Vergleich zur West- und Mitteleuropa), denn es fehlte ein aktives Bürgertum, das die Investitionsbereitschaft zur Industrialisierung hatte. Stattdessen beschränkte sich der agrarische Großgrundbesitz des Ostens auf den Export von Nahrungsmitteln in den Westen.

Dadurch verschärfte sich in Europa ein seit dem 15. Jahrhundert bestehendes ökonomisches und politisches Ost-West-Gefälle zugunsten des Westens, ein Gefälle, das durch die kommunistischen Regime des

4.3. AUSSEN- UND INTERNATIONALE POLITIK

20. Jahrhunderts in Osteuropa zwar modifiziert werden konnte: Den Kommunisten gelang immerhin eine rasante (Schwer-)Industrialisierung. Geändert wurde das Gefälle jedoch nicht, es besteht auf höherem Niveau fort.

Vor allem die Staaten im Osten und in der Mitte Europas waren noch bis weit in die Mitte des Jahrhunderts hin aristokratisch organisiert und regiert, und versuchten, durch offene oder versteckte Intervention in die Angelegenheiten anderer Staaten dort das aristokratische Prinzip durchzusetzen. Das war eine Funktion des vom österreichischen Kanzler Metternich geschaffenen Staatenbündnisses der Heiligen Allianz in der ersten Hälfte des 19. Jahrhunderts, das allgemein in Europa die „legitimistische Herrschaft", d.h. die volksunabhängige Herrschergewalt des Fürsten, durchsetzen wollte. Der innenpolitische Legitimismus entsprach außenpolitisch das legitimistische System der „Heiligen Allianz".

Aber spätestens seit der 1830-Revolution in Frankreich scherten Frankreich und England – nun unter starkem bürgerlichem Einfluß stehend – aus der Heiligen Allianz aus, sodaß sich in Europa ein liberales westliches Lager und ein konservatives östliches Lager entwickelte. Dies zeigte sich auch in den außenpolitischen Krisen der Zeit: Der liberale Westen unterstützte den Freiheitskampf der Griechen gegen das Osmanische Reich, während allen voran Metternich dieses Reich erhalten sehen wollte – auch, um einen Riegel gegen die russische Expansion ins Mittelmeer zu schieben. Rußland selbst war nur deshalb für die Griechen, um die Osmanen zu schwächen: St. Petersburg wollte den maritimen Zugang zum Mittelmeer.

Der Siegeszug des nationalen Prinzips war jedoch nicht aufzuhalten: Italien und dann Deutschland bildeten sich als einheitliche Nationalstaaten, was zunächst zu außenpolitischen Konflikten führte – mit Frankreich und Österreich-Ungarn. Mit der Etablierung des nationalen Prinzips in West- und Mitteleuropa wurden jedoch längerfristig jedoch erhebliche Konfliktherde in Europa beseitigt, die zuvor aus den unbefriedigten nationalen Wünschen des Bürgertums in diesen Staaten resultiert hatten. Als „Reiche" alter Art blieben der Vielvölkerstaat Österreich-Ungarn und das russische Imperium, das ja u.a. auch Polen

KAPITEL 4. TEILDISZIPLINEN DER POLITIKWISSENSCHAFT

umfaßte. Die national heterogene Basis dieser Gebilde machte sie in der Folgezeit sehr instabil: Jedes Volk in den Reichsgrenzen wollte die nationale Unabhängigkeit. Nicht zufällig begann der Erste Weltkrieg anläßlich der Ermordung Großherzogs Franz Ferdinand durch einen Serben – Zeichen des offenen Konfliktausbruchs zwischen den Völkern Österreich-Ungarns.

Mit der Durchsetzung des nationalen Prinzips ging auch die monarchische Solidarität der Metternich-Zeit immer mehr verloren. Übrig blieb die Konkurrenz nationalstaatlicher Interessen, die nun nicht mehr durch die gemeinsame Ideologie des monarchischen Legitimismus eingebunden wurden. Z.T. identifizierte sich das monarchische Lager sogar mit der nationalen Idee, so im Deutschland Bismarcks durch dessen Zusammengehen mit dem nationalliberalen Bürgertum. Das war einer der Gründe, die zum offenen Zusammenstoß dieser nationalen Interessen im Ersten Weltkrieg führten.

Bismarck etablierte innenpolitisch ein Gleichgewicht zwischen Bürgertum und Aristokratie, die sich die Macht teilten. Und auch sein außenpolitisches System bestand aus einem Gleichgewicht der Mächte, die von ihm derart in wechselseitiger Distanz gehalten wurden, daß sie sich nicht gegen Deutschland verbünden konnten. Das erreichte er dadurch, daß er insgeheim die Konflikte zwischen ihnen schürte, um dann als Vermittler zwischen ihnen auftreten zu können. Aber ein solches Taktieren kann schnell aufgedeckt werden und das Gleichgewicht zusammenbrechen lassen.

Ein weiterer Grund für den Zusammenbruch des internationalen Systems 1914 war die Zurückdrängung der britischen Hegemonie im internationalen System des 19. Jahrhunderts. England hatte diese Vorrangstellung den folgenden Faktoren zu verdanken:

1. England gelang durch seine Vormacht zur See der Aufbau eines Kolonialreiches, zunächst in der Form von privatwirtschaftlichen, aber staatlich privilegierten Stützpunkten in Indien und Afrika, die dann im 19. Jahrhundert zu einem weitgehend territorial zusammenhängenden direkten Besitz verschmolzen wurden.

2. England wurde durch seine technischen Innovationen die führende Wirtschaftsmacht der Zeit.

4.3. AUSSEN- UND INTERNATIONALE POLITIK

3. Schließlich hatte sich in England das Bürgertum vergleichsweise früh durchgesetzt. Damit war eine Kraft an die Macht gekommen, die auch sozial und psychisch genügend aktiv war, um die technischen Innovationen in praktisches wirtschaftliches Handeln umzusetzen.

Wie oben schon dargelegt, sind Hegemonialstellungen aber durch eine ihnen inhärente Dynamik prekär und vom Zerfall bedroht. Schnell entstehen Konkurrenten, die die eigenen Innovationen übernehmen und z.T. besser anwenden als der Hegemon selbst, nämlich ohne die Anfangsfehler, denen der Hegemon unterlag. So verdrängte Deutschland zu Beginn dieses Jahrhunderts die Briten in ihrer dominanten Stellung auf einer Reihe von Weltmärkten, die britischen Weltmarktanteile sinken seitdem stetig. Auch in politischer Hinsicht wurde Großbritanniens Weltmachtstellung durch die wachsende Potenz Deutschlands relativiert.

Die sinkende Macht des Hegemons hatte zur Folge, daß es keine überlegene internationale Instanz mehr gab, die durch ihre bloße Existenz oder durch spezifische Interventionen das europäische Gleichgewicht (und damit den Frieden) sicherte. Der Hegemon kann auch durch seine allgemein akzeptierte Vorherrschaft Regeln für das internationale System statuieren, die Ordnung schaffen und Konflikte regulieren oder gar vermeiden helfen. In dieser Hinsicht hat England seit Mitte des 19. Jahrhunderts vor allem in den zwischenstaatlichen Wirtschaftsbeziehungen ordnend gewirkt. Mit dem französisch-englischen Handelsvertrag von 1860 begann in Europa ein Prozeß, der zu umfassenden Zollsenkungen führte und damit mit zum allgemeinen wirtschaftlichen Wachstum beitrug, da nun große Märkte auch im Ausland offen standen, für die man produzieren konnte.

Ende des Jahrhunderts hatte man demgegenüber bereits wieder hohe Zollmauern aufgetürmt, in Deutschland vorrangig zum Schutz der ostelbischen Großgrundbesitzer, auf die das aristokratisch mitdominierte politische System Rücksicht nehmen mußte. Die wirtschaftliche Konkurrenz zwischen den Nationalstaaten vergrößerte in der Folgezeit auch die außenpolitischen Distanzen zwischen den Staaten, insbesondere zwischen Deutschland und Rußland. (Rußland wandte sich daraufhin seit 1890 Frankreich zu und bildete seit Jahrhundertbeginn zusammen mit England ein Bündnis gegen den Block Deutschland – Österreich/Ungarn – Türkei. Eine derart konfrontative Bündniskonstellation ist stets sehr anfällig für kriegerische Auseinandersetzungen – siehe 1914.)

Nach der deutschen Niederlage im Ersten Weltkrieg galt es auf der Versailler Friedenskonferenz eine neue und stabilere Friedensordnung zu entwerfen, die die Fehler der Vorkriegszeit vermied. Denn die Stabilität internationaler Beziehungen ist nicht nur vom Gleichgewicht der Mächte, sondern gleichermaßen von einer gemeinsam von Völkern und Politikern geglaubten Legitimitätsformel, die überzeugend die binnen- und zwischenstaatlichen Beziehungen zu regeln in der Lage ist. Ein solche Formel ist meist ein soziales Organisationsprinzip, wie z.B. das oben erwähnte monarchische Prinzip, das sowohl in der Innenpolitik die Fürstenthrone rechtfertigen als auch international über die Heilige Allianz durchgesetzt werden sollte. Das Problem der monarchischen Formel war nicht sie als solche, sondern die Tatsache, daß sie von wichtigen gesellschaftlichen Gruppen nicht mehr geglaubt wurde.

Nach 1918 wollte insbesondere der amerikanische Präsident W. Wilson das internationale System nach dem demokratisch-nationalen Prinzip gestalten, ganz im Sinne der Tradition des Idealismus, wie er oben bereits erläutert wurde. Jedes Volk sollte seinen Staat bekommen, und so wurde Österreich-Ungarn in mehrere Nationalstaaten aufgelöst. Polen wurde unabhängig, das Osmanische Reich verfiel in Teilgebiete, die zunächst unter koloniale oder genauer: unter Völkerbunds-Mandats-Verwaltung gestellt wurden, aber längerfristig den Weg in die nationalstaatliche Unabhängigkeit finden sollten. Innen- und außenpolitische Legitimitätsformel entsprachen sich: Demokratien sollten den außenpolitischen Frieden wahren.

Die Durchsetzung des nationalen Prinzips brachte jedoch nicht die Befriedung Europas – und zwar aus folgenden Gründen:

1. Das Recht auf nationale Gleichberechtigung für die meisten Staaten wurde Deutschland verwehrt, insbesondere hinsichtlich strittiger Gebiete in Oberschlesien, die trotz einer mehrheitlich deutschen Bevölkerung Polen zugeordnet wurden. Daher lehnten die Deutschen das

4.3. AUSSEN- UND INTERNATIONALE POLITIK

System nach dem neuen, nationalen Prinzip als „Zwangssystem von Versaille" ab – und zwar von Seiten aller Parteien.

2. Vor allem in Osteuropa gab und gibt es zahlreiche ethnische Mischlagen, die territorial nur schwer zu trennen sind, weil z.B. Deutsche und Polen ungefähr gleichgewichtig in ein und demgleichen Dorf ansässig sind. Hier kann die Zuordnung des Dorfes zu dem einen oder dem anderen Staat die Frage nicht lösen, weil sich dann entweder die Deutschen oder die Polen benachteiligt fühlen. Das Grundproblem war, die ethnischen Gemengelagen mit dem Prinzip der Nationalstaatlichkeit angehen zu wollen, denn Nationalstaatlichkeit verlangt weitgehende (u.a. sprachliche) Einheitlichkeit der Nation, die aber in Osteuropa nicht gegeben war. Hier führte die Etablierung des nationalen Prinzips zu einer Verschärfung innenpolitischer und zwischenstaatlicher Konflikte.

3. Dem amerikanischen Präsident gelang es nicht, den US-Kongreß zur Akzeptierung und Ratifizierung des Versailler Vertrages zu bewegen. Die USA zogen sich infolgedessen politisch und militärisch (nicht wirtschaftlich) aus Europa wieder zurück und übernahmen keine Verantwortung für das dort etablierte internationale System, dem damit – gemäß der oben entwickelten Hegemonialtheorie – die notwendige Führung fehlte.

4. Vor allem in Deutschland, aber auch in anderen europäischen Staaten bestand in einem erheblichen Umfang ein gewisser Widerwille gegen die Prinzipien einer demokratischen Nationalstaatlichkeit, wie sie aus der Atlantischen Revolution (Französische Revolution von 1789 und Amerikanische Revolution von 1776) hervorgegangen waren. Sie schlugen sich insbesondere in faschistischen Bewegungen aller Art nieder, die das „System von Versailles" ablehnten.

5. Schließlich sollen die wirtschaftlichen Schwierigkeiten der Zeit nicht unerwähnt bleiben, die die politischen Systeme destabilisierten und zwischenstaatliche Konflikte verursachten. Die damals nicht seltenen Zollkriege (d.h. wechselseitige Erhöhungen des Zollniveaus zur Abwehr ausländischer Produkte) waren nur Vorstufen zu weiterreichenden außenpolitischen Konflikten.

6. Auch der langjährige (1924-1929) deutsche Außenminister G. Stresemann von der nationalliberalen Deutschen Volkspartei (DVP) scheiterte mit seinem Konzept, ein wirtschaftlich liberales Deutschland

wieder so in einen offenen, liberalen Weltmarkt einzubringen, daß es wieder als Absatzmarkt für die Produkte der anderen Industriestaaten von Bedeutung sein würde. Diese Bedeutung als Absatzmarkt war nur dann zu realisieren, wenn der deutsche und der Weltmarkt für andere Staaten zugänglich gemacht würde. Aber das gelang gerade nicht angesichts eines weltweit sich ausbreitenden Protektionismus. Stresemann hoffte, durch die wirtschaftliche Einbringung Deutschlands als wirtschaftlicher Marktfaktor auch seine politische Gleichberechtigung als politischer Machtfaktor zu erreichen, die ja seit dem Versailler Vertrag nicht mehr gegeben war.

Diese Ursachenstränge führten mit zum Zusammenbruch des Versailler Systems und letztlich auch zum Zweiten Weltkrieg.

Der zweite amerikanische Versuch zur Neuordnung Europas auf den Trümmern des Zweiten Weltkrieges war erfolgreicher. Zwar ging die amerikanische Administration nach 1945 auch wieder vom Prinzip demokratischer Nationalstaatlichkeit aus: jede nationale Bevölkerung sollte sich im Rahmen ihres Staates selbst bestimmen können. Dieses Prinzip war nun aber flankiert von Maßnahmen, die dessen negative Kehrseiten (wie oben aufgezeigt) abwehren sollten und auch konnten:

1. Starker amerikanischer Druck, u.a. über das finanzielle Mittel und den goldenen Zügel der Marshall-Hilfe-Vergabe, drängte die westeuropäischen Staaten dazu, ökonomisch eng zusammenzuarbeiten, Zollschranken abzubauen, gemeinsame internationale Organisationen aufzubauen. Die Öffnung der Wirtschaftsgrenzen förderte den Außenhandel und damit insgesamt das Wirtschaftswachstum. Es kam in Westeuropa zu einer lang anhaltenden Phase wirtschaftlicher Prosperität, die innen- und außenpolitische Konflikte stark reduzierte.

2. Überhaupt brachte das nach 1945 eingeführte Prinzip der internationalen Zusammenarbeit (in der NATO, in der EWG usw.), auf das auch die USA drangen, einen Rahmen zur friedlichen Lösung anstehender Konflikte. Solche internationalen Organisationen wie die EWG nahmen Deutschland auf und banden damit dessen ökonomische und politische, für die anderen evtl. bedrohliche Potenz in einen internationalen Rahmen, der als Kontrolle über und Sicherheit vor Deutschland diente. Die Bundesrepublik kam dieser Umarmungsstrategie dadurch

4.3. AUSSEN- UND INTERNATIONALE POLITIK

entgegen, daß die Regierung Adenauer eine bewußte und zielstrebig durchgehaltene Politik der Westintegration betrieb. Die innere Demokratie sollte – so Adenauer – durch außenpolitische Anlehnung der Bundesrepublik an die Demokratien des Westens abgesichert werden. (Auch hier entsprachen sich wieder innen- und außenpolitische Legitimitätsformel: Demokratie nach innen wie nach außen). Erst als diese Westintegration unbezweifelbar gesichert war, konnte man auch – unter der Regierung Brandt – Beziehungen zum Osten aufbauen.

3. Zentral für das Gelingen dieser Prozesse war es, daß die USA als Hegemonial- und Führungsmacht in Westeuropa präsent blieben und die Prinzipien internationaler Zusammenarbeit durchsetzten, bzw. die Regeln dieser Zusammenarbeit zumindest anfangs verbindlich definierten.

4. Schließlich etablierten die westlichen Alliierten in Westdeutschland nach 1945 für fast zehn Jahre quasi eine Erziehungsdiktatur, um die Deutschen zu den Prinzipien der atlantischen Revolution umzuerziehen. Die deutsche politische Kultur wurde gleichermaßen verwestlicht und damit der Westintegration und Redemokratisierung der Bundesrepublik der Boden bereitet.

Dabei kam den Amerikanern das Glück zur Hilfe: Der Kontinent wurde in zwei Hälften gespalten: in ein kommunistisches Lager und ein liberal-demokratisches. So sehr das sicherlich normativ zu bedauern war, so hatte die Spaltung doch die positive Konsequenz, daß die Probleme der ethnischen Gemengelagen Ost- und Mitteleuropas Westeuropa nicht mehr belasten konnte.

Überhaupt wirkte die kommunistische Expansionsgefahr gegen die freiheitlichen Demokratien förderlich auf die Bildung zwischenstaatlicher Integrationen zwischen diesen: Gegen den Feind schloß man sich im Westen eng zusammen.

Diese Grundsätze konnten in Westeuropa in den ersten 20 Jahren nach Ende des Zweiten Weltkrieges derart erfolgreich durchgesetzt werden, daß die internationale Grundordnung auch nach dem relativen Verfall der amerikanischen Hegemonie stabil zu bleiben scheint. Zu weit sind die westeuropäischen Integrationsprozesse vorangeschritten, sodaß sie nur noch bei Inkaufnahme hoher Kosten zurückgeschraubt

KAPITEL 4. TEILDISZIPLINEN DER POLITIKWISSENSCHAFT

werden können – Kosten, die in Wohlfahrtsdemokratien keiner bereit ist, auf sich zu nehmen, denn ein Zerfall der Europäischen Gemeinschaft hätte einen Rückgang des Außenhandels zur Folge, und dies einen Rückgang des Wirtschaftswachstums und der Beschäftigung, was Regierungen allerdings angesichts ihrer jederzeitigen Abhängigkeit von ihrer Wiederwahl nicht zulassen können.

Die Transformation Osteuropas und der ehemaligen UdSSR

Ende der 80er Jahre war der alsbaldige Untergang der kommunistischen Staatenwelt absehbar. Die volkswirtschaftliche Entwicklung dieser Staaten verlief rückläufig, bzw. stagnierte, da die Umstellung von schwerindustrieller auf hochtechnologisierte Produktion nicht gelang. Ursache dafür war vor allem das starre und zentralistische Planungssystem, welches notwendige Innovationen eher verhinderte, denn förderte.

Technologische Neuerungen wurden infolgedessen aus dem kapitalistischen Westen importiert, was allerdings die Auslandsverschuldung der kommunistischen Staaten und damit ihre außenpolitische Abhängigkeit – wenn nicht gar Erpressbarkeit erhöhte. (Letzteres galt vor allem für die kleineren ost- und mitteleuropäischen Staaten.)

Die wirtschaftliche Stagnation kontrastierte mit den Versprechungen der regierenden KPs, den Wohlstand zu steigern, was zu Enttäuschungen und zu einem Legitimitätsverlust der herrschenden Regime führte. Dies wurde insbesondere in der DDR durch den medialen Einfluß aus dem Westen verstärkt, welcher z.B. in der Werbung ein Bild ewigen Konsumüberflusses vorgaukelte.

Die sowjetische Führung unter Gorbatschow hatte diese Problemlagen bereits Mitte der 80er Jahre durch Liberalisierung und eine begrenzte Demokratisierung – die jedoch die Machtstellung der kommunistischen Partei nicht prinzipiell in Frage stellen sollte – anzugehen versucht.

Die Gorbatschowschen Reformen scheiterten jedoch an der inneren Widersprüchlichkeit (nur „halbe" Demokratisierung, nur „halbe"

4.3. AUSSEN- UND INTERNATIONALE POLITIK

Privatisierung der Wirtschaft) sowie an dem Aufkommen nationaler und nationalistischer Bewegungen im kommunistischen Ostblock. Dem konnte die UdSSR z.T. dadurch begegnen, daß sie die osteuropäischen Staaten wie Polen und die DDR einfach aufgab, um sich machtpolitisch von „unnötigem Ballast " zu befreien. Das war allerdings gegenüber den nationalen Bestrebungen innerhalb der UdSSR nicht möglich, da sie den Gesamtstaat zu gefährden drohten: Rußland (auch im engeren Sinne, d.h. ohne die islamischen Gebiete im Süden und die westlichen Teilstaaten) ist ein ethnisch heterogener Vielvölkerstaat – ein letztes Produkt imperialer Ausdehnungen der letzten Jahrhunderte. Noch unter Gorbatschow spalteten sich die baltischen Staaten ab, und das Ende der kommunistischen Herrschaft war besiegelt, als sich Ende 1991 Weißrußland, die Ukraine und die islamischen Staaten für unabhängig erklärten. In der Russischen Föderation selbst wurde eine präsidiale Demokratie mit Mehrparteiensystem etabliert, in dem die vormalig dominierende Kommunistische Partei aber weiterhin eine starke Stellung im (allerdings nicht einflußreichen) Parlament hat. Der verfassungsmäßig starke Präsident (seither B. Jelzin) ist jedoch demokratisch-westlich orientiert. Das ändert jedoch nichts an dem Problem, daß die Liberalisierung und Demokratisierung nur zu einer Okkupation der neuen Freiheit durch mafiöse, klientelistische Kräfte (Clans) geführt hat, die die Fäden politisch und wirtschaftlich aus dem Hintergrund ziehen. Demokratie funktioniert nur dann, wenn starke soziale und wirtschaftliche Gruppen sie auch tragen wollen und wenn sich große Gruppen im Widerstreit (z.B. Unternehmer und Arbeiter) herausgebildet haben, die jeweils und abwechselnd die Funktionen von Regierung und Opposition übernehmen können. Davon ist Rußland gegenwärtig noch weit entfernt, und bedenkt man, daß es in Rußland erst seit 1990 Ansätze zu einer westlichen Demokratie gibt und daß Rußland lange Zeit unter einer Fremdherrschaft zu leiden hatte (Mongolen), die die Entwicklung im Gegensatz zu Westeuropa verzögerte, so lassen sich keine günstigen Prognosen für das Land aufstellen.

Dagegen sieht die Situation in Ost- und Mitteleuropa teilweise anders aus. Die nationale Welle wirkte zwar auch hier, wobei die Auswirkungen von der wirtschaftlich schädlichen Trennung der Slowakei von der höher entwickelten Tschechischen Republik bis zu dem verheeren-

KAPITEL 4. TEILDISZIPLINEN DER POLITIKWISSENSCHAFT

den Massen- und Völkermord in den Kriegen zwischen den ehemaligen Teilstaaten Jugoslawiens reichten. Aber in den baltischen Staaten, in Polen, in der Tschechischen Republik, in Ungarn, in Slowenien und vielleicht in Bulgarien und Rumänien konnten sich weitgehend stabile Demokratien bilden, deren Volkswirtschaften infolge marktwirtschaftlicher Reformen mit z.T. erstaunlichen Wachstumsraten florierten. Die ehemalige DDR, Ostdeutschland, ist in diesem Zusammenhang ein Sonderfall: der wirtschaftliche Erfolg stellte sich hier nicht ein, weil der Innovationsgeist und die Risikobereitschaft fehlen und weil die alte DDR-Wirtschaft durch die Wiedervereinigung und durch die Einführung der DM ungeschützt der Weltmarktkonkurrenz ausgesetzt wurde, welcher sie natürlich nicht derart unvorbereitet standhalten konnte. Hinzu kommt, daß anders als in den anderen, früheren kommunistischen Staaten die Top-Elite durch die mittlere Führungsebene der alten DDR (z.B. Ost-CDU-Mitglieder) ersetzt wurde, und diese nun die nun die Geschäfte wenig kompetent leitet, vor allem damit beschäftigt ist, ihre Diktatur- Vergangenheit zu unterdrücken und darin von der zweiten Garnitur aus Westdeutschland – die dort gescheitert oder nicht weitergekommen ist – unterstützt wird. Das geht in Teilen bis zu mafiösen Verkrustungen und gesetzesfreien Räumen, in die die Polizei und Staatsanwaltschaft nicht mehr einzugreifen wagen. Es sieht so aus, als würde alsbald in dieses Kartell die PDS aufgenommen werden, so daß die mentalen, politischen und wirtschaftlichen Differenzen zwischen Ost- und Westdeutschland noch größer werden könnten.

Literatur

Bellers, J. (1984): Integrationstheorien, in: W. Woyke (Hrsg.): Pipers Wörterbuch zur Politik, Band III, Europäische Gemeinschaft, München 1984. S. 354-362.

Bühl, W.L. (1970): Evolution und Revolution, München.

Czempiel, E.-O. (1972): Schwerpunkte und Ziele der Friedensforschung, München und Mainz.

Dougherty, J.E. und R. L. Pfaltzgraff (1980): Contending Theories of International Relations, 2. Auflage, New York

Flora, P. (1974): Modernisierungsforschung, Opladen.

Gantzel, K.J. (Hrsg.) (1975): Herrschaft und Befreiung in der Weltgesellschaft, Frankfurt.

Meyers, R. (1979): Weltpolitik in Grundbegriffen, Bd. 1, Düsseldorf.

Morgenthau, H.J. (1963): Macht und Frieden, Gütersloh.

Rittberger, V. und H. Hummel (1990): Die Disziplin „Internationale Beziehungen" im deutschsprachigen Raum auf der Suche nach ihrer Identität: Entwicklung und Perspektiven, in: V. Rittberger (Hrsg.), Theorien der Internationalen Beziehungen, PVS-Sonderheft 21/1990, Opladen, S. 17-47.

4.4 Politische Philosophie und Geistesgeschichte

4.4.1 Einleitung

Zu den schon klassisch zu nennenden Streitfragen in der Politik- und in den anderen Sozialwissenschaften gehört die nach den wesentlichen Motiven menschlichen Handelns: die einen halten es letztlich durch materielle Interessen (z.B. die Maximierung von Gewinn) motiviert, während andere auf eigenständige geistig-kulturelle Motive verweisen (z.B. das Ziel, bestimmte Ideologien oder Ideensysteme zu verbreiten).

Dieser Streit ist zwar müßig, da Handeln in den allermeisten Fällen aus einer Mixtur beider Motivstränge besteht; unbenommen davon ist aber, daß der geistig-kulturelle Bereich relativ unabhängig von anderen Bereichen ist. Wir betonen: relativ, denn auch Ideensysteme wie das Christentum, die katholische Sozialehre oder der Marxismus sind natürlich auch von den Interessen beeinflußt, die die Vertreter dieser Ideen verfolgen. Aber diese Interessen erklären nicht alles. Denn die

KAPITEL 4. TEILDISZIPLINEN DER POLITIKWISSENSCHAFT

Menschen glauben zumindest in Teilen an das, was sie an politischen Ideen äußern.

Ideensysteme, in die – bewußt oder unbewußt – andere Interessen eingehen als die offiziell verkündeten, nennt man Ideologien. Im ehemaligen Ostblock diente z.b. die Ideologie des Marxismus-Leninismus der Verschleierung der Herrschaft einer kleinen Elite, ganz entgegen der nach außen hin demonstrierten, demokratischen Fassade. Aufgabe der Ideologiekritik ist es, solche hintergründigen Interessen und Verschleierungen aufzudecken. Die einfachste Methode hierbei ist die Frage, in wessen politischem oder ökonomischem Interesse das jeweilige Ideensystem wahrscheinlich liegt: *cui bono?* Die Antwort auf diese Frage ist allerdings oft nicht leicht, so dient z.b. das Christentum sowohl der Legitimierung konservativer Regime als auch zur Unterstützung revolutionärer Befreiungsbewegungen in Lateinamerika. Trotz dieser Schwierigkeiten sollen auch die im folgenden vorzustellenden Ideensysteme ideologiekritisch behandelt werden.

Gegenstandsbereich und Aufgaben der politikwissenschaftlichen Teildisziplin „Politische Theorie- und Geistesgeschichte"

Die „Politische Theorie und Geistesgeschichte" untersucht die (handlungsleitenden) politischen Ideensysteme in Vergangenheit und Gegenwart. Sie untersucht sie systematisch und damit: wissenschaftlich: ob sie Widersprüche aufweisen, welche ihre zentralen Argumentationslinien sind, wie sie zu anderen Bestandteilen (z.B. Erkenntnistheorie) der jeweiligen Philosophie stehen, wie sie an frühere Gedankensysteme anknüpfen, usw. Sie fragt darüberhinaus oft danach, wie Ideen auf das politische Handeln wirken, ob sie nur für eine kleinen Elite maßgeblich sind oder „die Massen ergreifen", um ein Diktum von K. Marx zu modifizieren.

Ideengeschichtliche Untersuchungen werden „Dogmengechichte" genannt, wenn sie sich – als Wissenschaftsgeschichte – explizit auf die historische Entwicklung wissenschaftlicher Gedankensysteme im Fach Politikwissenschaft oder verwandter Fächer beziehen.

Politische Ideengeschichte hat weiterhin die Aufgabe, die gegenwärtige politische und politikwissenschaftliche Diskussion in den histori-

4.4. POLITISCHE PHILOSOPHIE UND GEISTESGESCHICHTE

schen Kontext einzuordnen und damit zu relativieren: Nicht alles, was uns gegenwärtig als der letzte Schrei erscheint, ist so neu und sensationell, wie es sich geriert. Pointiert formuliert: Letztlich gibt es nichts Neues seit der Auseinandersetzung Platons mit den Sophisten. Die folgende geistesgeschichtliche Entwicklung ist nur eine Fußnote hierzu.

Schließlich versucht die Geistesgeschichte, Modelle zur Gestaltung der Gegenwart und Zukunft bereitzustellen und (normative) Kriterien zur Beurteilung von Politik zu liefern. Was haben die Vorväter bereits durchdacht, und was können wir für die Gegenwart hierzu gebrauchen?

Klaus v. Beyme (1969: 12 ff.) unterscheidet fünf Ansätze in der „Ideengeschichte":

1. Der *Ansatz der politischen Philosophie* versucht – wie bereits gesagt –, im Strom der Ideengeschichte überzeitlich gültige Ideen zu identifizieren, die auch für heutige Politik von Bedeutung sind. Hier wird die Ideengeschichte danach befragt, was eine „gute politische Ordnung" ausmacht und wie die Ideen der Klassiker (insbesondere von Aristoteles und Platon) für die Gegenwart fruchtbar gemacht werden können, usw.

2. Der *historische Ansatz* analysiert politische Ideen geschichtswissenschaftlich als „Produkte ihrer Zeit", von der her sie auf die Gegenwart wirken. Die Schriften politischer Denker geben zudem Auskunft über die politischen Systeme früherer Zeiten, sie dienen also als Quelle für die politische Geschichtsschreibung. Von Interesse sind natürlich auch die oft bewegten Lebensläufe politischer Philosophen, die z.T. auch die Wandlungen in ihren Gedankengebäuden erklären können.

3. Der *psychologische Ansatz* versucht politische Ideen z.T. durch psychische und körperliche Eigenarten der Verfasser zu erklären (z.B. die Blattern bei Rousseau), was allerdings meist eher komisch wirkt und wissenschaftlich kaum nachvollziehbar ist.

4. Der *soziologische* und *sozialgeschichtliche Ansatz* bringt politische Ideen mit der sozialen Herkunft der Verfasser und den Zeitumständen in Verbindung, was durchaus erklärungskräftig sein

kann, wenn man nicht alles auf diesen Aspekt reduziert. Hier sind die Übergänge zur Ideologiekritik und zur Wissenssoziologie fließend, Wissenssoziologie als eine Disziplin, die die (ökonomischen, sozialen, politischen) Bedingungen des Entstehens und der Verbreitung von Wissen untersucht.

5. Der *philologische Ansatz* beschäftigt sich mit den sprachlichen Eigenheiten politischer Texte der Ideengeschichte. Insbesondere die sich wandelnde Bedeutung von Begriffen wird durch die Zeit verfolgt. Auf unterschiedliche Sprachebenen in ein und demselben Werk (z.b. Wechsel von der Hoch- zur Umgangssprache) und ihre Bedeutung für die Aussage wird hingewiesen. Oft muß durch Philologen überhaupt erst der Text von nicht vom Verfasser oder aus anderen Zeitabschnitten stammenden Elementen gesäubert werden. Das sind dann die sog. „Kritischen Gesamtausgaben".

4.4.2 Grundtrends geistesgeschichtlicher Entwicklungen

(siehe Störig 1981)

Die Antike

Die geistesgeschichtliche Entwicklung des europäisch-atlantischen Raumes ist stark geprägt von der antiken griechischen und römischen politischen Philosophie, wie sie vor rd. 2300 Jahren in Athen und – später – Rom gelehrt wurde. Zwar gibt es auch anders geprägte (politische) Philosophien, z.B. die Indiens und Chinas; sie waren jedoch für die abendländisch-christliche Tradition nur am Rande von Bedeutung und sollen daher hier auch nicht erwähnt werden.

Die Geistesgeschichte unseres Kulturkreises kann seit der Antike als ein Prozeß begriffen werden, in dessen Verlauf das menschliche Einzelsubjekt zunehmend in den Mittelpunkt geriet und die vorherige Dominanz der den Menschen umgebenden Umweltbedingungen zurückgedrängt wurde. Die Griechen sahen den Menschen noch als Teil eines allumfassenden Kosmos, der Natur; für die Neuzeit steht im Mittelpunkt der sich seiner selbst bewußte und sich selbst bestimmende Mensch, der die ihn umgebende Umwelt, die Natur nach seinem

4.4. POLITISCHE PHILOSOPHIE UND GEISTESGESCHICHTE

Bilde zu gestalten versucht. Erst mit den drohenden ökologischen Umweltgefährdungen der Gegenwart wächst wieder die Sensibilität für die Natureingebundenheit des Menschen und der Menschheit.

Dieser Prozeß wachsender Subjektivierung soll im folgenden in groben Umrissen nachgezeichnet werden.

Ihren ersten Höhepunkt fand die politische Philosophie in den Werken von Platon (427-347 v. Chr.) und Aristoteles (384-322 v. Chr.).

Platons politische Philosophie kann nicht verstanden werden, ohne daß auf seine erkenntnistheoretischen Grundlagen eingegangen wird. Erkenntnistheorie befaßt sich mit der Frage, wie man sicheres Wissen über die Dinge der Welt gewinnen kann.

Platon meint, daß das Wahre eines Dinges nicht das unmittelbar durch die Sinnesorgane Wahrnehmbare ist. Auf dieser Ebene ist z.B. ein Mensch mal groß und mal klein, schwarz oder weiß, etwas ist so und später wieder anders: Es ist kontingent, beliebig, mal so, mal so. Es gibt eine Vielfalt verwirrender Erscheinungen. Die Frage ist aber, wie wir trotz der Vielfalt von Unterschieden und Differenzierungen z.B. zwischen den verschiedenen Arten von Bäumen doch ein Ding als einen Baum erkennen. Dies liegt daran, daß allen Bäumen trotz ihrer Vielfalt eines gemeinsam ist, nämlich Baum in seiner Grundstruktur zu sein. Dieses Gemeinsame nennt Platon die Idee. Das Wirkliche eines Dinges oder Lebewesens kommt für ihn erst in der unwandelbaren Idee zum Ausdruck, nicht in der Vielfalt kontingenter Erscheinungen. Um noch ein Beispiel zu nennen:

Ein Tisch ist beispielsweise ein Tisch, weil er eine spezifische Struktur aufweist, die auch alle anderen Tische haben. Diese Struktur oder das Wesen des Tisches, das jedem einzelnen Tisch konkret innewohnt, ist das Gegebensein einer horizontalen Fläche (Tischplatte), die oberhalb der jeweiligen Bezugsfläche, meist dem Fußboden, gelagert sein muß, um ihrer Funktion für den Menschen gerecht werden zu können, nämlich der Funktion, eine Ablage- und Nutzungsfläche für Sitzende zu sein. Eine solche Wesensanalyse, wie sie hier anhand eines Tisches exemplifiziert wurde, kann für alle Gegenstands- und Lebensbereiche durchgeführt werden.

Die Idee eines Dinges oder Lebewesens gibt zugleich das Ziel an, dem es nachzukommen gilt, wenn dieses Ziel erfüllt werden soll. Das

KAPITEL 4. TEILDISZIPLINEN DER POLITIKWISSENSCHAFT

Wesen und zugleich das Ziel des Tisches ist die Nutzung als Ablagefläche, das Ziel des Schusters ist, Schuhe zu reparieren oder herzustellen, usw. Diesen Zielen nachzukommen, ist Aufgabe des Menschen. Die Griechen nannten dieses Ziel der Idee das „Gute", auf das die Dinge und Lebewesen zustreben. Das allen Ideen Gemeinsame ist die Idee des Guten als solche. Die Idee des Guten ist das allen Dingen und Lebewesen gerecht werdende, das ihrem jeweiligen Ziel entspricht; es ist die Gerechtigkeit. Das Erkennen dieses allgemeinen Guten (was allerdings nicht jedem, sondern nur den Philosophen gelingt) ist das höchste Ziel des Menschen. Es gilt, das jedem Zukommende zu entdecken: Jedem das Seine.

Der ideale platonische Staat – eine Utopie – ist nun so aufgebaut, daß es bestimmter Gruppen und Schichten bedarf, die einen solchen Staat funktionsfähig erhalten. Es gibt den Dienst- und Nährstand, den untersten Stand, dessen ideenmäßig vorgegebenes Ziel die Sicherstellung der Ernährung einer Gesellschaft sowie die Verrichtung niederer körperlicher Arbeit ist. Der Stand der Wächter (der Soldaten) hat die Verteidigung des Gemeinwesens zur Aufgabe und zum vorgegebenen Ziel. Der höchste und herrschende Stand ist der der Philosophen, die die Idee des Guten zu erkennen vermögen und damit zur Schaffung einer den Ideen gemäßen Ordnung des Gemeinwesens in der Lage sind. Das ist das viel zitierte Philosophenkönigtum, dessen Realisierungschancen Platon wohl selbst recht skeptisch gegenüberstand, nachdem er bei dem Versuch, es auf Sizilien zu verwirklichen, im Gefängnis gelandet war.

Aristoteles, der bedeutendste Schüler Platons, modifiziert dessen Ideenlehre. Statt einer von Dingen und Lebewesen unabhängigen Idee sieht er diese Idee, das Allgemeine in den einzelnen Dingen selbst verkörpert. Jedes Ding und jedes Lebewesen habe ein ihm spezifisches Gut, ein ihm inhärentes, ihm innewohnendes Ziel, und dieses Ziel (die Griechen nannten es telos und die Lehre davon Teleologie) habe es mit allen anderen Dingen und Lebewesen des gleichen Typs gemeinsam.

Aristoteles wendet diese Teleologie auch zur Analyse der Politik seiner Zeit an, die in Form von städtischen Gemeinschaften (der *polis*) organisiert war. Das diesen polis-Gemeinschaften vorgegebene Gut, ihr Ziel (*telos*), war es, das Gemeinwohl für die Bewohner der jeweiligen

4.4. POLITISCHE PHILOSOPHIE UND GEISTESGESCHICHTE

polis zu realisieren. Gemeinwohl heißt, daß jedem das Seine, das ihm gemäß des inhärenten telos Gebührende gerechterweise zukomme und gewährt werde. Tugend ist ein demgemäß zielgerechtes Leben, und diese Tugendhaftigkeit bedeutet für den Menschen die Glückseligkeit, die nach Aristoteles Ziel des menschlichen Daseins ist. Nur wenn der Mensch gemäß des ihn vorgegebenen Zieles lebt, handelt er tugendhaft und ist er zugleich glücklich, da mit seinem Ziel konform.

Aristoteles sieht die Bedingungen für Tugendhaftigkeit und Glückseligkeit nicht in einer nur ständisch gegliederten Ordnung (wie bei Platon), sondern in einer gemischten Verfassung, die sowohl aristokratische als auch oligarchische („Herrschaft von Wenigen") und demokratische Elemente aufweist. Eine solche Verfassung bietet die Sicherheit, Ordnung und Stabilität, in der ein tugendhaftes Leben möglich ist. Auch die heutige Bundesrepublik ist so strukturiert: das demokratische Element stellen (bundesweit) alle vier Jahre stattfindende Wahlen dar; aus ihnen geht das Parlament hervor, eine oligarchische Einrichtung, denn es herrschen nur wenige. Das Bundesverfassungsgericht ist nahezu gänzlich von Wahlen und Wiederwahlen unabhängig und damit in gewissem Sinne aristokratisch: Hier sollen die Besten herrschen.

Ein gemischte Verfassung ist quasi das Analogon, das Pendant zum ethischen Verhalten, das nach Aristoteles in der Mitte zwischen Extremen liege: Die Sparsamkeit ist demnach die Mitte zwischen Geiz und Verschwendungssucht.

Eine gemischte Verfassung, die die verschiedensten Gesichtspunkte und Interessen berücksichtigt, ist letztlich Gewähr für eine stabile Ordnung, in der jeder seiner Aufgabe nachgehen kann. Zu dieser Stabilität gehört – nebenbei gesagt – für Aristoteles auch eine breite Mittelschicht, die die meisten Bürger wirtschaftlich befriedigt und die die ökonomische Basis des Staates bildet.

Ein derart durch Tugend und Mittelstand stabilisiertes Gemeinwesen kann auch dem „Kreislauf der Verfassungen" entgehen, vor dem sich bereits Platon gefürchtet hatte und der zu den klassischen Topoi (Argumentationsfiguren) der Antike gehört. Dieser Kreislauf beruht auf der sozialen und politischen Gesetzmäßigkeit – so auch die Philosophie des Polybios (griech. Historiker aus dem 2. Jh. v. Chr. –, daß eine Monarchie (die alleinige Herrschaft eines „guten" Fürsten)

KAPITEL 4. TEILDISZIPLINEN DER POLITIKWISSENSCHAFT

unter dessen Nachfolger schon in eine Tyrannis (die Herrschaft eines „bösen" Fürsten) oder in die Herrschaft von Aristokraten umschlagen kann. Gegen die Tyrannis, bzw. gegen die aristokratische Herrschaft, die auch mißbraucht werden kann, rebelliert das Volk und erringt in der Demokratie die Macht. Da in der Demokratie jedoch alle mitreden wollen und jeder seine Interessen gegen den anderen durchzusetzen versucht, kommt es leicht zur Anarchie, zur „Pöbelherrschaft". Und um das Chaos zu überwinden, erschallt schnell der Ruf nach einem neuen Herrscher, der nun guter Monarch oder böser Tyrann sein kann: Der Kreislauf schließt sich und beginnt potentiell erneut.

Die römische politische Philosophie, z.B. die eines Cicero (106-43 v. Chr.), steht auf den Schultern der griechischen, war allerdings meist weitaus mehr auf aktuelle politische Ereignisse bezogen als die griechische. Neu an Cicero war vor allem sein Rückgriff auf die Gedankenwelt der stoischen Philosophie, die den Blick über die enge und autark gedachte polis-Gemeinschaft z.B. eines Aristoteles hinaus auf die Gemeinschaft aller vernunftbegabten Wesen erweiterte. Für das Römische Imperium, das eine Vielzahl von Völkern und Stämmen umfaßte, war das natürlich die angemessene Perspektive, zumal sich das Imperium als – nach den damaligen Begriffen – weltumfassend verstand. Wesentliches Kriterium war also nicht mehr die Zugehörigkeit zu dieser oder jener Gemeinschaft (polis), sondern die Vernunftbegabtheit aller Menschen und vor allem derer, die zum Herrschen fähig und damit auch dazu befugt sind. Insbesondere für die stoische Philosophie, die u.a. durch das Werk des Kaisers Marcus Aurelius (Kaiser von 161 bis 180) repräsentiert wird, sollte sich der Mensch dieser Vernunft, die die Welt durchwirkt, und damit dem kosmisch-göttlichen Allgesetz unterstellen, von dem die Vernunft ein Ausdruck ist. Durch diese Ausrichtung wird der Mensch innerlich frei, d.h. er gelangt zu seinem eigenen Selbst, das in der Übereinstimmung mit dem göttlichen Allgesetz steht. Diese innere Fundierung befähigt ihn zur Gelassenheit gegenüber den wechselhaften Dingen der Welt. Diese stoische Tugend der Gelassenheit sei vor allem für den Politiker wichtig, da sie ihn von Leidenschaften und Interessen befreit und vernünftige politische Entscheidungen ermöglicht.

4.4. POLITISCHE PHILOSOPHIE UND GEISTESGESCHICHTE

Die politische Philosophie macht zuweilen Fortschritte im Prozeß der Bewußtwerdung der Menschheit: Aristoteles hatte, wie gesagt, im wesentlichen nur einen Begriff der polis. Die, die außerhalb dieser (griechischen) Stadtgemeinschaften waren, waren schon die „Barbaren", die die spezifische Art des Lebens in einer Stadtgemeinschaft zu bedrohen in der Lage waren und daher potentiell ausgegrenzt wurden. Die Stoa hatte bereits eine Vorstellung von der Menschheit als der Gesamtheit aller vernunftbegabten Wesen, gleichgültig, wo sie ansässig waren.

Mit dem Christentum wurde dieser Universalisierungsprozeß vorangetrieben: Nun war jeder Mensch ein Geschöpf Gottes, mit allen ihm durch diese Schöpfung zustehenden Rechten und Pflichten. Diese Universalisierung und Globalisierung war mit einem Individualisierungsprozeß verbunden: Es ist der einzelne Mensch, das Individuum, das in seiner Einmaligkeit und Unverwechselbarkeit von Gott geschaffen wurde. Hiermit war ein Keim gelegt, der langfristig in der weiteren Entwicklung mit zu dem oben bereits erwähnten Prozeß der Subjektivierung und Individuation beitragen sollte.

Das Christentum wurde weiterhin gewollt oder ungewollt zur Antriebskraft eines weiteren Emanzipationsprozesses, nämlich der „Entheiligung" der Natur, Emanzipation in dem Sinne, daß sich der Mensch frei macht oder glaubt von der ihn umgebenden Natur. In der vorchristlichen Zeit wurden alle natürlichen und z.T. auch sozialen Phänomene als Ausdruck des Wirkens göttlicher Kräfte betrachtet, bis zu den Feen, die Bäume bewohnten, oder dem Blitz, der vom Gott Jupiter gegen die Menschheit geschleudert wurde. Das Christentum brach mit dieser Tradition, indem es das Religiöse auf die Beziehung des Menschen zu Jesus Christus und dadurch zu Gott beschränkte – einem fernen Gott, der sich nicht oder nur in der Form seltener Wunder im Irdischen manifestiert, äußert.

Damit wurden Natur und „Menschenwelt" von religiösen Tabus befreit, sie wurden zu einem Bereich, der dem Wirken des Menschen unterworfen ist: „Machet Euch die Erde untertan!" Das erweiterte den Freiheitsspielraum des Menschen: Er war nun nicht mehr der Natur und ihren Unberechenbarkeiten unterworfen; er konnte sich vielmehr nun daran machen, die Natur nach seinem Bilde zu formen.

KAPITEL 4. TEILDISZIPLINEN DER POLITIKWISSENSCHAFT

Das Mittelalter

Vorerst wurde jedoch der christliche Freiheitsimpuls fein säuberlich in der scholastischen Philosophie des Mittelalters verpackt, die vor allem auf dem Werk des Aristoteles und dessen Kosmosvorstellung beruhte. Philosophie wurde zur Ideologie, die bestehende soziale Verhältnisse, vor allem die mittelalterliche Vorherrschaft der Kirche, rechtfertigte.

Thomas v. Aquin (um 1225-1274) begründet sein politisches Urteil wie Aristoteles mit der zielgerichteten Natur und dem Wesen von Sein und Politik, die jeder Vernunftbegabte erkennen könne. Der Staat im allgemeinen und der mittelalterliche Staat der Zeit Thomas von Aquins im besonderen sind in diesem Sinne nicht Folge der Sündhaftigkeit des Menschen (so z.b. Augustinus oder später bei Luther), sondern sie gehören – so schon Aristoteles – zur Natur des Menschen als eines *zoon politikon* („geselliges Wesen"), als ein auf Gemeinschaft angewiesenes Lebewesen. Herrschaft ist notwendig mit der Natur des Menschen verbunden. Der Mensch kann nur in Gesellschaft leben („wir sind alle Kinder von Müttern"), und diese Gesellschaft muß zu ihrer Funktionsfähigkeit staatlich geordnet werden.

Die gesamte Schöpfung ist zudem hierarchisch aufgebaut: vom niederen Lebewese über den leibeigenen Bauern bis zum Kaiser und Papst. In diesem Rahmen rechtfertigt er mit einer ähnlichen natur-teleologischen Argumentation die ständische Organisation der Gesellschaft: jeder Stand habe einen ihm von seiner Aufgabe und sozialen Stellung her vorgegebenen Zweck, den es zu erfüllen gelte (Handwerker, Bauer, usw.). Diese spezifische Zwecksetzung legitimiert wiederum die Unterscheidung der Stände in eine Hierarchie, in der die Stände, die sich nicht nur mit der bloßen Bearbeitung von Materiellem (z.B. wie der Handwerker) beschäftigen, die jeweils höhere Stellung einnehmen. Der Priester oder der Kirchenfürst, der als Verwalter des religiösen Heils quasi für das Geistige = Göttliche zuständig ist, nimmt aufgrund seiner näheren Beziehung zu Gott nicht nur eine religiös höhere, sondern analog hierzu auch eine sozial höhere Stellung ein. Diese Rangordnung reichte bis zum Kaiser und zum Papst, die als Sachwalter Gottes auf Erden galten. Überhaupt ist für Thomas v. Aquin das ganze Sein eine sinnhafte, von Gott getragene Schöpfungsordnung, in der jedes Teil seine vorgegebene Stellung und Funktion und vor allem ein ihm vor-

4.4. POLITISCHE PHILOSOPHIE UND GEISTESGESCHICHTE

gegebenes Ziel hat. (vgl. Fenske 1981: 179 ff.)

Mit dem Streit zwischen „Nominalisten" und „Realisten" im „Herbst" des Mittelalters brach die einheitliche katholische Welt zusammen, wenn sie ohnehin nicht immer schon eine philosophische Fiktion gewesen war. Dieser Streit kreiste im wesentlichen um die Frage, ob die in der platonischen Tradition entwickelten Ideen oder Begriffe oder die ihnen zugrunde liegenden Wesenheiten (wie z.B. die Idee des Guten oder die dem Menschen innewohnende Idee) eine reale Existenz haben oder nur sprachliche Begriffe und Bedeutungen sind, die die Menschen den Dingen zuschreiben. Wenn den Dingen eine von den Menschen unabhängige Wesenheit eigen ist, dann heißt das zugleich auch – und das ist wichtig für unsere hier verfolgte Perspektive der weltgeschichtlichen Genese von menschlicher Freiheit –, daß sich der Mensch real und normativ sich diesen Wesenheiten fügen muß: Die Welt ist ihrem Wesen nach hierarchisch aufgebaut, und der Einzelne hat sich diesem natürlichen, von Gott vorgegebenen Aufbau unterzuordnen.

Wenn diese Wesenheiten aber nicht real sind, sondern nur „Namen" (daher der Begriff „Nominalisten"), nur Bedeutungen sind, mit denen wir Menschen die Dinge bezeichnen, dann haben diese Dinge ihre Gewalt verloren. Der Mensch wird potentiell zum Herrscher der Welt, indem er (und nicht Gott) sie benennt, ihr ihre Namen verleiht – und das auf mehr oder weniger willkürliche Art und Weise. Sie könnten auch anders heißen. Das würde bedeuten: es gab (und gibt) nicht mehr nur die eine Wahrheit, sondern ihrer mehrere, je nach Sicht und Bezeichnungsweise des Menschen.

Ein zweiter Impuls für die moderne Zeit kam von Luther (1483-1546), der – nach einer Reihe von Vorläufern – die alleinige Wahrheit des Papstes in Frage stellte – und zwar mit Unterstützung einiger deutscher Fürsten erfolgreich und weltgeschichtlich durchsetzungsfähig von Dauer. Das war um so leichter, da sich die Päpste der Zeit mit ihrem kriegerischen und luxuriösen Gehabe eher wie weltliche Fürsten aufführten denn als Sachwalter Gottes.
Auch von dieser Seite kam es zu einer Pluralisierung der Sichtwei-

KAPITEL 4. TEILDISZIPLINEN DER POLITIKWISSENSCHAFT

sen: die Menschen (oder zumindest deren Fürsten) konnten sich nun potentiell zwischen der katholischen und der protestantischen Wahrheit entscheiden, sie gewannen an Freiheit im Sinne einer Wahl zwischen Alternativen. Das war natürlich langfristig nicht ohne Folgen für die allgemeine Bevölkerung.

Hinzu kam, daß Luther in seinen politischen Konzepten zu Augustin zurückkehrte und im Gegensatz zu Aristoteles/v. Aquin sagte, Herrschaft sei nicht - wie aufgezeigt - Folge der hierarchischen Natur der Schöpfung, sondern Folge der Bosheit und Erbsündenverfallenheit des Menschen, der durch Herrschaft von der bösen Tat abgehalten werden müsse, um ein Gemeinwesen nicht im Chaos verfallen zu lassen. Wenn man aber von einem solchen Modell ausgeht, ist die Schlußfolgerung nicht fern, daß bei Annahme der Vernunftgemäßheit und der Güte des Menschen Herrschaft in ihrer Bedeutung stark relativiert und somit prinzipiell in Frage gestellt werden kann. Bei einem unterstellt guten Menschen ist sie nicht mehr erforderlich. Denn die in der Schöpfungsordnung fundierte Herrschaft kannte man nun in der Neuzeit nicht mehr. Und das sollte dann auch die Richtung sein, in der die Aufklärung zwei Jahrhunderte später zu argumentieren begann. Zudem konzipierte Luther den Menschen als Geschöpf Gottes, das zu seinem Schöpfer in direkter Beziehung stehe – ohne Vermittlung durch kirchliche Herschaftsinstanzen, was den Freiheitsraum der Individuen zusätzlich erweiterte.

Die dritte Antriebskraft zur Freiheitsbewegung der Moderne, die sich vor allem in einer Emanzipation vom dominant Religiösen ausdrückte, war der Humanismus der italienischen Renaissance: Im Rückgriff auf antike Traditionen und in partieller Abkehr von christlichen Heilsvorstellungen wird Politik nicht mehr der transzendenten Zielsetzung der christlichen Eschatologie (= Wiederkehr Jesu und Heraufkunft des Reiches Gottes) unterworfen, sondern davon getrennt und mit der weltlichen Aufgabe betraut, vernunft- und naturgemäß das Gemeinwohl in einem bestimmten Gemeinwesen zu realisieren. Das Reich oder die päpstliche Oberherrschaft werden nicht mehr als politisch-theologische Bezugspunkte anerkannt, an deren Stelle trat immer mehr der moderne, zentralistisch aufgebaute, säkulare, areligiöse Staat, der

4.4. POLITISCHE PHILOSOPHIE UND GEISTESGESCHICHTE

das ihm zugeordnete Sozialwesen vernünftig zu organisieren habe. Um dies zu erreichen, bedürfe es einer philosophischen Erziehung und Bildung der Fürsten. (vgl. insgesamt Willms 1971)

Die Neuzeit

Schon früh radikalisierte der florentinische Diplomat und Staatstheoretiker Nicolo Machiavelli (1469-1527) diese Ansätze, diese Emanzipation vom Religiösen: Was er sah, waren die religiösen Bürgerkriege und italienischen Städtekriege seiner Zeit. Hier stritten Wahrheit gegen Wahrheit. „Wahrheit" und der Anspruch auf sie waren damit keine verläßlichen Leitideen von Politik mehr, sie erzeugten nur Konflikte, den ewigen Bürgerkrieg, der Gemeinwesen zerstörte. Was in der Politik galt, war – so zumindest eine Interpretation des Werkes von Machiavelli – die Fähigkeit und Kunst, an der Macht zu bleiben, bzw. an sie zu gelangen. Und das mit allen Mitteln, die durch diesen Zweck geheiligt werden – von der List bis zum Mord. Glück müsse man dabei aber auch haben – so der lebensweise und vom Leben gebeutelte Machiavelli.

Machiavelli trennte die Moral von der Politik – und das war das eigentlich neuzeitliche an ihm. Für ihn waren zentral die Techniken des Machterhalts und Machterwerbs, nicht die noch aristotelische Frage, wie das Gemeinwohl, das allen zuträgliche Gute, realisiert werden könne. Hiermit wurde eine Sphäre eröffnet, in der sich der Machtmensch selbst frei von der Moral ungehemmt entfallten konnte. Die Emanzipation führt zur Willkür und Sittenlosigkeit.

Nicht zufällig berufen sich neuzeitliche Theoretiker des Faschismus und Nationalsozialismus auf ihn. Denn auch Faschisten kam es wesentlich darauf an, daß in einem Staat eine Instanz gegeben sei, die letztlich machtvoll entscheiden könne. Und das war in dieser Sicht der „Führer". Denn die Konkurrenz mehrerer Entscheidungsinstanzen, wie das für moderne Demokratien typisch sei, bringe – so die Faschisten – letztlich nur Entscheidungslosigkeit, Chaos und potentiell Bürgerkrieg mit sich. Deshalb sei eine machtvolle Instanz vonnöten, die dieses potentielle Chaos jenseits von Sitte und Moral zu überwinden oder einzudämmen vermöge.

Auch die politische Theorie von Bodin (1530-1596) legte – angesichts der Bürgerkriege im Frankreich des 16. Jahrhunderts – entscheidenden Wert auf die Souveränität des Herrschers, d.h. auf dessen Fähigkeit, letztgültige Entscheidungen treffen zu können, um die Ordnung in einem Gemeinwesen zu erhalten und Bürgerkrieg zu verhindern.

Ein weiterer wesentlicher Schritt zur Moderne stellte die Philosophie und Erkenntnistheorie von Descartes (1596-1650) dar. Auch er fragte sich im 17. Jahrhundert - angesichts der Wirren seiner Zeit -, wie überhaupt noch sichere Erkenntnis möglich sei – eine Frage, die sich den Menschen der Antike und des Mittelalters erst gar nicht gestellt hatte, da alles in einer von Gott vorgegebenen Ordnung Bestand hatte. Für Descartes war es jedoch nicht mehr selbstverständlich, daß seine Sinne auch das richtig wahrnahmen, was sie wahrzunehmen vorgaben: Man konnte sich ja auch täuschen, oder ein böser Gott könne stets die Beziehungen zur mich umgebenden Realität verwirren.
Was einzig sicher sei – so seine Schlußfolgerung –, sei das Faktum, daß ich an dieser Welt mittels meines Bewußtseins zweifle, und zwar zweifle durch mein Denken. Dieses sich selbst gewisse Denken erlaubte den Schluß: „Ich denke, also bin ich." Das Bewußtsein meiner selbst ist das einzig selbst-gewisse, an dem ich nicht zweifeln kann.
Wenn alles in der Welt ungewiß und nur das eigene, erkennende und zweifende Ich sich seiner selbstgewiß war, bedeutete dies natürlich eine enorme Steigerung der Bedeutung dieses einen, sich selbst gewissen Ichs. Darin drückt sich der neuzeitliche Individualisierungsprozeß aus, der diesem einen Ich einen großen Stellenwert beimaß und beimißt. Das war ein weiterer Schritt im Prozeß der Befreiung des Menschen, wie er hier verfolgt wird – wohlgemerkt: eine Befreiung im Sinne einer Individualisierung und Loslösung von traditionellen, hergebrachten Strukturen und Sitten. Mit dieser Feststellung ist kein Urteil darüber verbunden, ob dieser Befreiungsprozeß auch positiv zu bewerten ist. Es soll zunächst einmal nur festgestellt werden, daß sich dieser Prozeß in der genannten Art einer zunehmenden Individualisierung vollzogen hat.

Von diesem Faktum der Individualisierung mußte nun aber in der Folgezeit jegliche Sozialphilosophie ausgehen, zumal ihr auf der so-

4.4. POLITISCHE PHILOSOPHIE UND GEISTESGESCHICHTE

zioökonomischen Ebene die Herausbildung der bürgerlich-kapitalistischen Gesellschaft entsprach, die ja vor allem durch den Konkurrenzmechanismus gekennzeichnet ist: Der Einzelne bewährt sich im ökonomischen (Konkurrenz-)Kampf gegen den anderen.

Diese Situation des „Kampfes aller gegen alle" ist der Ausgangspunkt der Philosophie von Thomas Hobbes (1588-1679). Er nahm diesen Zustand als Anfangspunkt, als Urzustand aller Betrachtungen über die beste Konstruktion einer sozialen und politischen Gesellschaft an, so wie die Naturwissenschaften seiner Zeit zur exakten Erklärung des Fallgesetzes fiktiv vom luftleeren Raum ausgehen mußten, den es zur Zeit Descartes und Galileis noch nicht realiter gab, der vielmehr als Grenzsituation angenommen werden mußte. Man geht von einem fiktiv angenommenen (nicht historisch gegebenen) Urzustand aus, von dem aus die weitere historische Entwicklung in ihrer Dynamik und Eigengesetzlichkeit erklärt werden kann.

Genau das ist die Absicht von Hobbes. Er will erklären, wie sich aus diesem urtümlichen „Kampf aller gegen alle", dieses allgegenwärtigen Bürgerkrieges so etwas wie geordnetes Gemeinwesen und Gesellschaft ergeben hat, bzw. ergeben kann. Er nimmt hierzu an, daß die Individuen in diesem Urzustand – um nicht allseits unterzugehen – einen Vertrag abgeschlossen haben, indem sie die Macht einem Herrscher übertragen, dessen zentrale Aufgabe darin besteht, diesen allgegenwärtigen Bürgerkrieg machtvoll, durch Allmacht zu unterdrücken. Dies ist nur dadurch möglich, daß ihm die absolute Souveränität im Sinne einer Letzt- und Alleinentscheidungsfähigkeit übertragen wird. Ein solcher Herrscher kann allerdings im Sinne von Hobbes sowohl ein Parlament als auch ein Monarch sein.

John Locke (1632-1704) ging im Gegensatz zu Hobbes davon aus, daß sich die einzelnen Bürger durchaus selbst zu organisieren in der Lage seien und die Gefahr eines all-desaströsen Konkurrenzkampfes nicht gegeben sei. Die bürgerliche Gesellschaft könne sich selbst regieren. Nur für solche Bereiche, bei denen es einer zentralen Instanz bedurfte, war die Einrichtung eines Staates mit begrenzter, verbindlicher Entscheidungsfähigkeit vonnöten. Das sollte durch freiwilligen Vertrag der Bürger erfolgen, in dem ein Teil ihrer Macht auf den Staat

KAPITEL 4. TEILDISZIPLINEN DER POLITIKWISSENSCHAFT

delegiert wurde. Auch hier war also das gedankliche Konstrukt eines Vertrages von Bedeutung.

Mit Locke wird die politisch-kulturelle Grundlage umrissen, auf deren Basis sich die soziale, ökonomische und politische Entwicklung im angelsächsischen Raum vollziehen sollte. Dieser sich hier herausbildende Gesellschaftstyp ist vom einzelnen Bürgern her konzipiert und bestimmt. Gesellschaft ist ein freiheitlicher Zusammenschluß der sich auf einem bestimmten Territorium zusammengehörig fühlenden Menschen. Der Staat oder das Staatliche überhaupt haben hier zunächst einmal gar keine Bedeutung. Und das waren ja auch die Erfahrungen der englischen Siedler, die sich in Amerika, in einem vermeintlich leeren, d.h. staatsfreien Gebiet niederließen. Sie waren zuerst frei, und dann schufen sie auf der Grundlage dieser Freiheit staatliche Organisationsformen.

Eine genau umgekehrte Entwicklung war im kontinental-europäischen Raum zu verzeichnen: Hier war auch zeitlich zuerst der Staat da, so insbesondere in Preußen, das einen vom Rhein bis Ostpreußen reichenden, nicht durchgehenden und kompakten territorialen Streubesitz zusammenzuhalten hatte, ohne daß dieser Besitz eine kulturelle oder soziale Einheit dargestellt hätte. Diese wurde erst durch die Integrationskraft von Staat und Bürokratie geschaffen. Der Staat schuf sich damit die ihm zugehörige Gesellschaft nach „seinem" Bilde. Im angelsächsischen Raum war es umgekehrt.

Kant (1724-1804) versuchte zwar noch die Kluft zwischen allgemeiner Individualisierung und der weiterhin bestehenden Notwendigkeit, ein Zusammenleben dieser Individuen ohne größere Konflikte bewerkstelligen zu müssen, u.a. durch eine absolut verbindliche Moral zu überwinden, fand hiermit letztlich in der Politik der folgenden Zeit jedoch wenig Anklang. Sein Vermittlungsinstrument war der berühmte „kategorische Imperativ", nach dem jeder stets notwendigerweise so zu handeln habe, daß sein Handeln zur Maxime einer allgemeinen Gesetzgebung werden könne. D.h. ich muß so handeln, daß – wenn alle so handeln wie ich – es allen zuträglich wäre. Kant hoffte, daß ein solches Handeln möglich sei, da die Menschen vernunftbegabt und damit zur Selbstbestimmung fähig seien. Er meinte auch in der Geschich-

4.4. POLITISCHE PHILOSOPHIE UND GEISTESGESCHICHTE

te eine Spur zunehmender Rationalisierung des Menschen (im Sinne verstärkter Vernunftbegabtheit) zumindest hypothetisch festmachen zu können. In diesem Sinne gab es für ihn auch eine sittliche Pflicht zur Staatlichkeit, die durch ihre generelle Gesetzgebung die Bedingungen eines verallgemeinerungsfähigen Handelns schaffen müßte.

Besonderen Wert legte Kant in seinen politischen Schriften auf die Gewaltenteilung, die ihm Garantie gegen einen erneuten Absolutismus war. Für die internationalen Beziehungen dachte er an einen Völkerbund, der die zwischenstaatliche Aggressivität einzudämmen habe.

An Kant schloß sich der Liberalismus an, der – fortschrittsoptimistischer als er selbst – daran glaubte, daß die individuell-egoistische, wirtschaftliche Interessenverfolgung jedes einzelnen Bürgers durch den Konkurrenzmechanismus doch letztlich und quasi automatisch zur allgemeinen Wohlfahrt führe – und das ohne staatliche Lenkung, die in der Form des merkantilistischen Absolutismus abgelehnt wurde.

G.W.F. Hegel (1770-1831) war demgegenüber mit seiner Skepsis, daß sich die individualistisch-bürgerliche Konkurrenzgesellschaft selbst stabilisieren könne, weitaus einflußreicher in Deutschland. Von hier gehen Entwicklungslinien zum Marxismus und zum Konservativismus aller Schattierungen. Für Hegel müsse – wie später auch Marx meinte – der kapitalistische Konkurrenzkampf zum allgemeinen Chaos führen: Jeder gegen jeden, und alle gegen den Staat. Zur Abwehr dieser selbstdestruktiven Kräfte in der bürgerlichen Gesellschaft und zu deren Stabilisierung plädierte er für einen starken Staat, am besten monarchisch im Sinne des preußischen Staates seiner Zeit, der den Konkurrenzkampf eindämmen und zum Guten aller führen könne.

Marx (1818-1883) übernahm in einer Hinsicht diese Analyse Hegels, indem er eine krisenhafte Entwicklung der kapitalistisch-individualistischen Gesellschaft annahm. Die Überwindung dieser labilen und destabilen Situation erhoffte er sich von der Revolution des Proletariats, der Arbeiterklasse, die von ihren ausbeuterischen Produktionsbedingungen her zur Solidarität verdammt seien und damit einer neuen Gesellschaft jenseits des Konkurrenzkampfes den Weg öffnen könnte, nämlich der sozialistischen und kommunistischen Gesellschaft.

KAPITEL 4. TEILDISZIPLINEN DER POLITIKWISSENSCHAFT

Hegel und Marx kamen noch zu einem eigenständigen Begriff von Staat und Gesellschaft als überindividuellen Phänomenen, als sozialen Einrichtungen, die mehr waren und sind als das einzelne Individuum. Der Individualisierungsprozeß radikalisierte sich aber weiterhin und darüber hinaus. Der anarchistische Denker Max Stirner sprach schon allem Überindividuellem, z.b. dem Recht, Bedeutung für die Individuen ab: Die Individuen könnten das tun, zu dem sie fähig seien. Herrschaft im Sinne einer Einschränkung der menschlichen Willkür kommt hier gar nicht mehr vor. Zentral ist alleinig das Individuum. Er hoffte allerdings auf eine freiheitlich vom Individuum akzeptierte Bruderliebe, die das Zusammenleben der Individuen ermöglichen würde.

Fichte (1762-1814) kannte nur noch das einsame Ich, das von sich aus erst das Nicht-Ich und die Welt setze. Alle Welt sei über das Bewußtsein des Menschen vermittelt. Das Ich brauche aber auch – um sich selbst erkennen zu können – ein anderes Ich, anderer Menschen, von denen man sich unterscheiden kann und dadurch erst sich selbst in seiner Spezifität erkennen kann. Die Beziehung zwischen den Ichs wird durch das Recht geregelt.

Nach Fichte war die Menschheit allerdings noch nicht zu dieser Selbsterkenntnis, zur Vernunft fähig. Aufgabe des nationalen Staates war es daher, die triebgeleiteten Menschen durch allgegenwärtige Planung und Nationalerziehung zur sittlichen Reife zu führen. Die Deutschen seien auf diesem Weg bereits am weitesten fortgeschritten und könnten daher erzieherisch auf andere Völker einwirken. Von hier aus konstruierte Fichte den „geschlossenen Handelsstaat", einem planwirtschaftlich organisierten Staat, der sich systematisch von seiner Umwelt abschließt, weil nur so eine Erziehung im Sinne Fichtes möglich sei – unabhängig von den wohl störenden Einflüssen anderer Staaten mit anderen Interessen und Ausrichtungen.

Nietzsche (1844-1900) analysierte in der zweiten Hälfte des letzten Jahrhunderts diese Individualisierung und diesen Zerfall sozialer Beziehungen als einen Prozeß, der unter sich traditionelle Verhaltensweisen, Normen und religiöse Bindungen auflöse und zermalme. Der Mensch werde frei im negativen Sinne: bloße Beliebigkeit und Willkür hielten Einzug. Was übrig bleibe, sei ein allgemeiner Nihilismus, in

4.4. POLITISCHE PHILOSOPHIE UND GEISTESGESCHICHTE

dem „alles erlaubt sei". Diesen Nihilismus charakterisiert er als das offenbar werdende Charakteristikum seiner Zeit, die von ihm jedoch auch als eine Zeit der Überwindung des Nihilismus begriffen wurde. Denn aus diesem Individualisierungsprozeß würden auch große Menschen mit weltprägender Kraft hervorgehen, die durch die Übermacht ihrer Persönlichkeit neue Maßstäbe und Normen zu setzen in der Lage seien. Solche großen Menschen (wie der Religionsstifter Zarathustra) vermögen durch ihren Willen dem immer dahinziehenden Lebensstrom die Formen abzugewinnen, die ein neues Sein hervorbrächten, das jenseits des Nihilismus läge und den Menschen neue Orientierung gäbe, die sie überzeugt, ohne Zwang annähmen.

Das Leben ist überhaupt – so die Lebensphilosophie Ende des letzten Jahrhunderts (Bergson z.B.) – die allen Dingen zugrundeliegende Kategorie; oder genauer: das allem zugrundeliegende Seinsphänomen, von dem der Mensch abhängt, das er aber auch gestalten kann. Dieses „Leben" nimmt quasi die Stellung ein, die bei Kant das „Ding an sich" innehatte. Das sind die jenseits unserer Kenntnis liegenden Phänomene, die wir zwar nicht erkennen können, die jedoch als materielles Substrat, als Dinge unserem Erkennen zugrundeliegen und als real angenommen werden müssen. Denn daß die Welt außerhalb unseres Bewußtseins, jenseits unserer Sprache irgendwie real ist, ist unmittelbar einsichtig. Die von Schopenhauer in den philosophischen Diskurs eingebrachte Kategorie des Lebens (er sprach noch vom Willen) ist eine Konkretisierung der Kantischen Annahme, die sich daraus ergibt, daß dieses Leben dem Individuum am „eigenen Leib" erfahrbar – und damit auch unanzweifelbar ist. So wie man nur schwerlich am oben erwähnten „Cogito ergo sum" (Ich denke, also bin ich) von Descartes zweifeln kann. Dieses mir unmittelbar zugängliche Leben, meine eigene Existenz, mein menschliches Dasein, wird dabei verstanden als Teil des umfassenden Lebensprozesses, der das Sein durchwaltet. Und dieses urgründige Sein gilt es zu erfassen, wenn das überhaupt mit den beschränkten Mitteln des Menschen möglich ist. Der bisherigen Philosophie wird von Heidegger „Seinsvergessenheit" vorgeworfen, weil sie alles nur in die Kästchen ihrer Kategorien und Begriffe einzuordnen versuche und damit das Sein und Leben verfehle, was halt jenseits unserer Begriffe und Sprache wirkt.

KAPITEL 4. TEILDISZIPLINEN DER POLITIKWISSENSCHAFT

Daß dieses Sein dem Gott der Theologie sehr ähnelt, sei nur am Rande vermerkt. Auch ist dieser „Seinsphilosophie" ein gewisser Mystizismus eigen, denn das Sein offenbart sich dem hierfür offenen Menschen letztlich nur über einen Akt der Erleuchtung, den man hat – oder den man nicht hat.

Solche lebensphilosophischen Annahmen sind vor dem Hintergrund des im letzten Jahrhundert sehr verbreiteten darwinistischen Gedankenguts zu sehen. Auch Darwin nahm eine nur schwer vorhersehbare Entwicklung des Lebens an, bei der jeweils das Lebewesen oder die Gattung überlebensfähig sei, die sich am besten an ihre Umwelt anzupassen vermag.

Die Annahme eines derart sich unkalkulierbar entwickelnden Lebens als der Grundströmung allen Seins bringt eine gewisse Irrationalisierung des Denkens mit sich. Geschichte gilt nicht mehr als vom Menschen und seinem Bewußtsein rational plan- und lenkbar, sie wird als unergründliches Walten begriffen, dem man sich entweder schicksalshaft zu ergeben oder dem man sich kämpfend-heldisch zu stellen habe. An dieser Stelle hat dann die oben erwähnte Theorie der Persönlichkeit ihren Platz.

Der Nihilismus und die aus ihm erstehende und mit ihm gerechtfertigte große Persönlichkeit (der „Führer"), die alleinig das Sein zu erkennen in der Lage sei, konnten leicht im Nationalsozialismus mißbraucht werden, zumal die Nazis dieses neue Sein mit der „deutschen Rasse" identifizierten. Nach dessen Überwindung im Jahre 1945 mußte daher neu angefangen werden. Ein Rückgriff auf den vormaligen Geschichtsirrationalismus war nicht mehr möglich.

Das schlug sich in Deutschland zu je verschiedenen Zeitabschnitten in drei Formen nieder, die alle in einem Punkte identisch waren, nämlich der Restituierung von Werten, die dem Menschen unabdingbar zukommen, in der Abkehr von der wert-nihilistischen, Werte leugnenden Barbarei des „Dritten Reiches"; oder genauer: in Ablehnung der rassistischen Wertewelt, die die Nazis an die Stelle des Wertezerfalls gesetzt hatten.

1. Zunächst kam es in der unmittelbaren Nachkriegszeit und in

4.4. POLITISCHE PHILOSOPHIE UND GEISTESGESCHICHTE

den 50er Jahren zu einer Wiederbelebung thomistisch-aristotelischen („Thomismus" = Lehre Thomas v. Aquins) Denkens. Dies hatte nicht zuletzt Auswirkungen auf die Formulierung einzelner Artikel des Grundgesetzes. In dieser Tradition ging man von Grundrechten aus, die dem Menschen als Menschen und als Geschöpf Gottes quasi von Natur aus eigen sind (Naturrecht), die dieser vor aller Staatlichkeit unabnehmbar innehat und die ihm auch von keinem Staat genommen werden können, wie z.B. die Menschenwürde.

2. Der Kritische Rationalismus eines K.R. Popper, der in positivistischer Tradition steht (siehe Kap. Geschichte der Politikwissenschaft, Seite 1), geht letztlich von der Nichterkennbarkeit der Wahrheit aus. Der menschliche Verstand – so schon Kant – sei begrenzt, sodaß die Wahrheit nur annäherungsweise erschlossen werden könne. Das gelte sowohl für die Wissenschaft als auch für die Politik. Die Wissenschaft kann nur Aussagen aufstellen, die solange gelten, bis sie durch bessere ersetzt seien. Auch die Politik könne nicht absolute Wahrheiten zur Grundlage nehmen, wie z.B. der Marxismus die Gewißheit des Sieges des Proletariats vorausgesetzt hatte, denn solche Gewißheiten sind aufgrund der Beschränktheit des menschlichen Verstandes nicht möglich. In der Politik sind daher immer mehrere Meinungen möglich, und normativ gilt es, mit mehreren Meinungen tolerant umzugehen. Bei Popper führt die begrenzte Erkennbarkeit der Wahrheit also nicht zum Nihilismus, sondern zum Wert der Toleranz. Da es nicht die eine Wahrheit gibt, muß eben in der Demokratie mit dem Mehrheitsmechanismus darüber entschieden werden, welche Meinung realisiert werden soll; ohne daß damit gesagt wäre, daß die anderen Meinungen nun falsch seien. Der Politik haftet damit nach Popper etwas Experimentelles an: man probiert ein Lösungsverfahren für ein Problem gemäß Mehrheitsbeschluß aus und schaut, ob es zur Problemlösung beiträgt. Wenn nicht, muß man ein anderes Problemlösungsverfahren wählen. Weil man sich nie sicher sein kann, ob man auch die richtige Lösung gefunden hat, ist es daher nach Popper ratsam, nur beschränkte Lösungen, keine Globalprogramme zu nehmen, da hier die negativen Folgen im Falle des Scheiterns nicht so groß sind. Grundlegend für eine solche Politik ist der Wert der Toleranz: auch der andere könnte ja recht haben.

KAPITEL 4. TEILDISZIPLINEN DER POLITIKWISSENSCHAFT

3. In den 70er Jahren kam es zu einer Wiederbelebung marxistischen Denkens in der Bundesrepublik – eine Folge der studentischen Revolte seit 1967. Der Marxismus wurde jedoch nicht in erster Linie in der erstarrten Form des orthodoxen Kommunismus nach Art der DDR rezipiert („Stamokap"-Theorie) (siehe Kap. Geschichte der Politikwissenschaft, Seite 15) Im Vordergrund stand vielmehr die Kritische Theorie der „Frankfurter Schule" (Adorno, Horkheimer, Habermas), die die ökonomischen Analysen der kapitalistischen Gesellschaft um Analysen sozialer und psychischer Prozesse ergänzten, die zumindest in Teilen als unabhängig von der ökonomisch-kapitalistischen Entwicklung betrachtet wurden. So fragte sich Adorno, wie es aufgrund besonderer Erziehungsprozesse zur autoritär strukturierten Persönlichkeit kommen könne, die dann potentiell zu solchen Greueltaten wie im Nationalsozialismus imstande sei. Habermas fragt nach den spezifischen Bedingungen von gesellschaftlichen Beziehungen überhaupt, die nicht nur als Ausfluß des Ökonomischen zu interpretieren seien: was macht eine Gesellschaft überhaupt erst zu dem, was wir dann Gesellschaft bezeichnen? Was ist für die Möglichkeit der Existenz von menschlicher Gesellschaft unabdingbar? Das sind sog. apriorische Fragen, die danach fragen, was unabdingbar ist, damit etwas ist, was es ist. Zu diesen Aprioris gehört nach Habermas eine herrschaftsfreie Kommunikation, ohne deren Annahme sprachlicher Austausch – und daraus besteht fundamental Gesellschaft – nicht vorstellbar ist: Wenn ein Mensch mit anderen Menschen spricht – so Habermas –, dann ist damit zugleich faktisch und werthaft unterstellt, daß der Gesprächspartner als gleichberechtigt angenommen wird. Durch diese apriorische Analyse können nun Werte begründet werden, die es in Politik und Gesellschaft zu beachten gilt. Diesen apriorisch immer schon zugrundeliegenden Wert der kommunikativen Gleichberechtigung gilt es – da er nur partiell in unseren kapitalistischen Gesellschaften realisierbar sei – durch konkrete Politik einzulösen, eine Politik, die z.B. – so Habermas – zum Ziel hat, Lebensbereiche zu demokratisieren und sie so vor der ausbeuterischen, Ungleichheit und ungerechtfertigte Herrschaft erzeugenden Dominanz kapitalistischer Strukturen zu bewahren, bzw. sie von ihnen zu befreien.

4.4. POLITISCHE PHILOSOPHIE UND GEISTESGESCHICHTE

Literatur:

Beyme, K.v. (1969): Politische Ideengeschichte, Tübingen

Fenske, H. u.a. (1981): Von Homer bis zur Gegenwart, Königstein/Ts.

Fetscher, I. und H. Münkler (Hrsg.) (1985): Pipers Handbuch der Politischen Ideen, München

Maier, H., H. Rausch und H. Denzer (Hrsg.) (1987): Klassiker des politischen Denkens, Bd. 1 und 2, 5. Auflage, München

Störig, H.J. (1981): Kleine Weltgeschichte der Philosophie, Bd. 1 und 2, Hamburg

Willms, B. (1971): Die politischen Ideen von Hobbes bis Ho Tschi Minh, Stuttgart

Kapitel 5

Die Politikwissenschaft im System der Wissenschaften

5.1 Einleitende Bemerkungen

Keine Wissenschaft, allen voran nicht die relativ spät entstandene Politikwissenschaft (siehe Kapitel 1), kann – quasi autark – aus sich selbst heraus bestehen; sie muß sich vielmehr auch in den Rahmen der anderen näheren und entfernteren Wissenschaften einzuordnen wissen. Die Politikwissenschaft ist ja geradezu aus einer Schnittmenge anderer Wissenschaften entstanden, nämlich der Schnittmenge von Soziologie, Jura, Verwaltungswissenschaft, Publizistik, Ökonomie und Philosophie, die sich mit dem Politischen beschäftigen. Politik kann dabei als der Aspekt zwischenmenschlicher Beziehungen bezeichnet werden, der durch Herrschaft gekennzeichnet ist, Herrschaft verstanden als für alle Herrschaftsunterworfene verbindliche Festlegung von Normen (Gesetzen) durch eine dazu berechtigte Institution (Parlament, früher Monarch usw.).

Die Vorläufer der heutigen Politikwissenschaft (aber auch anderer Sozialwissenschaften), wie die praktische Philosophie und Ethik der Antike und des Mittelalters, hatten den Bezug zu ihren Nachbardisziplinen noch nicht verloren, wie es heute in einem Wissenschaftsbetrieb zunehmender Spezialisierung und Vereinzelung der Fall ist. Ka-

5.1. EINLEITENDE BEMERKUNGEN

tholische Theologie und christlich inspirierte Philosophie stellten im Mittelalter eine allumfassende Konzeption einer göttlich bestimmten Ordnung (*ordo*) bereit, in die sich die Lehre der Politik im Rahmen „der allgemeinen philosophischen Vorbildung in der Artistenfakultät" einordnen ließ (vgl. Meier 1969 : 235). Alle sozialen und natürlichen Bereiche, von der kleinsten Pflanze bis zum Kaiser und den Engeln, waren integraler Teil eines Kosmos, der von Gott bestimmt und in dem jedem Ding und Lebewesen seine ihm spezifische Rolle und Funktion zu gewiesen wurde, und zwar auf eine hierarchische Art und Weise: Der Bauer stand am unteren Ende einer Hierarchieleiter, auf der weiter oben die Fürsten, der Kaiser sowie der Papst und ganz oben Gott selbst standen.

In der Neuzeit verfiel dieser Glaube an einen einheitlichen Kosmos; schon der Investiturstreit des Mittelalters zwischen Kaiser und Papst hatte die Hierarchie in Frage gestellt. Die Religionskriege des 16. und 17. Jahrhunderts taten ein weiteres. Es gab nicht mehr die eine Wahrheit, sondern derer mehrere: eine katholische, eine lutherische, eine calvinistische, usw.

Analog hierzu intensivierte sich mit der beginnenden Industrialisierung und dem Aufstieg des Bürgertums die gesamtgesellschaftliche Differenzierung in verschiedene Teilsysteme (Wirtschaft, Gesellschaft, Staat, Kultur, Kirche usw.): Die Städte entwickelten sich immer mehr zu Zentren von Handel und Fertigung, das Land verlor relativ hierzu an Bedeutung; im 17. Jahrhundert kamen die ersten Zeitungen heraus, es bildete sich ein eigenes Mediensystem. Kirche und Staat trennten sich im Zeitalter der Aufklärung immer mehr, usw. – Die Gesellschaft wurde in sich vielfältiger, differenzierter, arbeitsteiliger, komplizierter.

Auch die Wissenschaft wurde vor allem im 19. Jahrhundert eine eigenständige Kraft. Durch das nun fehlende Band der Theologie emanzipierten sich die Wissenschaften und begannen sich als weitgehend selbständige Einzelwissenschaften zu etablieren: Ökonomie, Soziologie, nicht theologische Philosophie, die verschiedenen Disziplinen der Naturwissenschaften, usw. Die Spezialisierung ermöglichte eine intensivere Bearbeitung der jeweiligen Gegenstandsbereiche mit je sachbezogenen Methoden und spezifischen theoretischen Ansätzen.

KAPITEL 5. DIE POLITIKWISSENSCHAFT IM SYSTEM DER WISSENSCHAFTEN

Bezogen auf die Politik und das politische Denken begann dieser Emanzipationsprozeß von der Theologie in der Renaissance mit der reinen, von ethischen Erwägungen weitgehend freien Technologie des Machterwerbs und -erhalts nach Machiavelli.

Auf der institutionellen Ebene führte der Differenzierungs- und Spezialisierungsprozeß im 17. und 18. Jahrhundert zur Gründung von Lehrstühlen für die deskriptive Staatslehre (Statistik), für Kameralistik und Verwaltungswissenschaft, den Vorläufern der Politikwissenschaft. Er endete schließlich im zumindest bis 1945 währenden, staatsrechtlichen Positivismus, der Politk, Macht und Herrschaft auflöst in die Ableitung und Exekution vorgegebener (positivierter) Rechtsnormen. (Laband-Schule)

5.2 Grundprinzipien der Wissenschaftsgemeinschaft

Der wissenschaftliche Differenzierungsprozeß kann und soll allerdings nicht rückgängig gemacht werden: die Vorteile der Arbeitsteilung für die Wissenserweiterung sind zu überzeugend; aber die aufgezeigte Perversion im Nationalsozialismus sollte doch skeptisch machen gegenüber einer Politik und Rechtswissenschaft, die sich von Philosophie und Ethik gänzlich getrennt hat. Angesichts immer spezialistischerem Spezialistentum gilt es vielmehr wieder die Notwendigkeit der Einheit aller Wissenschaften, die universitas der Universität zu betonen, wie sie v. Humboldt und die moderne Wissenschaftssoziologie konzipiert haben. Das Spezialistentum macht nur all zu oft blind für die Ergebnisse und Folgen eigener Forschungen, die wohlmöglich erst im Bereich anderer Wissenschaften zu Tage treten. Die Probleme mit der Umwelt sind ein beredtes Beispiel für dieses Phänomen, daß durch Vernetzung aller Lebensbereiche einzelne Sektoren kaum noch isoliert untersucht werden können und dürfen.

Die notwendige Einheit der Wissenschaft ist dabei nicht im Sinne der Einheitswissenschaft des logischen Empirismus mißzuverstehen, die – ganz positivistisch – alle Wissenschaften auf die empirisch-

5.2. GRUNDPRINZIPIEN DER WISSENSCHAFTSGEMEINSCHAFT

experimentelle Methode der Physik ausrichten will (vgl. Cansey 1977). Auch die Untersuchungen der Sozial- und Geisteswissenschaften sollen demnach wie in der Physik quantitativ-messend verfahren.

Eine derartige methodologische Egalisierung und Gleichschaltung kann nicht das Ziel sein. Vielmehr soll jede Wissenschaft ihre (relative) Selbständigkeit beibehalten, denn ihre jeweiligen Gegenstandsbereiche sind zu unterschiedlich, als daß sie über den Kamm einer Methode oder einer Theorie geschert werden könnten.

Jede Wissenschaft muß sich aber wissenschaftsintern für sich die jeder wissenschaftlichen Tätigkeit – sei sie nun positivistisch oder nicht – vorausgehende Frage stellen, wie und inwieweit sie mit ihren Forschungen zur allumfassenden Bildung des Menschen und der Menschheit beiträgt. Denn Wissenschaft ist nicht Kunst um der Kunst willen, sondern hat direkt oder indirekt dem Menschen zu dienen. Dieses normative Humboldtsche Ziel jeder Wissenschaft soll nicht die Forschung selbst beeinflussen, die weiterhin die Wahrheit – und nur die Wahrheit – anstreben soll. Das Ziel soll jedoch meine Fragestellung und die Wahl des von mir erforschten Gegenstandsbereiches steuern sowie sicherstellen, daß ich durch meinen methodischen Ansatz auch die Auswirkungen meines Gegenstandsbereiches in anderen Wissenschaftsdisziplinen und in der Welt in den Griff bekomme.

Man darf also nicht mehr nur borniert auf seinen kleinen abgegrenzten „Forschungsacker" blicken; notwendig ist eine Weitung des Blickfeldes auf die Ergebnisse anderer Wissenschaften hin, nicht, daß man dort selbst forschen müßte, aber man muß zumindest deren Ergebnisse in ihrer Bedeutung für die eigene Forschung berücksichtigen. Jede Disziplin muß also bestrebt sein, von den anderen zu lernen. Die Wissenschaftsgemeinschaft ist in diesem Sinne eine Lerngemeinschaft. Das macht ihre Einheit aus.

Die Wissenschaftssoziologie sieht darüber hinaus die Gemeinschaft aller Wissenschaftler, wie sie sich im kommunikativen Austausch über Zeitschriften, Bücher, Institute, Kongresse u. dergl. bildet, auf zwei weiteren Ebenen als gegeben an: einerseits in der gemeinsamen Konkurrenz um Anerkennung und um Ansehen, die nach einem einheitlichen Maßstab (z.B. Güte und Umfang der Veröffentlichungen; gute Rezensionen) zuerkannt werden.

KAPITEL 5. DIE POLITIKWISSENSCHAFT IM SYSTEM DER WISSENSCHAFTEN

Andererseits ergibt sich die wissenschaftliche Gemeinschaft daraus, daß die meisten Wissenschaftler zumindest der Selbstdeklaration nach gemeinsame Normen und Ziele verfolgen. Zu nennen sind hier

1. der *Universalismus* (d.h. jedes wissenschaftliche Ergebnis muß international und über die Zeiten hinweg für jede Forschergemeinschaft „gelten und kommunizierbar sein" (Bühl 1974 : 104), es muß von jedem Forscher nachvollzieh- und überprüfbar sein);

2. der „*organisierte Skeptizismus*" (R. Merton) und die Bescheidenheit gegenüber den eigenen Forschungen, und zwar in dem Bewußtsein, daß man nur vorläufige Ergebnisse gefunden hat, die in Zukunft durch bessere Ergebnisse revidierbar sind, und daß ohne Kooperation mit den anderen Forschern Fortschritt nicht möglich ist; daraus resultiert

3. die Norm des *Kommunalismus* (d.h. die gemeinsame Verfügbarkeit über die Forschungsergebnisse aller); und schließlich

4. die Norm der *Desinteressiertheit* gegenüber Interessen politischer und ökonomischer Art. D.h. der Wissenschaftler darf sich nicht abhängig machen von parteilichen und verbandlichen Interessen, die den Prozeß der Wahrheitsfindung beeinträchtigen. Daß es solche Abhängigkeiten in der Realität nicht selten gibt, soll hier nicht bestritten werden; nur spricht das nicht gegen die Gültigkeit der Norm.

Insgesamt ist das Wissenschaftssystem dadurch grundlegend gekennzeichnet, daß es der Idee nach, aber auch zu einem großen Teil tatsächlich intern prinzipiell gegenüber allen Meinungen offen ist – bei Verpönung von intellektuellen Monopolansprüchen und Dogmatismen. Das ist natürlich nur deshalb möglich, weil es gegenüber dem sozialen, politischen und ökonomischen System relativ autonom und damit vergleichsweise unabhängig von politischen Strömungen und wirtschaftlichen Interessen ist. In der Bundesrepublik Deutschland ist diese wissenschaftliche Autonomie und interne Offenheit durch den Staat und das Grundgesetz (Artikel 5) garantiert. Die Wissenschaft wird zwar über Steuergelder finanziert, sie kann jedoch über deren Verwendung in

5.2. GRUNDPRINZIPIEN DER WISSENSCHAFTSGEMEINSCHAFT

Selbstverwaltungseinrichtungen (Universitäten, Deutsche Forschungsgemeinschaft) in großem Umfang selbst verfügen. Optimal findet das Prinzip wissenschaftlicher Offenheit seinen sozialen Ausdruck in der interdisziplinären, fachübergreifenden Teamarbeit von Wissenschaftlern.

Voraussetzung dafür ist, daß sich die Wissenschaften nicht durch die Erklärung eines vermeintlichen Alleinvertretungsanspruches für bestimmte Gegenstandsbereiche voneinander abgrenzen, zumal allen Humanwissenschaften bis hin zur Medizin, Biologie und Geographie doch ein „Gegenstandsbereich" weitgehend gemeinsam ist, nämlich der Mensch mit seiner Fähigkeit zur Selbstreflexion und mit seinen sozialen und kulturellen Objektivationen (Institutionen, Kulturwerken, Städtebau usw.).

Was die Wissenschaften unterscheidet, ist die ihnen je eigene Fragestellung, unter der sie den Gegenstandsbereich analytisch-, aspekt- und ausschnitthaft untersuchen. Die Fragestellung der Politikwissenschaft ist z.B. die nach den – gesamtgesellschaftlich verbindlichen – Macht-, Herrschafts- und Autoritätsbeziehungen im zwischenmenschlichen Bereich. Das soll nun puristisch nicht dahingehend mißverstanden werden, daß sich andere Wissenschaften (wie die Soziologie) dieses Aspektes nicht annehmen dürften. Die Wissenschaftsgemeinschaft ist hier im Interesse der Multidisziplinarität viel toleranter und pragmatischer, als es nach den offiziellen Fachbereichs- und Institutsgrenzen erscheinen mag. Auch soll nicht geleugnet werden, daß es im gewissen Maße für jede Wissenschaft einen absteckbaren und nur ihr eigenen Gegenstandsbereichs gibt, z.B. den Bundestag in Bonn für die Politikwissenschaft. Aber gerade dieser Bundestag ist ebenso unter soziologischer oder medizinischer Perspektive zu analysieren, beispielsweise hinsichtlich der Gesellungsformen zwischen den Abgeordneten (man erinnere sich nur an die Gruppe der „Kanalarbeiter" in der SPD-Bundestagsfraktion) oder hinsichtlich des Einflusses politischen Stresses auf die Gesundheit von Mitgliedern des Bundestages.

Hocharbeitsteilige Industriegesellschaften sind nämlich nicht mehr zentral, wie noch Agrargesellschaften mit ihren weitgehend autarken, bäuerlichen Produktionseinheiten, durch territoriale Abgrenzungen bestimmt, sodaß man sagen könnte, dieses Territorium (der Ort des

KAPITEL 5. DIE POLITIKWISSENSCHAFT IM SYSTEM DER WISSENSCHAFTEN

Bundestages in Bonn z.b.) könne nur durch eine Wissenschaft untersucht werden. Vielmehr ist unser Sozialsystem durch eine Vielzahl sich überschneidender, funktionaler Verflechtungen und Interdependenzen sozialer, politischer, ökonomischer, psychischer usw. Art gekennzeichnet, die nur noch analytisch, als Ausschnitt einer komplexen Größe erfaßt werden können, nicht aber als abgrenzbare Einheiten. Die Vielfalt der Aspekte macht es erforderlich, daß eine analoge Vielzahl von Wissenschaften sich mit dem jeweiligen Gegenstandsbereich aspekthaft beschäftigt.

Die Naturwissenschaften haben allerdings einen von den Humanwissenschaften unterscheidbaren und von ihnen abgrenzbaren Gegenstandsbereich, nämlich den der toten, geschichtslosen, außermenschlichen Objekte, Ereignisse und Sachverhalte ohne Fähigkeit zur Selbstreflexion, so daß hier durchaus an die alte Diltheysche Unterscheidung zwischen Geistes- und Naturwissenschaften angeknüpft werden kann. Jedoch mit zwei Einschränkungen:
1. Infolge der zunehmenden Bearbeitung der Natur durch den Menschen wird diese sukzessive humanisiert (Urbarmachung von Land; Änderung der Umwelt durch Straßenbau und sonstige Infrastruktureinrichtungen). Damit wird die gar nicht mehr natürliche „Natur" offen für human- und sozialwissenschaftliche Fragestellungen (z.B. politische Steuerbarkeit von Wetter als Folge der Fortschritte in der Metereologie und die sich daran anschließende Frage, ob solche Steuerungsmöglichkeiten z.B. in Kriegen mißbraucht werden können);
2. Sowohl in den Natur- als auch in den Humanwissenschaften sind Gesetzes- oder Tendenzaussagen möglich. Zwar sind die Arten von Gesetzen in der Natur- und in den Humanwissenschaften unterschiedlich: während die Naturwissenschaften sehr sicher sein können, daß das von ihnen auf der Basis eines Gesetzes Prognostizierte auch eintritt (ein Stein fällt aufgrund der Erdanziehungskraft immer zu Boden), so können die Human- und Sozialwissenschaften hier nicht so sicher sein. Menschen können sich im Gegensatz zu Steinen aufgrund ihrer Freiheit auch anders entscheiden – hier sind daher nur Wahrscheinlichkeitsaussagen möglich.

Es bleibt allerdings eine gewisse Ähnlichkeit des Gesetzesbegriffes in den Natur- und in den Sozialwissenschaften. Dies erlaubt, auch die Naturwissenschaften in den Kreis der Disziplinen einzubeziehen, von denen die Politikwissenschaft lernen, bzw. auf die sie befruchtend wirken kann. D.h. es ist durchaus denkbar und möglich, daß die Politik- und Sozialwissenschaften Modelle aus den Naturwissenschaften übernehmen, wie es beispielsweise beim kybernetischen Kreislaufmodell auch der Fall war. (siehe unten)

Das hier explizierte Wissenschaftsverständnis kann als funktionalpragmatisch bezeichnet werden. Damit ist gemeint, daß alle Wissenschaften aufeinander angewiesen sind und jeweils die oben aufgezeigten Funktionen für andere Wissenschaften erfüllen. Pragmatisch meint, daß nicht jede Wissenschaft das Terrain genau abgrenzt, das nur von ihr bearbeitet werden könne. Großzügige Kooperationen über die Terraingrenzen hinweg sollten vielmehr die Norm sein. Dieses Grundverständnis verbietet Selbststilisierungen bestimmter Wissenschaften als der „Königswissenschaft" und die Degradierung anderer zu Hilfswissenschaften. Alle Wissenschaften sind gleichberechtigt, es gibt hier keine Hierarchie. So ist insbesondere der Anspruch mancher Politikwissenschaftler aus der normativ-praktischen Bergsträsser-Schule abzulehnen, die Politikwissenschaft sei den anderen übergeordnet, da sie deren Ergebnisse mit Bezug auf eine gute politische Ordnung des Gemeinwesens synoptisch (= zusammenschauend) integriere („Integrations-/ Königswissenschaft").

5.3 Politikwissenschaft und Soziologie

Eine der Disziplinen, von der die Politikwissenschaft viel gelernt hat und weiterhin wohl viel lernen wird, ist die Soziologie, mit der sie zusätzlich zur Wirtschaftswissenschaft und ggf. zur Publizistik oft auch unter dem Begriff: „Sozialwissenschaften" zusammengefaßt wird. Die Soziologie beschäftigt sich vorwiegend mit dem regelmässig wiederkehrenden, aufeinander bezogenen, wechselseitigen sozialen Handeln, den sozialen Beziehungen zwischen Menschen, „einerlei, ob äußeres oder innerliches Tun, Unterlassen oder Dulden" (Weber 1960: 5). Die ge-

KAPITEL 5. DIE POLITIKWISSENSCHAFT IM SYSTEM DER WISSENSCHAFTEN

schieht vor allem unter folgenden Fragestellungen:

In welcher Art und Weise orientiert sich – mikrosoziologisch – das Handeln und Verhalten an Bezugsgruppen, Familie, Betrieb, Schule, Vorbildern, Normen usw., kurz: sozialen Gebilden aller Art. Dieser Ansatzpunkt kann als „mikrosoziologisch" bezeichnet werden, d.h. im Mittelpunkt der Analyse stehen kleinere und größere Gruppen, nicht z.B. – makrosoziologisch – gesamte Gesellschaften wie die der Bundesrepublik Deutschland. Er bietet Ansatzpunkte zur Ableitung von Kategorien wie: Kooperation bzw. Konflikt zwischen sozialen Einheiten wegen gleicher bzw. unterschiedlicher Bezugsgruppen; oder die Kategorie der Rolle: Rollen sind gesellschaftliche Zuschreibungen und individuelle Selbstdefinitionen zu dem, was die Gesellschaft von einem und ich von mir selbst an sozialen Verhaltens- und Handlungsweisen verlange. So war die Rolle der Mutter lange Zeit durch bestimmte Handlungsanforderungen gekennzeichnet: vorrangige Sorge um die Kinder; daher keine außerhäusliche Berufstätigkeit; Pflicht zur Erziehung der Kinder (nicht bloßer Betreuung); usw.

Durkheim definiert soziales Verhalten als „besondere Arten des Handelns, Denkens, Fühlens, deren wesentliche Eigentümlichkeit darin besteht, daß sie außerhalb des individuellen Bewußtseins existieren" (Durkheim 1970 : 106), wie die Sitte, an der sich mein Handeln orientiert. Die Sitte gibt es, auch wenn ich ihr nicht zustimme. Natürlich können sich Fremddefinition und Eigendefinition von Handlungsanforderungen widersprechen. Resultat ist dann meist die „Rabenmutter" , die bewußt den Anforderungen der Gesellschaft widerspricht, um beim Beispiel der Mutter zu bleiben.

Die zweite grundlegende Fragestellung der Soziologie ist die, wie sich – makrosoziologisch – Gesamtgesellschaften mehr oder wenig gesetzmäßig in Geschichte und Zukunft entwickeln mögen. Damit sind Anknüpfungen an die Geschichtsphilosophie gegeben, die ja auch den Gang der Geschichte u.a. unter Maßgabe der Frage nachzeichnet, ob diese Geschichte ein Ziel hat.

Die Nähe von soziologischer und politikwissenschaftlicher Fragestellung wird deutlich: Die Soziologie untersucht in einem Teilgebiet ihrer Forschungen, der sog. Politischen Soziologie, die Orientierung von

5.3. POLITIKWISSENSCHAFT UND SOZIOLOGIE

Individuen und sozialen Gebilden gegenüber politischen Institutionen, Normen, Sitten usw.: Werden Gesetze akzeptiert? Vertraut man in die Stabilität politischer Institutionen? (Das Nicht-Vertrauen-Können ist ein Grundproblem vieler Entwicklungsgesellschaften der Dritten und Vierten Welt.)

Die Politikwissenschaft hingegen untersucht die Entwicklung, Vorbereitung, Entscheidung, Durchsetzung (oder Nicht-Durchsetzung) solcher gesamtgesellschaftlichen Normen (z.B. Gesetze) durch politische Institutionen. Politikwissenschaft und Soziologie untersuchen also den gleichen Gegenstandsbereich, nämlich den der Herrschaft, aus unterschiedlicher Perspektive: einerseits eher aus der Perspektive der Herrschenden und andererseits eher aus der Perspektive der Herrschaftsunterworfenen.

Insbesondere die „political-culture"-Forschung (vgl. Almond/Verba 1963) analysiert (im Rahmen beider Wissenschaften) die Meinungen, Einstellungen und Werte von Bevölkerungen und Bevölkerungsteilen zur Politik, wie sie in einer Gesellschaft mit dem Mittel der systematischen Befragung festzustellen sind.

Allgemein betrachtet, ist das Soziale und das Soziologische der umfassendere Begriff, von dem das Politische und Politikwissenschaftliche ein Teil, oder genauer: ein Aspekt ist. Herrschaft als das Politische par excellence ist Teil des Sozialen, denn Herrschaft ist unbestritten ein zwischenmenschliches Phänomen. Die potentielle Allgegenwart des Politischen bzw. das mögliche „Umkippen" aller sozialen Beziehungen ins Politische macht jedoch eine Differenzierung beider Wissenschaften sehr schwer und rechtfertigt die Beschäftigung der Soziologie mit Fragen der Politik. Die Beziehung zwischen Arbeitgeber und Arbeitnehmer kann z.B. schnell politisch werden, wenn sie durch ein Gesetz geregelt werden. Ähnliches gilt für Beziehungen in einer Familie. Vielleicht sollte man überhaupt, auch angesichts der steten Potentialität und möglichen Allgegenwart des Politischen in ökonomischen Beziehungen, nur noch von der Sozialwissenschaft (d.h. Soziologie + Politikwissenschaft + Wirtschaftswissenschaft) sprechen.

Als verbleibendes Unterscheidungsmerkmal bliebe die gesamtgesellschaftliche Verbindlichkeit des Politischen, was die Politikwissen-

KAPITEL 5. DIE POLITIKWISSENSCHAFT IM SYSTEM DER WISSENSCHAFTEN

schaft präferentiell untersucht, während das Politische in anderen Sozialbereichen (z.B. in der Wirtschaft) z.T. nur einen Einfluß, eine Randbedingung, ein Faktor neben anderen des Wirtschaftlichen oder Sozialen darstellt und daher besser in der Soziologie oder in den Wirtschaftswissenschaften untersucht wird.

Vollends wird die Nähe von Politikwissenschaft und Soziologie offenbar, betrachtet man die oben bereits erwähnte gesamtgesellschaftliche (Evolutions- und System) Theorie von Talcott Parsons (1969), die sich mit der historischen Entwicklung von gesamten gesellschaftlichen Systemen beschäftigt.

Hier sind Soziologie und Politikwissenschaft in einem umfassenden System integriert. Das Parsonsche Systemmodell macht bewußt, daß Politik sozialen und ökonomischen Umweltbedingungen seitens der anderen Subsysteme (Kirche, Wirtschaft, Medien usw.) unterliegt, die den politischen Gestaltungsprozeß verändern oder zur Erfolgslosigkeit verurteilen können und die daher in der politikwissenschaftlichen Analyse stets mitbedacht und erwähnt, wenn auch nicht unbedingt empirisch durch eigene Forschungen mit erhoben werden müssen und können. (Hier muß man einfach auf die Ergebnisse der anderen Sozialwissenschaften zurückgreifen und ihner Korrektheit vertrauen.)

Andererseits ist aber auch das Soziale und Ökonomische politischen Restriktionen und Bedingungen unterworfen, da in hoch arbeitsteiligen Gesellschaften alles mit allem verwoben ist, sodaß auch die Wirtschaftswissenschaft und Soziologie auf die Forschungsergebnisse der Politikwissenschaft zurückgreifen müssen. Hier ist ein wechselseitiges Aufeinanderangewiesensein festzustellen.

Die genannten Beispiele zeigen, wie sehr sich die Begrifflichkeit von Soziologie und Politikwissenschaft ähnelt. Das gilt auch für weitere Begriffe, die fast schon in die Alltagssprache übergegangen sind: Schicht, Klasse, Rolle, Struktur, Wandel, Elite, Diskriminierung, Anspruchsniveau ...

Die Konvergenz beider Disziplinen spiegelt den Prozeß einer zunehmenden Verflechtung des politischen und sozialen Systems wieder: Staatliche Instanzen intervenieren immer stärker in den Wirt-

5.3. POLITIKWISSENSCHAFT UND SOZIOLOGIE

schaftsprozeß – auch in Marktwirtschaften; der Wohlfahrtsstaat fühlt sich in wachsendem Ausmaß dazu verpflichtet, für eine soziale und wirtschaftliche Absicherung seiner Bürger zu sorgen. Diese Trends werden vorrangig in der beiden Wissenschaften gemeinsamen Teil- (und Verbindungs-) Disziplin der Politischen Soziologie thematisiert. Sie befaßt sich primär – makropolitologisch – mit den die politische Willensbildung beeinflussenden oder mitbedingenden Prozessen unter einem gesamtgesellschaftlichen Aspekt, z.B. mit der politischen Rolle und Funktion gesellschaftlicher Willensverbände (Vereine, Verbände, Parteien); der schicht- und klassenmäßigen Struktur einer Gesellschaft: wieviel Reiche und Arme gibt es! („Nivellierte Mittelstandsgesellschaft" und „kapitalistische Klassengesellschaft"); dem Ausmaß von Konflikt- und Konsensbeziehungen in sozialer, ethnischer, kultureller und ökonomischer Hinsicht; der Konkurrenz oder Kooperation zwischen den politischen, wirtschaftlichen, kulturellen, sportlichen usw. Eliten. Spezifisch interessiert dabei, ob die jeweilige Gesellschaft monokratisch (nur mit einem politisch-sozialen Zentrum) oder plural (mit mehreren politisch-sozialen Zentren), autoritär oder partizipatorisch (mit einer gewollt aktiven Bürgerschaft), sozial egalitär („gleichmacherisch") oder hierarchisch organisiert ist.

Mikropolitologisch sind zu erwähnen: Analysen von Familien, Betrieben, jugendlichen peergroups hinsichtlich deren Einflusses auf die politische Bewußtseinsbildung; die Untersuchung der sozialen Hintergründe von politischen Massen- und Wählerbewegungen („Welche Schicht wählt wen?"); die Folgen von Statusunsicherheit (z.B. Verarmungsgefahren als Folge von Arbeitslosigkeit) für die politische Radikalisierung; u. dgl.

Schließlich wendet sich die politische Soziologie dem politischen System selbst zu, indem sie z.B. die soziale Zusammensetzung von Parlamenten oder des Militärs oder die Rekrutierungs- und Karrieremuster für die Exekutiven erforscht.

An Ergebnissen der politischen Soziologie, wie sie für die Politikwissenschaft bedeutend waren oder sind, sei hier nur verwiesen auf den Klassiker Max Weber mit seinem idealtypisch rekonstruierten Bürokratiemodell (Bürokratie als System genauer Abgrenzung der Kompetenzen, von Über- und Unterordnung, von Schriftlichkeit, von Regelgebundenheit und Amtswissen, von Vollberuflichkeit und Laufbahnprinzip); oder auf die Arbeiten von Seymour M. Lipset (1966: 131 ff) zur überwiegend mittelständischen Anhängerschaft faschistischer Bewegungen; oder auf die Studie von Hans Paul Bahrdt über die dichotomischen Bewußtseinsstrukturen in der bundesrepublikanischen Arbeiterschaft („wir hier unten, ihr da oben"); oder auf die frühen gemeindesoziologischen Elitestrukturanalysen von Robert Dahl; oder neuerdings auf die Implementationsforschung, wie sie vor allem in der deutschen Soziologie aus dem us-amerikanischen Raum übernommen wurde (Mayntz 1980) (Die Implementationsforschung fragt danach, warum politische Planungen scheitern.); und last but not least auf die Indikatorenbewegung, die mittels sozialer – und nicht mehr nur ökonomischer – Indikatoren (wie Umfang der Gesundheitsversorgung, der Zeitschriftenlektüre, der Armut, Alphabetisierungsrate usw.) die Struktur und Lage einer Gesellschaft zu erfassen sucht. (W. Zapf 1974) Nur am Rande seien hier die zahlreichen soziologischen Methoden (von der Inhaltsanalyse bis zur Soziometrie) erwähnt, die die Politikwissenschaft auch für ihre Fragestellung fruchtbringend einsetzen konnte.

5.4 Politikwissenschaft und Ökonomie

So wie die sozialwissenschaftlich-empirisch-positivistisch orientierten Politologen eine enge Verwandtschaft zur analogen Soziologie verspüren, so eng gestaltet sich auch ihr Verhältnis zur nicht-marxistischen, ebenfalls stark quantitativ verfahrenden Wirtschaftswissenschaft. Diese fachübergreifende Zusammenarbeit ist vor allem dadurch bestimmt, daß man dem gleichen Methodenideal anhängt, nämlich möglichst – so der Positivismus – soziale, politische und ökonomische Beziehungen in Zahlen zu fassen, zu quantifizieren, um präzise Aussagen gewinnen zu können. Denn die Zahl und die sie erfassende Mathematik ist die präziseste Ausdrucksform – wenn auch mit ihr nicht alles erfaßt werden kann. Aber die Zahl internationaler Konflikte oder die Höhe des Einkommens bestimmter Gruppen oder die Häufigkeit von Beziehungen zwischen zwei oder mehreren Personen kann man sehr gut quantitativ wiedergeben. Dieses positivistische Wissenschaftsideal schwebt manchen als verallgemeinerungsfähiges Vorbild einer exakt operierenden

5.4. POLITIKWISSENSCHAFT UND ÖKONOMIE

Sozialwissenschaft vor, der sich die Politikwissenschaft langfristig anzunähern habe.

Wirtschaftswissenschaft und Politikwissenschaft weisen vor allem darin Gemeinsamkeiten auf, daß sie die durch die Knappheit von Ressourcen notwendig werdende Regulation zur Befriedigung menschlicher Bedürfnisse in den Mittelpunkt ihrer Analyse stellen. Überall dort, wo kein Überfluß herrscht (und das ist der Normalfall), muß ökonomisch oder politisch darüber entschieden werden, wer wieviel bekommt. Die Ökonomie im besonderen beschäftigt sich also mit der optimalen Allokation (= Zuweisung) knapper Mittel (wie Kapital z.B.) zu bestimmten Unternehmungen unter der Perspektive, möglichst hohe Gewinne zu erzielen. Dazu können folgende Instrumente eingesetzt werden:

- die *Marktkoordination*, d.h. Angebot und Nachfrage bestimmen, wohin die Produktionsfaktoren (Arbeit, Kapital, Grund und Boden, Technologie) gehen: Wo eine große Nachfrage besteht, steigen die Preise (Zinsen) z.B. des Kapitals, sodaß dieses dorthin geht, wo die Nachfrage (und damit auch die Zinsen) hoch sind.

- (politische) *Verhandlungen*: exemplarisch seien hier Tarifverhandlungen zwischen Gewerkschaften und Arbeitgebern genannt, durch die der Preis (Lohn) der Arbeitskraft in Form eines Interessenausgleichs festgelegt wird. Maßgebend ist hier weniger Angebot und Nachfrage, sondern die Verhandlungsstärke beider Seiten, z.B. dahingehend, ob es ihnen gelingt, Mitglieder zur Durchsetzung von Interessen zu mobilisieren, ggf. durch Streik.

- der (rechtliche) *Vertrag*, mit dem z.B. gemäß Bürgerlichem Gesetzbuch ein Geschäft abgeschlossen wird.

- der (politische) *Befehl*, sprich: die Anordnung gemäß eines Gesetzes.

- und schließlich die *Abstimmung* in Partizipationsprozessen (z.B. bei der Mitbestimmung von Arbeitnehmern im Betrieb).

Wie ersichtlich sind diese wirtschaftlichen Allokationsstrategien zu einem Teil schon politisch und politikwissenschaftlich, weniger auf

KAPITEL 5. DIE POLITIKWISSENSCHAFT IM SYSTEM DER WISSENSCHAFTEN

der mikroökonomischen, einzelwirtschaftlichen und einzelbetrieblichen Ebene angesiedelt, obwohl auf dieser zuletzt genannten Ebene Fragen der Personal„politik" in einer Unternehmung oder die Beziehungen zwischen „Chef" und Belegschaft auch von politikwissenschaftlicher Relevanz sind.

Vor allem Allokationsentscheidungen auf gesamtgesellschaftlicher Ebene wie die erwähnten Tarifverhandlungen sind für Politikwissenschaftler von besonderem Interesse.

Auch wurden in den Wirtschaftswissenschaften Modelle und Methoden zur Analyse von Entscheidungsprozessen entwickelt, die in die Politikwissenschaft übertragen wurden.

Von direkter politologischer Relevanz ist die ökonomische Analyse sog. Kollektiv- oder öffentlichen Güter, von deren Nutzung niemand ausgeschlossen werden kann (z.B. Lohnerhöhungen infolge von Tarifverhandlungen) und die daher auch von den Arbeitnehmern genutzt werden können, die nicht Mitglied der Gewerkschaften sind, für sie keine Mitgliedsbeiträge zahlen und nicht für Lohnerhöhungen gestreikt haben. Man nennt sie „Trittbrettfahrer", so wie man das öffentliche Gut „Straßenbahn" als „Schwarzfahrer" nutzen kann, ohne bezahlt zu haben; Politik besteht zu einem Teil aus dem Bemühen, solche Effekte zu verhindern, z.B. durch Kontrollen und Kontrolleure.

Von unmittelbarem Einfluß auf die Politik sind die makroökonomischen globalen und sektoralen, nationalen und internationalen Prozesse, wie Entwicklung des Preisniveaus (Inflation/ Deflation); „Veränderungen des gesamtwirtschaftlichen Produktionspotentials und seines Auslastungsgrades: Wachstum und Konjunktur; Veränderung des Gesamtarbeitspotentials und seiner Auslastung: Beschäftigung und Arbeitslosigkeit". (Gäfgen o. J.: 20 f.) Da sich oft makroökonomische Prozesse nicht von selbst marktwirtschaftlich regulieren und dadurch Probleme beseitigen (bestes Beispiel: andauernde Massenarbeitslosigkeit), müssen hier Teilpolitiken wie Arbeitsmarkt- und Konjunkturpolitik zur Wirkung kommen, um zu versuchen, die Problemlagen zu beseitigen.

Insbesondere die sog. institutionalistische Schule der Nationalökonomie beschäftigt sich mit solchen wirtschaftspolitischen Fragen, d.h.

5.4. POLITIKWISSENSCHAFT UND ÖKONOMIE

welche Bedeutung (politische) Institutionen für wirtschaftliche Prozesse haben. Die institutionalistische Ausrichtung ist als Teil der historischen Schule der Nationalökonomie des letzten Jahrhunderts zu sehen, in der wirtschaftliche Phänomene als historisch-politisch bedingt begriffen wurden. Erst die Mathematisierungstendenzen der Wirtschaftswissenschaften nach 1945 ließen die historisch-politischen Bedingungen wirtschaftliche Prozesse aus den Blick geraten. Denn historisch-politische Rahmenbedingungen, die von Situation zu Situation anders sind, lassen sich nicht mathematisch-quantitativ-gesetzesmäßig fassen. Es wurden nun angeblich überzeitlich gültige Gesetze aufgestellt (z.B. hinsichtlich Angebots-Nachfrage-Reaktionen), die unabhängig von nationalstaatlichen oder historischen oder politischen Bedingungen all überall Geltung und Erklärungskraft beanspruchen. Nur Diktaturen, die statt Marktwirtschaft Planwirtschaft installieren würden, könnten diese Gesetzmäßigkeiten zeitweilig außer Kraft setzen.

Die sog. Politikfeldanalyse (policy-approach) in der Politikwissenschaft hat demgegenüber aufgezeigt, daß die wirtschaftliche Entwicklung eines Landes durchaus abhängig ist von der institutionellen Ausgestaltung dessen politischen Systems. So gelang es z.B. in Österreich, wo eine lange Tradition politischer Kooperation von Parteien und Verbänden besteht („Korporatismus"), die Arbeitslosenrate auch in den Zeiten weltwirtschaftlicher Krisen der 70er und 80er Jahre relativ niedrig zu halten, u.a. durch freiwilligen Lohnverzicht der korporatistisch eingebundenen Gewerkschaften.

Derartige Erfolge konnte die Bundesrepublik Deutschland nicht aufweisen, u.a. wohl deshalb, weil Parteien und Verbände nicht zu einem derartigen Konsens wie in Österreich fanden.

Die Politikwissenschaft stellt also eine geradezu historische Herausforderung und Aufgabe an die Wirtschaftswissenschaften quantitativer Art: Sie erinnert ihre Nachbardisziplin quasi an ihre Vergangenheit, in der Politik und Geschichte der Wirtschaft noch eine weitaus größere Rolle spielten, und versucht gegenwärtig in Ergänzung zur Wirtschaftswissenschaft, das in der Wirtschaftswissenschaft fehlende historisch-politische Elemente in ihren wirtschaftspolitischen Analysen zu berücksichtigen.

Es soll hier allerdings kein einseitiges Bild gezeichnet werden: Sozial-

KAPITEL 5. DIE POLITIKWISSENSCHAFT IM SYSTEM DER WISSENSCHAFTEN

, Finanz-, Agrar-, Technologie-, Währungs-, Außenhandelspolitik usw. wären vor allem hinsichtlich ihrer ökonomischen Auswirkungen (Erfolge/Mißerfolge) von Politologen kaum zu betreiben und noch weniger adäquat zu analysieren, hätte die Volkswirtschaftslehre hierzu nicht zahlreiche Methoden, Instrumente und Formeln entwickelt sowie detailreiche Analysen geliefert. Zu nennen sind hierzu.

1. die *Input-Output-Tabellen*, mit denen matrixartig nahezu alle ökonomischen Transaktionen (inkl. Steuern und Subventionen) zwischen allen Branchen und Sektoren einer Volkswirtschaft (auch dem Staat) quantitativ erfaßt und komplex berechnet werden können.

2. *ökonometrische Modelle* mit einer Anzahl von Gleichungen, die Aussagen über die Zusammenhänge zwischen den interessierenden Variablen (z.B. Volkseinkommen, Beschäftigungsgrad, Geldentwertungsrate) enthalten und mit denen Prognosen und Simulationen zukünftiger Entwicklungen bei Voraussetzung bestimmter Schätzungen (Parameter) möglich sind.

3. Der sog. *Multiplikator*: Mit ihm wird z.B. berechnet, um wieviel Einheiten sich das Volkseinkommen infolge der Erhöhung der Nettoinvestitionen um eine Einheit erhöht. Mit ihm können auch die Auswirkungen eines Wirtschaftssektors auf andere Wirtschaftssektoren erfaßt werden (vgl. Samuelson 1972: 291).

Explizit thematisiert wird das Verhältnis von Wirtschaft(swissenschaft) und Politik (wissenschaft) in der Politischen Ökonomie marxistischer Provenienz und in der sog. Neuen Politischen Ökonomie.

Marx sah in wirtschaftlichen Prozessen nicht „naturwüchsige" Angebots-Nachfrage-Beziehungen zwischen freien und gleichen Bürgern (dieses fiktive Modell warf er der klassischen Nationalökonomie vor, denn es geht nach ihm nicht so automatisch und nicht rein gerecht und sachlogisch in der Wirtschaft zu, als würde alles nur von sich ändernden Nachfragen bei auftretenden Knappheiten u. dgl. abhängen); er analysierte ökonomische Beziehungen vielmehr als Herrschaft und Ausbeutung des kapitalistischen Unternehmers gegenüber dem proletarischen Arbeiter, dem der Teil des von ihm erarbeiteten Wertes, der über das Lebensniveauminimum hinausgeht, vorenthalten werde. Infolge der

5.4. POLITIKWISSENSCHAFT UND ÖKONOMIE

dadurch auf Kapitalseite anwachsenden wirtschaftlichen Macht, die verstärkt werde durch zunehmende Konzentrations- und Zentralisationstendenzen (Stichwort: multinationale Unternehmen), ergebe sich eine Dominanz, eine Vorherrschaft des Kapitals auch im politischen System. Anthropologisch gesehen war Marx überhaupt der Überzeugung, daß die „Basis" (die Wirtschaft) „letztendlich", wie Engels später hinzufügte, den „Überbau" (politische Institutionen, Kultur, Religion) bedinge. In einer vom Kapital geprägten Gesellschaft seien aus das Kapital, die Unternehmer in der Politik vorherrschend, während die Ausgebeuteten, die Arbeiter, unterrepräsentiert seien.

In der neueren marxistischen Diskussion wird dem „Überbau", den politischen Institutionen, jedoch zunehmend eine relative Autonomie und Eigendynamik zuerkannt, die sie von den wirtschaftlichen Machtverhältnissen unabhängig mache. Das ist ja gerade der Kerngedanke der Sozialdemokratie, daß man über einen unabhängigen, demokratischen Staat die kapitalistische Wirtschaft hin zu mehr Wirtschaftsdemokratie ändern könne.

Von gänzlich anderer wissenschaftstheoretischer Position her, nämlich von einer positivistischen, sucht die Neue Politische Ökonomie (vgl. Frey 1977), die Interdependenzstruktur zwischen Politik und Wirtschaft mit den quantitativen Methoden der Volkswirtschaftslehre zu erfassen. Insbesondere werden ökonomische Modelle, wie die, die von Nachfrage-Angebots-Beziehungen ausgehen, zur Erklärung politischer Prozesse herangezogen. Gemäß dem Modell des *homo oeconomicus*, der in der Volkswirtschaftslehre nur ein Ziel habe, seine Gewinne zu maximieren – so die Annahme –, unterstellt Anthony Downs (1968) politischen Akteuren ein analoges nutzenmaximierendes Verhalten hinsichtlich der Gewinnung möglichst vieler Stimmen in den nächsten Wahlen. Er hofft, mit diesem Ansatz auch Politik erklären zu können.

Allerdings werden mit diesem Ansatz die Fehler wiederholt, die der mathematisierenden Ökonomie oben vorgeworfen wurden, nämlich von historisch und politisch je spezifischen Besonderheiten abzusehen und alles auf mathematisierbare Gesetzmäßigkeiten zurückzuführen. Es soll ja auch noch Politiker geben, die nicht nur die nächste Wahl gewinnen, sondern ein politisches Konzept gemäß ihrer Überzeugung durchsetzen wollen.

KAPITEL 5. *DIE POLITIKWISSENSCHAFT IM SYSTEM DER WISSENSCHAFTEN*

5.5 Politikwissenschaft, Anthropologie und Psychologie

Mit solchen Aussagen – ist der Mensch ein nur nutzenmaximierendes Wesen, oder ist er mehr? – kommen wir zur Fragestellung der Anthropologie und Psychologie/Psychoanalyse, d.h. den Wissenschaften, die sich um die Eigenart des Menschen kümmern. Nahezu jedes politisch-philosophische System ist nicht verständlich ohne Kenntnis der ihm zugrundeliegenden anthropologischen Axiome, d.h. der Annahmen über das, was den Menschen wesentlich ausmacht, sei es nun die doppelgesichtige Trieb/Geist-Natur des Menschen bei Platon und Aristoteles (der Mensch ist zum Bösen-Triebhaften und zum Guten-Geistigen gleichermaßen fähig) oder sei es der stets auf Bedürfnisbefriedigung und -steigerung angelegte Mensch nach Thomas Hobbes. Ziel der modernen Anthropologie ist es, die spezifische Eigenart des Menschen in genealogischer, sozialer, demographischer, kultureller, physiologisch-konstitutioneller, paläontologischer u.ä. Hinsicht empirisch, durch beobachtende Forschungen zu bestimmen, um die oft spekulativen und beobachtungsmäßig nicht kontrollierten Bestimmungen des Menschen hinter sich zu lassen.

Diesbezüglich für die Politikwissenschaft am bedeutendsten ist wohl die Anthropologie von Arnold Gehlen, der – wie schon Herder – den Menschen als biologisches „Mängelwesen" versteht, der daher zum Schutz vor den Unbilden der Natur auf eine „künstliche", ihn schützende Natur, wie Kultur, Institutionen usw. angewiesen sei. Der Mensch ist von seiner rein biologischen Ausstattung her nur begrenzt überlebensfähig, er bedarf künstlicher Handwerkzeuge, die er erfinden muß und die ihm bei der Nahrungszubereitung behilflich sind. Er bedarf der Gemeinschaft, um sich gegen die Unbill der Natur zu wappnen. usw. Unter diesem Aspekt wird auch der Staat zu einer anthropologischen Notwendigkeit. Der in seinen Verhaltensweisen bei der Geburt noch nicht geprägte und ausgestattete Mensch bedürfe existentiell der Regelungen durch gesellschaftliche Institutionen u.a. wie den Staat, um dieses biologische Nichts in ein soziales Korsett zu spannen, was ihn überhaupt erst Handeln und Verhalten lehrt. Das Tier verfügt von Geburt an über Instinkte, die ihm sagen, was zu tun sei, und was nicht. Der Mensch muß die Verhaltensimperative erst von sozialen sowie po-

5.5. POLITIKWISSENSCHAFT, ANTHROPOLOGIE UND PSYCHOLOGIE

litischen Instanzen lernen. Ihm muß beigebracht werden, was gut und was böse ist.

Die Politische Anthropologie – der Ethnologie verwandt – widmet sich demgegenüber der Beschreibung und Analyse von politischen Strukturen in sog. primitiven bzw. archaischen Gesellschaften, wie es als erster wohl von Montesquieu praktiziert wurde. Politologisches Neuland wird vor allem betreten bei der Untersuchung nicht-staatlich organisierter politischer Systeme z.b. im vorkolonialen Afrika, womit der von Raymond Aron beklagte „Provinzialismus" der Politikwissenschaft überwunden würde. Forschungsfelder sind demgemäß: Stammesverfassungen und deren Übergang zum traditionalen und modernen Staat; das Verhältnis zwischen urtümlichem Mythos (Ahnenkulte) und moderner Ideologie (z.B. dem Marxismus); die politische Bedeutung von Verwandtschaftssystemen (unilineare Abstammungsgruppen, Netzwerk von Schwagerschaftsbeziehungen, gemeinsame Ahnenreihen, Clans mit gemeinsamen Bezug auf oft mythischem Vorfahren); die sakral-religiösen Grundlagen von Macht bis in die Moderne hinein: Man denke nur an die rituellen Machtfeiern der Nationalsozialisten, u. dgl.

Wesentliches zur Bestimmung der Eigenart des Menschen hat auch die Psychologie als die Lehre vom menschlichen Seelenleben geleistet. Die empirisch orientierte Psychologie analysiert experimentell laboratoriumsmäßig und durch Beobachtung die Bedingungen und Gesetzmäßigkeiten von individuellen Erlebnissen, Bewußtseinsvorgängen, Einstellungen (bewußten und unbewußten), Affekten, Stimmungen gegenüber der Umwelt, und für den Politologen natürlich am interessantesten: gegenüber dem Politischen. Die Wahlforschung (und die Politik selbst!) sowie die sog. Politische Verhaltenslehre kommen ohne psychologische Ergebnisse gar nicht aus: Was bringt den Wähler psychologisch dazu, mich zu wählen?

Das Verhältnis Politik – Psyche läßt sich mit folgenden Begriffspaaren umreißen: Individueller Identitätsverlust und politischer Radikalismus; Vorurteile, Angst, Aggressivität und zwischenstaatliche Konflikte; politische Apathie, politische Abstinenz und Legitimitätskrise; Er-

KAPITEL 5. DIE POLITIKWISSENSCHAFT IM SYSTEM DER WISSENSCHAFTEN

wartungsenttäuschungen und Rebellionen; Autoritätsglaube und politische Massenphänomene; individualpsychologische Persönlichkeitsstruktur und konservative bzw. progressive politische Haltung. In diesem Zusammenhang ist auch die immer mehr expandierende Perzeptionsforschung zu erwähnen, die die Weltsichten (cognitive maps) vor allem von politischen Eliten bezogen auf innen- und außenpolitische Entscheidungssituationen in den Mittelpunkt stellt. Warum sah Stalin all überall Feinde, die es zu liquidieren galt? Warum konnte man während der Hochphase des Ost-West-Konfliktes nicht differenzieren zwischen West, Ost und Neutral (z.B. Jugoslawien unter Tito), warum sah man in Ost und West nur zwei Möglichkeiten: entweder gut oder böse, freiheitlich oder diktatorisch?, usw.

Auf einer anderen Ebene liegen die Psychoanalyse von Sigmund Freud und die Tiefenpsychologie von Carl Gustav Jung, die sich insbesondere den ins Unbewußte verdrängten, das Verhalten aber weiter krankhaft bestimmenden Erlebnissen des Menschen (Freud) bzw. der Menschheit (Jung) zuwenden. Therapeutisch geht es Freud darum, das meist der Triebstruktur entstammende Unbewußte (= Es) im Dialog des Patienten mit dem Psychoanalytiker im „Ich", im Selbstbewußtsein des Patienten bewußt zu machen und dadurch in seinen wahnhaften Auswirkungen (Neurose, Psychose) zu überwinden. Auf diese Art und Weise gelangt der Patient wieder in Konformität mit dem „Über-Ich", dem Repräsentanten der Sollens-Forderungen der Gesellschaft in seiner Person.

Jung unterscheidet dabei spezifisch ein weiteres kollektives Unbewußtes im Menschen als dem Ort einer überindividuellen Gattungserfahrung der Menschheit (Archetypen), wie sie sich z.B. auch in den Märchen oder in politischen Mythen manifestierten. Solche allgemeinen, oft von alters her stammenden Mythen und von vielen geteilten Bildern sind in vielen Menschen präsent, und es gilt, mit ihnen rational und selbstbewußt umzugehen. Vor allem faschistische Diktaturen spielen mit diesen Mythen (z.B. dem Mythos des „Herrenmenschen"), um mit den allzugern auf diesen Mythos Hereinfallenden spielen zu können.

Die durch Marx und Freud gleichermaßen inspirierte „Frankfurter

5.6. POLITIKWISSENSCHAFT UND PÄDAGOGIK

Schule" (Theodor W. Adorno, Max Horkheimer, Jürgen Habermas) fühlte sich wiederum quasi als kollektiver Psychoanalytiker, der durch philosophisch-hermeneutische Reflexion und literarische Aufklärung die (kapitalistische) Gesellschaft aus ihren traumatischen Verstrickungen in massenmedial und marketinggerecht forcierten Triebstrukturen (Werbung!) zu befreien vorgibt. Der Philosophie und Gesellschaftsanalyse wird die Aufgabe der politischen Erziehung, der politischen Sozialisation zugeschrieben, nämlich die abgelehnte kapitalistische Gesellschaft mit ihren Ausbeutungs- und massenmedialen Verdummungsstrukturen den Menschen wie ein Psychater bewußt zu machen und sie von diesem „Wahn" zu befreien, so wie der Psychoanalytiker das geistig erkrankte Individuum von seinen Wahnvorstellungen und bedrückenden Zwängen heilen will.

Normative Zielvorstellung, die dahinter steckt, ist die eines freien Menschen, der sich in der Tradition der Aufklärung selbst zu bestimmen weiß – unabhängig von Triebstrukturen, wie sie von der Werbung angereizt werden.

5.6 Politikwissenschaft und Pädagogik

Mit der Politischen Sozialisation und den durch sie vermittelten Werten verlassen wir die psychoanalytische Disziplin und nähern uns der Pädagogik, der Erziehungswissenschaft. Einerseits ist hier politikwissenschaftlich von Relevanz, wie politische Normen und Verhaltensweisen in den sozialen Erziehungs„agenturen" (von der Familie bis zur Universität) vermittelt werden. Andererseits hat sich zumindest die normativ-praktische Politikwissenschaft als Aufgabe gesetzt, zur Demokratie zu erziehen und dementsprechende Werte zu vermitteln. In diesen Kontext sind auch die zahlreichen didaktischen Aufbereitungen der politischen Materie zu sehen.

Eine solche politische Erziehung ist vor einem weiteren geistesgeschichtlichen Hintergrund zu sehen, nämlich dem Anspruch von deutscher Klassik und deutschem Idealismus (von Herder über Friedrich Schiller bis zu Wilhelm von Humboldt), das Menschengeschlecht zur umfassenden Bildung der Persönlichkeit humanistisch-antik zu erziehen. Daß die Realisierung dieses Ziel aber auch von Politik (und schulischen Lernzielfestlegung durch Bildungspolitik) abhängt, übersieht der idealistische Höhenflug zuweilen. Hier gibt es also eine noch zu bewältigende Aufgabe der Politikwissenschaft.

5.7 Politikwissenschaft und Publizistik

So wie Teile der Soziologie (Parsons) und der Ökonomie (Marx) Politik in ihre Gesamtsysteme miteinbeziehen (siehe oben), so wird in manchen einführenden Werken zur Politikwissenschaft die Publizistik oder Kommunikationswissenschaft als Teilgebiet politologisch quasi vereinnahmt, als sei sie ein Untergebiet der Politikwissenschaft. Das ist jedoch nur dann zu rechtfertigen, wenn unter Publizistik z.B. im Sinne von Emil Dofivat (1971 : 5) die Führung der öffentlichen Meinung (durch Journalisten, aber auch durch Politiker) verstanden wird. Ein derart verengter Publizistik-Begriff ist sicherlich in einer demokratischen Gesellschaft potentiell gefährlich und wohl auch aufgrund seiner normativen Implikationen in westlichen Industriegesellschaften empirisch nicht zu halten, da so nicht aufzufinden, zumal sich das Kommunikationssystem als eigenständiges Subsystem und Teilgebiet herausdifferenziert hat, das nicht mehr nur politisch oder politikwissenschaftlich erfaßt werden kann. Denn das Kommunikationssystem der Bundesrepublik z.B. ist gerade weitgehend dadurch gekennzeichnet, daß alle politischen Akteure in den Medien ihre Positionen faktisch gleichberechtigt und gerade ohne politische Dominanzen oder Führungsansprüche irgendwelcher Seite auszutauschen vermögen. Kein politischer Akteur führt oder beansprucht Vorrechte gegenüber den anderen, auch nicht die Regierung, jeder kommt mit seiner Stellungnahme in den Medien zu Wort, vorausgesetzt, er vertritt einen Verband oder eine Partei, die zumindest für einen, wenn auch kleinen Teil der Bevölkerung spricht. Das deutsche Zeitungs-, Zeitschriften und Rundfunksystem nach 1945 ist weitgehend unabhängig von der Politik und unterliegt z.T. anderen Gesetzmäßigkeiten als diese, eben kommunikativen Gesetzmäßigkeiten: In den Medien wird z.B. nicht nach Mehrheit und Minderheit gefragt, wie in politischen Wahlen; in den Medien hat demgegenüber jeder, der eine Meinung zu einer bestimmten Frage vertritt,

5.7. POLITIKWISSENSCHAFT UND PUBLIZISTIK

die Chance, vertreten zu sein – auch wenn er in der politischen Arena kaum eine Rolle vertritt. In den Medien kommen z.b. auch Wissenschaftler zu Wort – oder die Medienberichten über Sensationen, was die Politik meist wenig interessiert. Das Mediensystem ist meinungsplural, das politische System parteien- und im gewissen Maße verbändeplural. Das Mediensystem berichtet über solche Ereignisse, die journalistisch von Belang, das sind vor allem Sensationen und Aktuelles. Das politische System beschäftigt sich meist nur mit Fragen, die Probleme für Bevölkerungsgruppen darstellen und die es zu bewältigen gilt. Das Themenspektrum der Politik ist also weitaus geringer als das der Medien. Allerdings „pushen" Medien zuweilen bestimmte Themen durch häufige Berichterstattung über sie, um sie geradezu der Politik zur weiteren Behandlung aufzudrängen.

Damit soll nicht abgestritten werden, daß es Versuche gibt, Medien seitens der Politik operativ im Interesse einer bestimmten Parteiung innen- oder außenpolitisch einzusetzen. Politiker lancieren z.B. zuweilen Nachrichten über Medien, um zu testen, wie die Bevölkerung oder das Ausland reagiert. Auch dienen die Medien, insbesondere die Zeitungen, Politikern als Informationsressource (sie erfahren über sie, was in der Welt passiert, was andere Politiker denken und was das Volk über sie denkt). Überhaupt beeinflussen Berichterstattung und Unterhaltung durch das Kommunikationssystem die politische Kultur, die politischen Einstellungen sowie Werte und die politische Sozialisation. Diese Aspekte sind wiederum auch mit der politikwissenschaftlichen Begrifflichkeit gut zu erforschen.

Das gleiche gilt für alle Fragen der Kommunikationspolitik, die in ihrer geschichtlichen Entwicklung – nach P. Glotz – unter politikwissenschaftlichem Aspekt in folgende Phasen unterteilt werden kann:

- die *absolutistische* Kommunikationspolitik (der allein herrschende Fürst legt die Bedingungen der Nachrichtenverbreitung fest),

- die *konstitutionalistische* (der an eine Verfassung gebundene Fürst sowie ggf. das bürgerlich dominierte Parlament bestimmen)

KAPITEL 5. DIE POLITIKWISSENSCHAFT IM SYSTEM DER WISSENSCHAFTEN

- die *totalitäre* (eine Ideologie, sei sie faschistisch oder kommunistisch, richtet alle Medien demgemäß aus)

- die *autoritäre* (eine nicht-demokratisch legitimierte politische Führung bestimmen die Medienpolitik, ohne aber eine bestimmte Ideologie gegen die Bevölkerung durchsetzen zu wollen.)

- die *liberalistische* (der Medienmarkt richtet sich nach der Nachfrage der Konsumenten) und

- die *demokratisch-sozialverantwortliche* Phase (weitgehend ist das Mediensystem wie eben geschildert marktwirtschaftlich organisiert, die Politik wirkt allerdings durch direkte Interventionen Konzentrationen von Medienmacht entgegen, um Beeinträchtigungen der freien Meinungsbildung und Berichterstattung durch solche Konzentrationen – Springer! – entgegenzuwirken.)

Für die Gegenwart kann generell gesagt werden, daß Politikwissenschaft ihren kommunikationswissenschaftlichen Beitrag in folgenden Beiträgen zu leisten hat:

1. Sie sollte die Bedingungen der innen- und außenpolitischen Kommunikations-(und damit auch Reaktions-)fähigkeit politischer Systeme gegenüber ihrer Umwelt, wie sie u.a. auch von den Medien als Informationslieferanten mitbedingt ist, erforschen; nur politische Systeme, die genügend richtige Informationen aus ihrer Umwelt u.a. mittels der Medien wahrnehmen und verarbeiten, vermögen adäquat zu reagieren und zu agieren, wodurch langfristig ihr Überleben gesichert wird; und

2. Es gilt, das rechte Maß zwischen demokratietheoretisch notwendiger kommunikativer Offenheit und individualrechtlich verbürgter Privatsphäre normativ-praktisch auszuloten. Wo beginnt die Privatsphäre bekannter Persönlichkeiten, die auch nicht mehr von Medien ausgeleuchtet werden darf? Oder sind hier die Grenzen weiter zu ziehen, um Politiker demokratisch unter Kontrolle halten zu können? Hierauf muß die Politikwissenschaft Antwortvorschläge geben.

Zu warnen ist allerdings vor einer zu enge Verbindung von Kommunikations- und Politikwissenschaft, vor einer konzeptionellen Auflösung aller politischen Beziehungen in kommunikative Transaktionen, wie sie Karl W. Deutsch (1970) vorschlägt, da dadurch das spezifisch Herrschaftliche in Gesellschaften wegdefiniert werden würde. Das Herrschaftliche besteht ja gerade nicht nur in einer bloßen Kommunikation, in einer Mitteilung, sondern in der verbindlichen Durchsetzung eines Gesetzes notfalls auch mit den Mitteln staatlich legitimierter Macht gegen den Willen des Herrschaftsunterworfenen. Nur Überzeugung und gutes, „kommunikatives" Zureden hilft nicht immer!

5.8 Politikwissenschaft und Philosophie

Die eben aufgeworfene Frage nach dem rechten Maß zwischen demokratischer Offenheit und Recht auf Privatsphäre ist nicht empirisch, durch Beobachtung beantwortbar, sondern nur normativ-praktisch. Damit kommen wir zur Philosophie (und deren Umkreis: zur Ethik, praktischen Philosophie, politischen Philosophie, Ideengeschichte, Theologie). Will man erkunden, nach welchen Werten Staat und Gesellschaft gestaltet werden sollen – und das ist zumindest der Anspruch der normativ-ontologischen Teildisziplin der Politikwissenschaft –, so bedarf es vorgängig einer grundlegenden, philosophischen Reflexion auf Wesen und Zusamnmenhang aller Dinge sowie insbesondere auf Herkunft, Struktur und Zielbestimmung des menschlichen Daseins. Die Antike gab darauf die spekulativ erschaute Antwort, der Mensch sei Teil eines erkennbaren teleologisch geordneten Kosmos, gemäß dessen vorgegebener, „natürlicher" Struktur er sein Handeln, soll es tugendhaft sein, ausrichten muß.

Demgegenüber leugnet der Kritizismus der Neuzeit die Erkennbarkeit einer solchen „Natur der Dinge" und rekurriert infolgedessen auf das einzig verbleibende Erkennbare, nämlich das Selbstbewußtsein des Menschen, dessen absoluten Wert und dessen Autonomie es zu wahren gelte. Descartes sagte: „cogito ergo sum". (Ich denke, also bin ich.) D.h. das einzig Sichere, das ich feststellen kann, ist mein Selbstbewußtsein, ist das Bewußtsein des sich selbst reflektierenden Individuums,

KAPITEL 5. DIE POLITIKWISSENSCHAFT IM SYSTEM DER WISSENSCHAFTEN

über das ich quasi erst meine eigene Existenz garantiert erhalte. Das Individuelle ist quasi das einzig sichere Atom, aus dem sich alles weitere, das Gesellschaftliche zusammensetzt. Wir haben das bereits an anderer Stelle des näheren erörtert. (Kapitel „Politische Theorie und Geistesgeschichte")

Die Konsequenzen für die Gestaltung des politischen Zusammenlebens, wie sie sich aus diesen bis heute kontroversen Konzepten ergeben und für die sich die Politikwissenschaft primär interessiert, sind fundamental: Kommt es der an der Antike orientierten Theorie vor allem auf die Ordnung des Gemeinwesens entsprechend vorgegebener Werte (Tugendhaftigkeit, Glückseligkeit usw.) an, so kapriziert sich die Moderne prinzipiell auf den Grundwert der individuellen Freiheit, den das politische System in möglichst großem Maße bewahren und realisieren müsse.

Die philosophische Teildisziplin der Ethik, die sittliches Handeln material (Tugendkatalog) oder formal (Kategorischer Imperativ)[1] allgemein nachvollziehbar begründen will, ist gegenüber den eben genannten Philosophien von geringerem politikwissenschaftlichen Interesse, da sie sich vornehmlich an den einzelnen Menschen in seiner Entscheidungssituation und nicht an politische Gruppen oder Systeme insgesamt wendet. Daß Politik und Ethik natürlich zusammenhängen, zeigt allein die Tatsache, daß Aristoteles seine „Politik" auf der „Nikomachischen Ethik" aufbaut.

Von direkter politischer und politikwissenschaftlicher Relevanz ist aber die Sozialethik, wie sie wohl am konsistentesten von der Katho-

---

[1] Materiale Ethik heißt, daß eine Hierarchie von Werten vorgegeben wird, wobei die höheren Werte vorrangig zu verwirklichen sind als untere Werte. So wird z. B. das Geistige (und daran orientiertes Handeln) höher bewertet als bloß Triebhaftes.
Zur formalen Ethik gehört u.a. der kategorische Imperativ Kants, der vereinfacht besagt, daß man so handeln soll, daß die Maximen des eigenen Handelns zum Grundsatz einer allgemeinen Gesetzgebung werden könne. D.h. man muß nach Grundsätzen handeln, nach denen auch alle Menschen handeln könnten, ohne daß durch dieses allgemeine Handeln das Gemeinwesen zusammenbrechen würde. Das gute Handeln wird also nicht durch eine konkrete Vorschrift („Strebe zu Geistigem!") bestimmt, sondern nur formal durch ein allgemeines, inhaltsleeres Gesetz.

5.8. POLITIKWISSENSCHAFT UND PHILOSOPHIE

lischen Soziallehre entwickelt wurde. Grundlegende Kategorien sind hier: die Personhaftigkeit des Menschen in ihrer Doppelnatur als Sozial- und Individualwesen: der Mensch ist sowohl einmaliges, durch Gott geschaffenes und beseeltes Wesen und damit Individuum als auch Teil der ihn umgebenden Gemeinschaft, die er zum Überleben und Leben braucht; zwischen beiden Aspekten ist stets ein Gleichgewicht zu halten;

das politisch aufgegebene Streben nach dem Gemeinwohl, d.h. das jeweilige Gemeinwesen, die „Politik", muß danach streben, das jeweils Gute für alle Bewohner zu verwirklichen und nicht klassenkämpferisch oder sonstwie parteilich nur partikulare Interessen einer Minderheit; das Subsidiaritäts- und Solidaritätsprinzip: politische und soziale Aufgaben sollen nach Möglichkeit von den jeweils untersten Einheiten durchgeführt werden, z.B. soll sich die Familie und nicht der Staat um die Erziehung der Kinder bemühen, soweit die Familie dazu in der Lage ist. Denn es wird vermutet, daß die jeweils unteren Einheiten eine problemnähere Lösung finden; Voraussetzung für das Funktionieren einer derart subsidiär organisierten Gesellschaft ist natürlich, daß die diversen Einheiten in Solidarität zueinander stehen, denn ohne sie ist die erforderliche Zusammenarbeit nicht möglich (vgl. Nell-Breuning 1956).

Dabei legt die Katholische Soziallehre stets Gewicht darauf, daß ihre Sozialethik nicht offenbarungstheologisch (d.h. durch Offenbarung Gottes u.a. in der Bibel tradiert ist), sondern philosophisch durch die allgemeine Vernunft begründet wird und prinzipiell von jedermann und seiner ihm eigenen Vernunft erkannt werden kann.

Die politische Ethik im spezifischen erarbeitet Regeln für den politisch vergesellschafteten Menschen und für das politisch-gesellschaftliche Sein. Diese Ehtik wiederum wird systematisch der umfassenderen philosophischen Teildisziplin der Sozialphilosophie zugeordnet, mit ihrer weiteren Untergliederung in Rechts- und Staatsphilosophie, Kultur- und Wirtschaftsphilosophie, Geschichtsphilosophie und Philosophie der Technik, die jeweils Normen und Leitbilder für die Teilbereiche zu entwickeln versuchen. Als bis heute wirkende Konzeption sind hier philosophie-geschichtlich zu nennen:

Herder mit seiner Vorstellung vom Volk als überindividuellem Or-

KAPITEL 5. DIE POLITIKWISSENSCHAFT IM SYSTEM DER WISSENSCHAFTEN

ganismus, als sprachlich gegebene Realität mit einer gewissen Eigengesetzlichkeit und Eigentümlichkeit, die auch normativ das Handeln der Menschen der jeweiligen Nationalität bestimmen;

Hegels Begriff der objektiven Allgemeinheit (u.a. der Staat), der sich vermittels individueller Besonderungen in einem weltumgreifenden Prozeß zunehmender Freiheit verwirklicht;

Marx mit seiner Theorie des revolutionären, gesamtgesellschaftlichen Subjektes in jeder Geschichtsepoche (Feudalismus – Bürgertum; Kapitalismus – Proletariat), das die Geschichte voran- und jeweils bessere soziale und wirtschaftliche Verhältnisse hervorbringe; und Konservative jeglicher Provenienz mit ihrem Glauben an das Stabilität garantierende Wirken von hergebrachter Sitte, Tradition und Staatlichkeit als den entscheidenden geschichtlichen Mächten. Der Mensch bedarf in konservativer Sicht stabiler politischer und sozialer Ordnungen und Vorgaben, die ihm angesichts einer potentiellen Unendlichkeit von Alternativen gutes, normgerechtes Handeln erst ermöglichten.

In diesen Fragen hat die Philosophie Grundlegendes für die Politikwissenschaft und die Politische Philosophie geleistet, beide Disziplinen sind nahezu als identisch zu bezeichnen. Philosophieren ist ohne ständige Wechselwirkung mit den Einzelwissenschaften nicht denkbar, über die und das von ihnen erforschte Seiende die Philosophie ja gerade grundlagentheoretisch reflektiert (Ist Erkenntnis des Seienden überhaupt möglich?).

Insbesondere in der politischen Ideengeschichte, in der historisch orientierten Aufarbeitung und Vergegenwärtigung der politischen Ideen seit der Antike kann die Politikwissenschaft einen eigenständigen Beitrag vorweisen, der auf die Philosophie positiv zurückwirkt. Die „Freiburger" und „Münchner" Schule der Politikwissenschaft haben durch ideengeschichtliche Orientierung die antik-christlichen Traditionsbestände aufrechtzuerhalten versucht gegenüber einem relativistischen, quantitativ-soziologischen Empirismus, der alles auf Zahlen reduzieren will (siehe oben die Ausführungen zur Ökonomie). Diese beiden Schulen wurden in den 70er Jahren sogar zu einem „Gravitationszentrum einer politisch konservativen Sozialphilosophie". (Bermbach 1984 : 20) Und bezogen auf die Politische Philosophie weist der Bochumer Politikwissenschaftler Bernard Willms einer historischen Rekonstruktion der (deutschen) Ideengeschichte die Funktion zu, in Deutsch-

5.9. POLITIKWISSENSCHAFT UND GESCHICHTSWISSENSCHAFT

land zur Wiederherstellung eines politischen Selbstbewußtseins der Bevölkerung in Form eines (substantiellen) Nationalbewußtseins beizutragen, das die Eigenart der Deutschen gegenüber anderen Völkern hervorheben will. (vgl. 1984 : 57 ff)

5.9 Politikwissenschaft und Geschichtswissenschaft

Geschichte und Geschichtswissenschaft sind für den Politikwissenschaftler in zweierlei Hinsicht von Belang: Sie sind 1. das große „Lagerhaus" (Klaus v. Beyme) politisch- empirischen und historischen Materials, das er vergleichend oder als solches genommen (individualisierend) für seine spezifische Fragestellung verarbeiten kann. Er kann dabei mit dem historischen Material quasi auch experimentieren (was ja angesichts des Makrophänomens Politik ansonsten kaum zu realisieren ist: Man kann die Situation des Ausbruches des 1. Weltkrieges 1914 nicht wiederholen); das Experiment erfolgt, indem das Politische in verschiedenen Epochen in verschiedenen Staaten unter verschiedenen Bedingungen analysiert und dadurch Ursachen für dessen Variationen festgestellt werden können. Man kann z.B. das demokratische System der Weimarer Republik vergleichen mit dem Dritten Reich und fragen, was eine aggressive Außenpolitik bewirkt. Und man wird schnell zu dem Ergebnis kommen, daß im Vergleich die demokratische Struktur der Weimarer Republik eine international kooperative Außenpolitik bewirkt, während totalitäre Diktaturen außenpolitisch aggressiv sind.

2. Normativ-praktisch ist die Geschichte (und deren Erforschung) das Feld des Kontingenten (dessen, was auch anders sein könnte), und darin ist erst die Freiheit des Menschen möglich, Freiheit, einem zentralen Wert der neuzeitlichen Politikwissenschaft und Politik.

Sowohl der Politik- als auch den Geschichtswissenschaften ist gemeinsam, daß sie quasi als „Kollektivgedächtnis" gesellschaftliches Wissen bewahren, durch historischen Bezug einen Beitrag zur Ortsbestimmung der Gegenwart leisten, die Gegenwart aus Tendenzen der Vergangenheit erklären sowie durch die Kenntnis der geschichtlichen Relativität und Änderbarkeit von Dingen gegenüber „Totalentwürfen"

KAPITEL 5. DIE POLITIKWISSENSCHAFT IM SYSTEM DER WISSENSCHAFTEN

skeptisch machen. Wer aus der Geschichte weiß, daß alles auch anders war oder sein könnte und was schon alles an vermeintlich Großem zerfiel, wird dogmatischen Behauptungen, das etwas so und nicht anders ist, mißtrauen. (vgl. Süßmuth 1978 : 113)

Dieses Ergänzungsverhältnis zwischen beiden Wissenschaften, das auch durch die beiden Disziplinen gemeinsame Werturteilsproblematik sowie durch die zunehmende Anwendung sozialwissenschaftlich-soziologischer Methoden in der Geschichtswissenschaft („Historische Sozialwissenschaft"; Hans-Ulrich Wehler, Jürgen Kocka u.a.) bedingt ist, sollte jedoch nicht den jahrelangen Streit zwischen beiden vergessen machen, wie er u.a. im Konkurrenzkampf um die Vertretung in schulischen Lehrplänen (Geschichte vs. Sozialkunde) ausgetragen wurde. In ihm kamen methodologische Differenzen zum Ausdruck zwischen der langfristigen Zeitperspektive der Historiker, die zudem zur Betonung der Individualität und Historizität (= Einmaligkeit) des geschichtlichen Ereignisses neigt, auf der einen Seite sowie auf der anderen Seite der kurzfristigeren Situationsanalyse des Politikwissenschaftlers, die mit einem Zeithorizont bis 1917 (= Beginn der „Gegenwart" mit der Revolution in Rußland und dem Kriegseintritt der USA) vor allem zeitgeschichtlich-gegenwartsbezogen und unter Verwendung eher typisierender und generalisierender Verfahren arbeitet: Der Politologe sucht nach Gesetzmäßigkeiten politischen Verhaltens, Gesetzmäßigkeiten, die in verschiedensten historischen Situationen zu Tage treten können; der Historiker bemüht sich demgegenüber um die genaue Beschreibung einer spezifischen historischen Situation, die einmalig ist und daher nicht unter eine Gesetzmäßigkeit subsumiert werden kann. Die Politikwissenschaft ist zur Zeitgeschichte geradezu prädestiniert, dadurch, daß sie das Selbstverständnis der Gegenwart zumindest in politischer Hinsicht z.T. in sich verkörpert und daher besonders zum Verstehen der von diesem Selbstverständnis geprägten politischen Zeitgeschichte noch ohne Übersetzungsprobleme in der Lage ist, Übersetzungs- und Verständnisproblemen, wie sie insbesondere gegenüber anderen Zeiten und Epochen bestehen. Die Politikwissenschaft ist auf ihre Zeit, ihre Gegenwart bezogen, und will diese verstehen, bzw. dazu beitragen, daß sie sich selbst versteht, und mit diesem Selbst- und Mitverständnis schafft sie Deutungen, die späteren Generationen helfen werden, diese jeweilige Vergangenheit verstehen zu

5.9. POLITIKWISSENSCHAFT UND GESCHICHTSWISSENSCHAFT

können.

Methodologisch kann die Politikwissenschaft auch von der traditionellen Histiographie sicherlich einiges lernen. Das gilt vorzüglich für die quellenkritischen Verfahren: Feststellung des originalen Wortlautes, der Entstehungszeit, des Herkunftsortes, des Urhebers und des Adressaten eines politischen Textes, z.b. einer Autobiographie (äußere Kritik), sowie Untersuchung der formalen, sprachlich-stilistischen und inhaltlichen Merkmale des Textes (innere Kritik): welcher Sprachebene gehört der Text an (Umgangssprache z.b. in einer Rede); nach welchem Gliederungsschema ist der Text gestaltet?

Ebenso vorbildhaft ist, wie die moderne Geschichtsschreibung Ergebnisse von Soziologie oder Nationalökonomie integriert, ohne dabei die spezifische Fragestellung des eigenen Faches, die Untersuchung je einzelner historischer Ereignisse, in die abstrakte Allgemeinheit eines Begriffs aufzulösen. Das idealtypische Vorgehen nach Max Weber leistet z.B. ein solches konkret-allgemeines Forschen. Der Idealtypus der mittelalterlichen Stadt ist einerseits konkret historisch mit seinem Bezug auf die Stadt dieser Zeit, andererseits aber auch allgemein-abstrakt, indem er alle Städte dieser Zeit erfaßt.

Auch sollten sich die Politologen mit ihrer oft theorieüberladenen Sprache anschauen, wie verständlich manche Historiker (z.B. Golo Mann) schlicht und einfach zu erzählen vermögen – sei es nun traditional oder exemplarisch oder kritisch oder genetisch, z.T. mit Rückgriff auf moderne Romantechniken, durch die die Offenheit historischer Situationen allein schon rein sprachlich zum Ausdruck gebracht wird. Das macht im übrigen auch den Reiz von Zeitgeschichte aus, die dadurch definiert werden könnte, daß die von ihr betrachteten historischen Prozesse noch nicht abgeschlossen sind.

Andererseits kann die Geschichtswissenschaft von der Politik- und überhaupt von der Sozialwissenschaft dahingehend lernen, daß sie sich – angesichts des zunehmenden Aussageverlustes von Quellen durch vermehrt informelle Kontakte im politischen Bereich (u.a. Telephonate, die nicht schriftlich fixiert werden) – auch der Interviewtechnik – natürlich nur im zeitgeschichtlichen Bereich -zuwendet. Diese *oral history*, die auf den mündlich übertragenen Berichten der Zeitgenossen beruht, ist hierzu nur ein Anfang. Der Einfluß der Politikwissenschaft, die ja viel mit mündlichen und schriftlichen Befragungen arbeitet, könnte hier für zeitgeschichtlich orientierte Geschichtswissenschaft hilfreich sein.

5.10 Politikwissenschaft und Sprachwissenschaften

Bei den Darlegungen zur Ideengeschichte und zur Geschichtswissenschaft wurde bereits mehrfach auf die politikwissenschaftlich bedeutende Funktion einer philologischen Deutung, Rekonstruktion und Explikation von Sprache hingewiesen. Sprache ist die Form, in der sich politische Gedanken und politisches Handeln z.T. äußern. Sieht man einmal davon ab, daß die Sprachwissenschaft über zahlreiche „Umwege" die Sozial- und Politikwissenschaft beeinflußt hat (z.B. Ferdinand de Saussures Strukturbegriff in seiner Bedeutung für die Systemtheorie), so beschäftigt sich die sprachwissenschaftliche Methodologie

- mit stilrethorischen Floskeln, Stilbrüchen, Sprachzeichen, grammatikalischen Besonderheiten von Texten und Textgattungen (staatsrechtlichen Kompendien, propagandistischer Literatur, politischen Reden u.a.);

- mit der Begriffsgeschichte, der Wortschöpfung und Wortumdeutung sowie den dahinterstehenden Interessen, z.B. dem Bedeutungswandel von so zentralen Begriffen wie „Freiheit" oder „Demokratie"; und

- in der Sprachanalyse mit den Möglichkeiten und Grenzen der Aussagefähigkeit von Sprache (z.B. hinsichtlich der Sinnlosigkeit des „Wesens"-Begriffs).

Für die Politikwissenschaft ist von Interesse, welche Schlußfolgerungen aus einer bestimmten sprachlichen Art von Text für die politische Aussage dieses Textes gezogen werden kann.

Durch eine Schärfung des Sprachgefühls hofft man derart, eine adäquate Interpretation von Texten z.B. der politischen Klassiker sowie auch der Gegenwart zu ermöglichen, bzw. den politischen Mißbrauch sprachlicher Vieldeutigkeiten, Konnotationen und Assoziationen oder sprachlicher Mystifikationen (z.B. „Volksdemokratie") durch

5.10. POLITIKWISSENSCHAFT UND SPRACHWISSENSCHAFTEN

exaktes und nachvollziehbares Definieren zu verhindern, wie es exemplarisch mit dem „Wörterbuch des Unmenschen" zur Sprache des Nationalsozialismus gelungen ist. (vgl. Spillner 1974) Gerade die Literaturwissenschaft hat zahlreiche Methoden zum hermeneutischen Verstehen als der Fähigkeit, sich in andere Denkwelten hineinzuversetzen, entwickelt, sei es nun die geistesgeschichtliche, die ein Werk vom „Geist" seiner Epoche her ganzheitlich-idealistisch erschließt, oder sei es die existentielle, die durch das eigene (politische) Urerlebnis (z.B. Krieg) Bezug findet zu einem analogen literarischen Ereignis der Vergangenheit, das sich mit Krieg befaßt; oder sei es die marxistische bzw. positivistische Ideologiekritik, die Texte auf die in ihnen zum Ausdruck kommenden Interessen (ökonomische, machtpolitische) „hinterfragt": Nicht der Text als solcher ist wichtig, sondern die Interessen, die sein Entstehen motiviert haben.

Vom inhaltlichen Aspekt her stellt die Literaturwissenschaft (Germanistik, Slawistik, Romanistik, Anglistik, Amerikanistik, Sinologie, Indologie, Arabistik, Afrikanistik usw.) ebenso Wissensbestände zur Verfügung, die für eine politische Länderkunde der betreffenden Gebiete oder für das Verständnis bestimmter geistesgeschichtlicher Epochen (z.B. die Romantik in ihren Auswirkungen auf den Faschismus) oder bestimmter Autoren (der Expressionismus und die expressionistische Sprache bei Ernst Bloch) unentbehrlich sind. Der Diplomat und Politikwissenschaftler George F. Kennan meinte. B., daß er die „Seele" eines Volkes nur über dessen „große" Literatur erfassen könne. (Das gilt z.B. auch hinsichtlich der Volks- und Völkerkunde, die Wissen über Völker bereitstellen, deren politisches System die Politikwissenschaftler erkunden wollen.)

Neuerdings hat sich eine enge Verbindung beider Disziplinen in der sog. Politischen Sprachwissenschaft ergeben, die sich zum Ziel setzt, „sprachliche Verhältnisse im Rahmen der gesellschaftlichen Reproduktion" unter politischem Aspekt zu analysieren. (Januschek 1985 : 3) Sprache wird als politisches Herrschaftsmittel, als politische Praxis begriffen. In diesem Rahmen wird die Sprachpolitik, d.h. die bewußte Lancierung und öffentliche Verbreitung bestimmter Termini, des „Dritten Reiches", der Besatzungsmächte nach 1945 sowie der „Wen-

KAPITEL 5. DIE POLITIKWISSENSCHAFT IM SYSTEM DER WISSENSCHAFTEN

de" nach 1982 untersucht, um nur einige Beispiele herauszugreifen. Der 1982 von Genscher ventilierte Begriff der „Wende" war zugleich Programm und erweckte durch seine einprägsame und leicht erinnerbare Form den Eindruck, daß eine „Wende" unmittelbar bevorstünde und unabdingbar sei, wenn nicht bereits allein durch die Nennung vollzogen sei.

Damit wird jedoch – was nicht ganz bewußt zu sein scheint – auf eine alte politische Tradition zurückgegriffen, auf die Kunst und Technik der Rhetorik, wie sie in der Antike und im Mittelalter noch fester Bestandteil des Wissenschaftskanons, der sieben Disziplinen der freien Künste, war. Ziel der Rhetorik war es, Menschen mit dem Mittel ursprünglich der Rede, aber später auch mittels anderer Medien (Texte, Plakate, Filme) vom eigenen Standpunkt als dem einzig richtigen zu überzeugen, wobei allerdings nicht nur die kognitiv-bewußtseinsmäßige Seite des Zuhörenden oder Aufnehmenden angesprochen wird, sondern ebenso die emotionale und affektive. Das hat – vor allem, seitdem die Renaissance die Rhetorik von der Theologie und der Ethik zu trennen begann – diese Disziplin in Verruch gebracht, daß sie zur politischen Durchsetzung beliebiger Interessen durch Appell an „niedere", vorrationale „Triebe" seitens politischer Verführer mißbraucht werden konnte – und wurde. Da indes alles mißbraucht werden kann, ist das kein Einwand gegen die sprachlichen Techniken, die die Rhetorik entwickelt hat und die sie z.B. zur Analyse von politischen Texten aller Art verwendet, wie da sind: eine bestimmte, als wirkungsvoll erachtete Einteilung einer Rede; verschiedene Arten des Beweises in einer Rede („natürlicher, kunstgemäßer"); wie erlange ich die Aufmerksamkeit des Zuhörers oder des Lesers; wann ist in einer Rede eine Abschweifung in der Gedankenführung sinnvoll; gibt es typische Gedanken- und Wortfiguren sowie Sentenzen, die wirkungsvoll eingesetzt werden können; u. dgl. (vgl. Ueding 1976)

Um Reden von Politikern, die solche Techniken anwenden, zu verstehen, muß auch der Politologe diese Techniken kennen, mithin rhetorisch geübt sein.

5.11. POLITIK-, VERWALTUNGS-, UND RECHTSWISSENSCHAFT

5.11 Politik-, Verwaltungs-, und Rechtswissenschaft

Diejenige Nachbardisziplin der Politikwissenschaft, die es nur mit Sprache zu tun hat und die daher im besonderen Maße auf Interpretationsmethoden (textkritische, teleologische oder historische) angewiesen ist, ist die Rechtswissenschaft. Sie inkorporiert an zahlreichen Fachbereichen und Fakultäten der Bundesrepublik auch noch Lehrstühle für Staatsrecht und Politik und bringt damit das enge Verhältnis beider Wissenschaften zum Ausdruck. Diese Wissenschaft beschäftigt sich mit dem Stoff und der Technik, aus dem, bzw. mit der Politik zum Großteil gemacht wird, d.h. mit dem Recht als der gesamtgesellschaftlich verbindlichen Regelung von Daseinslagen insbesondere für den Fall von Streitigkeiten und Normverletzungen. Die Rechtswissenschaft befaßt sich dabei weitgehend mit der Ableitung alltäglichen Rechts aus den Grundnormen der grundlegenden Verfassung eines Staates; mit den praktisch-technischen Regeln zur korrekten Auslegung und Anwendung dieses Rechts; sowie mit der Analyse der sozialen, politischen, (sozial-)psychologischen, ökonomischen und historischen Bindungen der Entstehung, Entwicklung und Auswirkung von Recht (ggf. in verschiedenen Gesellschaften und Epochen).

Damit berührt jedoch diese Disziplin bereits Fragestellungen von Nachbarwissenschaften, denn Aufgabe der Politikwissenschaft ist es, die politischen Prozesse der Entstehung von Recht in den verschiedenen Teilpolitiken historisch zu untersuchen und normativ- praktisch zur Klärung der Frage nach der Gerechtigkeit von Recht und Rechtsprechung sowie von Grundnorm, Verfassung und Verfassungswirklichkeit beizutragen, denn nicht alles Recht ist auch gerecht, wie nicht zuletzt der Nationalsozialismus aufgewiesen hat. Bei der Analyse von Recht berücksichtigt die Politikwissenschaft insbesondere dominante Interessen, Werte und Entscheidungsmuster (z.B. autoritäre vs. demokratische), die mitbewirken, daß das Rechtssystem bestimmte Gruppen bevorzugt und andere benachteiligt. Natürlich kommt sie dabei nicht ohne Verständnis für das aus, was Recht ist und wie es angewandt wird. Nicht ohne Grund sind heutzutage noch viele politikwissenschaftliche Lehrstuhlinhaber von ihrer Ausbildung her Juristen.

# KAPITEL 5. DIE POLITIKWISSENSCHAFT IM SYSTEM DER WISSENSCHAFTEN

„Verständnis" und „Verstehenkönnen" bedeuten nicht, daß man als Politologe Jurist mit einer Beherrschung einer Mindestzahl von Rechtsgebieten sein muß. Es bedeutet vielmehr Kenntnis der grundlegenden rechtswissenschaftlichen Interpretationsmethoden, soweit man eine politikwissenschaftlich relevante rechtliche Materie bearbeitet.

Von besonderem wechselseitigen Interesse für beide Wissenschaften ist das Staats- und Verfassungsrecht, insbesondere, was die politisch-philosophischen Leitideen anbelangt, die sich in einer Verfassung manifestieren, und was die politische sowie soziale Realität betrifft, für die die Verfassung gilt und die nur von Politikwissenschaftlern adäquat beschrieben werden kann. Denn Verfassungsnormen sind wegen ihres großen Interpretationsspielraumes „nicht ohne weiteres auf den Einzelfall anwendbar"; es müssen erst noch Entscheidungssätze, die auf diese Grundnormen beziehbar sind, angesichts einer sich schnell ändernden sozialen Realität gewonnen werden, was jedoch faktisch ein politischer Akt ist (Grimm 1973 : 54 f.), der auf die politische Umwelt Rücksicht nehmen muß, um durchführbar zu sein. Die für diesen Prozeß notwendigen Kenntnisse hat u.a. die Politikwissenschaft der Rechtswissenschaft zur Verfügung zu stellen. Grundproblem ist das oft diskrepante Verhältnis von Verfassung und Verfassungswirklichkeit, das nur von Juristen und Politikwissenschaftlern in Kooperation festgestellt und analysiert werden kann.

Dazu kommt die Aufgabe, ggf. ein nicht bewußtes Vorverständnis oder Vorurteil bei der Interpretation von rechtlichen Normen dadurch zu verringern, daß man politische Alternativen zur vorherrschenden Interpretation aufzeigt. Angesichts der immer noch dominanten Mittel- und Oberschichtsorientiertheit deutscher Richter ist dies immer noch eine wichtige Aufgabe für Politikwissenschaftler und Soziologen.

Damit wird bereits das Gebiet der Rechtspolitik betreten, bei der es um die politischen Bedingungen der Setzung von Recht sowie um den politischen Wandel von und durch Recht geht.

Auf einer empirisch-, nicht normativ-praktischen Ebene begegnen sich Rechts- und Politikwissenschaft in der Verwaltungswissenschaft, die auf eine bis zur Kameralistik der Aufklärungszeit zurückreichende Tradition gerade in Deutschland zurückgreifen kann und die vor allem von der 1950 in Speyer gegründeten Hochschule für Verwaltungswissenschaften vorangetrieben wurde. Denn Verwaltung ist die Umsetzung von (politisch) gesetztem Recht in exekutive Entscheidungen von Regierungen. In diesem Zusammenhang werden vor allem analysiert:

- die Aufgaben von Verwaltung (Planen, Informationsverarbeitung, Entscheiden, Kontrollieren, Organisieren, Führen);

- Aufgabenkritik in und gegenüber Verwaltungen sowie Alternativen zur bestehenden Verwaltungsorganisation (Funktionalreform, kommunale Neugliederungen, Ausgliederung von Aufgaben, Deregulierung, Selbstorganisation, Privatisierung);

- die Organisation der Verwaltung (Linien/Stabsystem usw.);

- die Qualifikation des Verwaltungspersonals;

- sowie der optimale Einsatz von Sach- und Finanzmittel. (vgl. Wittkämper 1976)

5.12 Politikwissenschaft und Geographie

Eine Zwitterstellung zwischen Human- und Naturwissenschaften nimmt die Geographie ein, die als Allgemeine Geographie (Geomorphologie, Ozeanographie, Klimatologie usw.) die Landschaftselemente sowie deren Form, Entstehung und Struktur untersucht und die als spezielle oder regionale Länderkunde die verschiedenen Räume der Erdoberfläche mit ihren spezifischen Eigenarten (Raumbeziehungen, Topographie, Tier-/Pflanzenwelt usw.) erfaßt.

Für unsere Fragestellung hervorzuheben ist die Anthropogeographie, die die räumliche Siedlungs-, Verkehrs-, Wirtschafts- und Sozialstruktur umfassend erforscht. Es ist offensichtlich, daß diese Wissenschaft der Politikwissenschaft Ergebnisse bereitstellt, ohne die eine Analyse von raumbezogener Kommunal- und Regionalpolitik/-planung oder von Entwicklungsstrategien in der Dritten Welt bzw. ohne die überhaupt die politikwissenschaftliche Länderkunde nicht auskommen

KAPITEL 5. DIE POLITIKWISSENSCHAFT IM SYSTEM DER WISSENSCHAFTEN

würde. (Analog ist eine zunehmende Hinwendung von Geographen zur Politik- und Sozialwissenschaft festzustellen.) Die Analyse von Agrarpolitiken in der Dritten Welt ist ohne geographische Kenntnisse z.B. über räumliche Strukturen, Bodenfruchtbarkeiten und Besitzstrukturen gar nicht möglich.

Eine bis ins 17. Jahrhundert zurückreichende, im „Dritten Reich" z.T. unrühmliche und bis heute bestehende Kooperation beider Disziplinen erfolgte in der sog. Politischen Geographie, die trotz ihres Mißbrauchs im Nationalsozialismus in ihrem Grundanliegen nicht diskretitiert ist. (vgl. Bösler 1983) Die Nationalsozialisten hatten behauptet, daß Deutschland überbevölkert sei, die Deutschen ein „Volk ohne Raum" seien. Damit wurde dann die Ostexpansion gerechtfertigt. Keine verantwortungsvoller Politischer Geograph würde jedoch dies unterschreiben, denn ob ein Raum überbevölkert ist, hängt nicht nur von der Größe des Territoriums ab, sondern auch von der Dichte der sozialen Beziehungen: Wenn auf dem jeweiligen Gebiet nur Bauern tätig sind, die einen entsprechend Bodenbedarf haben, so ist es natürlich schnell überbevölkert. Wenn aber industriell produziert wird, so ist noch auf kleinstem Raume ein maschinelles Herstellungsverfahren möglich. Voraussetzung einer derart industrialisierten Gesellschaft auf kleinstem Raum ist, daß sie wirtschaftlich mit anderen Räumen und Staaten verflochten ist, in die das Produzierte geliefert werden kann und von denen man z.B. Nahrungsmittel und Rohstoffe bezieht, die wegen des begrenzten eigenen Territoriums nicht selbst geerntet, bzw. gefördert werden können.

Damit soll nun aber nicht behauptet werden, das Geographische spiele überhaupt keine Bedeutung. Eine Grundhypothese der Politischen Geographie ist es vielmehr, daß sich politisches Handeln trotz aller geschilderten funktional-wirtschaftlichen Interdependenzen in und zwischen den Nationalstaaten (immer noch) raumabhängig und raumwirksam vollzieht: Politik und Außen- sowie Militärpolitik findet auf und mit Bezug zu bestimmten Territorien statt, die von ihrer Eigenart her (z.B. ob Insel oder nicht) Auswirkungen auf die Art von Politik haben. Raum wird dabei verstanden als das z.B. einem Staat zur Verfügung stehende Territorium inkl. Bodenschätze, Bevölkerungs-

5.12. POLITIKWISSENSCHAFT UND GEOGRAPHIE

dichte, Aufteilung des Grundbesitzes, Gebietsgliederung (zentrale/ periphere Gebiete), Lage (Insel, Gebirge, Meereszugang?), technologische Durchdringung usw. Die (außenpolitische) Macht eines Staates wird z.T. von diesen Faktoren mitbedingt, wenn auch die geographisch-deterministischen Behauptungen, die Verfügung über die Weltmeere (Mahan) oder über die euroasiatische Landmasse (MacKinder) garantiere die Weltherrschaft, als monokausal-vereinfachend allgemein abgelehnt werden (auch wenn sie das Handeln von Kaiser Wilhelm II. und Hitler bestimmten).

Wie schon gegenüber dem Ökonomismus, betont auch hier die Politikwissenschaft die relative Autonomie des Politischen, das nicht nur von geographischen oder ökonomischen Faktoren abhängig sei. Daher sind Argumentationen, England sei deshalb eine maritime Weltmacht mit einer starken Flotte geworden, weil es eine Insel ist, zu kurz greifend, denn Japan ist ja auch eine Insel – ohne die Konsequenz, daß das Land ein Flotten-Weltreich aufgebaut hätte (sieht man von der kurzen Ausnahmezeit von 1930 bis 1945 ab).

Die räumliche Dimension beeinflußt nur dann politisches Handeln, wenn diese auch von den Entscheidungsträgern wahrgenommen wird. (Sprout/Sprout 1968) Allerdings können nicht wahrgenommene geographische Bedingungen sich später „heimzahlen", indem sie den Erfolg politischen Handelns vereiteln. Wer nicht wahrnimmt, daß Deutschland von seiner geographischen Mittellage zwischen Ost und West, Nord und Süd stets auf Kooperation mit einer Vielzahl von Nachbarn angewiesen ist, muß am Widerstand eben dieser Nachbarn scheitern, das waren die Erfahrungen des Ersten und Zweiten Weltkrieges.

Es ist daher weitgehend unumstritten, daß räumliche Faktoren den Erfolg oder Mißerfolg von Handlungen mitbedingen können, so daß sich eine eigene politisch-geographische Evaluationsforschung entwickelt hat, die die Wirkungsabläufe infolge einer Handlung über die gesamte Kette der Beziehungen innerhalb eines räumlichen Funktionszusammenhangs untersucht, um dann zu bewerten (zu evaluieren), ob eine Handlung erfolgreich war oder nicht.

5.13 Politikwissenschaft und Verhaltensforschung

Ebenso wie die Geopolitik im „Dritten Reich" mißbraucht wurde, wurden biologische Modelle, wie z.B. die Darwinsche Evolutionstheorie, mißbräuchlich auf Politik und Gesellschaft übertragen und zur Erklärung verwandt. Darwin hatte behauptet, daß im Pflanzen- und Tierreich nur das Lebewesen als Typ, als Gattung langfristig überlebe, was sich den Umweltbedingungen am besten anpasse („*survival of the fittest*"). Die Dinosaurier sind als Tiergattung wohl deshalb untergegangen, weil sie zu groß und unförmig waren. Sie waren damit geänderten Lebensverhältnissen nicht mehr angepaßt. Dieses Gesetz der natürlich Evolution wurde – schon von Nietzsche – in einem epochalen Fehlschluß auf die soziale Evolution übertragen, auf die Entwicklung von Gesellschaften und Völkern in der Geschichte: Nur die Gesellschaft überlebe, die umweltangepaßt sei.

Dieser Darwinsche Gedanke wurde zudem dadurch radikalisiert, daß man dieses Überleben als Daseinskampf gegen andere Gesellschaften interpretierte und den Darwinschen Terminus „fittest" mit „stärkste" übersetzte. Die Konsequenzen, die man daraus zog, waren verheerend: Nur noch das stäkste und durchsetzungsfähigste Volk können im Daseinskampf überleben. Was nach diesen Vorstellungen dann nur noch zählte, waren Macht und Machtentfaltung – und nicht Moral und gute Werte. Das mündete natürlich mit einer gewissen inneren Logik im Faschismus und Nationalsozialismus.

So wurde ein „Kampf der Menschen und Nationen ums Dasein" als das bestimmenden Gesetz der Geschichte postuliert, und nur die Nation würde überleben, die sich diesem brutalen Wettkampf anpasse.

Ähnliche Mißbrauchsmöglichkeiten gibt es auch bei einer politisch instrumentalisierten Verhaltensforschung, die dem Menschen z.B. ähnlich wie dem Tier einen angeborenen Aggressionstrieb zuschreibt. (Konrad Lorenz) Ein derart von Natur aus aggresiver Mensch müsse – so die konservative Schlußfolgerung – durch einen starken Staat unter Kontrolle gehalten werden.

Diese Mißbrauchshäufung biologischer Modelle, die auf die Politik übertragen werden, sollte zur Vorsicht mahnen bei einer allzu mecha-

5.13. POLITIKWISSENSCHAFT UND VERHALTENSFORSCHUNG

nistischen Übertragung von naturwissenschaftlichen Theorien auf den durch die menschliche Reflexivität und Freiheit bestimmten Bereich, der (potentiell) das Natürliche zu transzendieren, hinter sich zu lassen vermag. Der Mensch ist halt mehr als das nur Biologische und Triebhafte; er kann sich selbst erkennen und dadurch die natürlichen Grundlagen seiner Spezies überwinden.

Dieser Grenzen und Gefahren eines Biologismus ist sich die neue Wissenschaftsdisziplin der Biopolitik durchaus bewußt (vgl. Flohr und Tönnesmann 1983). Sie will durch die Übernahme von Ergebnissen und Methoden der life sciences die biologischen Faktoren von politischem Handeln, Fühlen, Denken und Wahrnehmen aufdecken. Die gegenwärtige ökologische Krise sowie die Debatte um die Gen-Technologie und die Hungersnöte in Entwicklungsländern sowie der Streß in der Politik schärfen den Blick für biopolitische Fragen: Reagiert ein Politiker rein biologisch schon anders, wenn er von einem Termin zum anderen gejagt wird? Wie reagieren Menschen politisch, wenn sie ständig unter Hunger leiden?

In der Bildungspolitik wiederum ist es von Bedeutung, inwieweit menschliches Verhalten und menschliche Intelligenz genetisch-biologisch vorprogrammiert und inwieweit kulturelle Überformungen möglich sind. Die Grundfrage hier lautet: Was kann Erziehung gegen die Natur bewirken? Kann man überhaupt genetisch unbegabte Menschen fördern? Oder ist das genetische Intelligenzpotential des Menschen bei allen immer nur zu einem geringen Teil ausgeschöpft, sodaß schulische Förderung immer sinnvoll ist, um das nicht aktivierte Intelligenzpotential zu mobilisieren.

Für die Internationalen Beziehungen ist die wohl weitgehend empirisch bestätigte Feststellung von Relevanz, daß die Bereitschaft zur Aggressivität gegen Gruppenfremde zum biologisch in der Naturgeschichte der Menschengattung herausgebildeten Grundinventar evolutionär selektierter Bereitschaften des Menschen gehört; oder einfacher gesagt: Der Mensch neigt aufgrund seiner biologischen Erbschaft zur Aggressivität gegenüber Fremden.

Ebenso wurde die Politikwissenschaft durch die Biopolitik auf die nonverbale, nichtsprachliche Kommunikation sowie auf politische Rituale und Symbole aufmerksam gemacht, die – verhaltensevolutionär festgelegt – beispielsweise in Wahlkämpfen bewußt angesprochen werden. Der Mensch reagiert halt auf die Farbe „orange" positiver als auf knall-rot. Und deshalb verwenden die Sozialdemokraten auf Plakaten das Orange – und nicht das ihnen von Tradition her angestammte Rot.

Physiologisch orientierte Arbeiten weisen auf den Zusammenhang zwischen menschlich-körperlichen Variablen und der Persönlichkeitsstruktur hin. Z.B. besteht eine – auch theoretisch fundierte – hohe Korrelation zwischen der Zahl von Linkshändern und der Liberalität in einer Gesellschaft: Je mehr Linkshänder, um so liberaler. Überhaupt kann die gesamte Anthropologie und Politische Philosophie („der Mensch ist gut" bzw. „böse") mit Hilfe der Biopolitik auf eine empirische Grundlage gestellt werden.

5.14 Politikwissenschaften und Naturwissenschaften

Je näher wir in den Bereich der „reinen" Naturwissenschaften und der unbelebten Natur kommen, um so schwieriger wird die Übertragung deren Ergebnisse auf die Politik(wissenschaft), es sei denn, man glaubt an die astrologische Abhängigkeit politischer Ereignisse von Gestirnenkonstellationen. (Es gab ernsthaft gemeinte Theorien, die einen Zusammenhang zwischen der Zahl von Sonnenflecken pro Jahr und der Zahl von politischen Revolutionen sahen). Die Naturwissenschaften befassen sich mit der unbelebten Materie und/oder mit Lebewesen ohne Reflexionsfähigkeit, während die Sozialwissenschaften gerade solche reflektierenden Lebewesen, genannt Menschen, zum Untersuchungsgegenstand haben.

Wegen dieser Distanz erfolgt der Wissenstransfer zwischen Natur- und Sozialwissenschaften vor allem durch die Übertragung isomorpher Strukturen. Isomorphie heißt Strukturähnlichkeit oder Äquivalenz, die dann gegeben ist, wenn von zwei Mengen (M,M') jedem Element von M eindeutig ein Element von M' zugeordnet werden kann. Die Struktur, nicht der Inhalt von zwei Gegenstandsbereichen muß also ähnlich sein. Der Vorstellung des „Gleichgewichts der Mächte" liegt z.B. das physikalistisch geprägte Weltbild der Aufklärung zugrunde, die Politik analog zum Gleichgewicht im Sternensystem gestalten zu können glaubte. Ähnlich wurde ursprünglich aus der Biologie der kybernetische Grundgedanke auf alle Wissensgebiete angewandt, daß nämlich die Stabilität jedes Systems, sei es nun chemisch, physikalisch, soziologisch oder politisch, von der Aufnahme jedwelcher Informationen (*Input*) aus der Umwelt sowie der Abgabe von Informationen an die jeweilige Umwelt (*Output*) abhängt, wobei die Wirkungen der Outputs in der Systemumwelt, wie überhaupt die Umwelt als neue Informationen in das System eingehen (Rückkoppelung = Lernen des Systems). Durch die stete Aufnahmebereitschaft gegenüber der Umwelt kann sich ein System ständig und adäquat ändernden Umweltbedingungen anpassen, und dadurch bleibt ein System überlebensfähig und stabil.

5.15 Politikwissenschaft und Strukturwissenschaften

Mit der Kybernetik haben wir bereits eine allen Wissenschaften zugrundeliegende Strukturwissenschaft angesprochen, wie es auch Mathematik und Logik sind. Solche Strukturwissenschaften beziehen sich nicht auf einzelne Inhalte von Wissenschaften, sondern auf die allen oder vielen Gegenstandsbereichen zugrundeliegenden Strukturen. Logik und Mathematik dienen nicht nur in der Politikwissenschaft der Abbildung von Beziehungen zwischen beobachtbaren oder erdachten Phänomenen durch eine spezifische Symbolsprache, mit so bekannten Zeichen, wie: $+- <>= a =f(y)$: usw.

Mit solchen mathematischen und logischen Visualisierungen wird nicht nur eine größere Übersichtlichkeit und leichtere Erfaßbarkeit erreicht; durch sie können Theorien überhaupt auf Konsistenz, Vollständigkeit und Widerspruchsfreiheit überprüft (ist die Verwendung der logischen Symbole in sich widerspruchsfrei?) sowie Prognosen und Simulationen erstellt werden. Mit Prognoseverfahren (insbesondere Extrapolationen) lassen sich gegebene Entwicklungen der Vergangenheit (z.B. die kontinuierliche Zunahme der Wahlbeteiligung) in die Zukunft fortschreiben.

KAPITEL 5. DIE POLITIKWISSENSCHAFT IM SYSTEM DER WISSENSCHAFTEN

Aber gerade Prognosen machen die Grenzen jeglicher Wissenschaft offenbar, denn diese vermag aufgrund ihres notwendigerweise analytisch-aspekthaft-selektiven Zugriffs nie alle Bedingungsfaktoren zu erfassen, so daß nur Wahrscheinlichkeitsaussagen möglich sind, wenn überhaupt. Die Zukunft ist nicht vorhersehbar, da auch in der Vergangenheit keine eindeutige und immer währenden Gesetze festgestellt werden konnten, die über die Gegenwart hinaus verlängert werden könnten. Es ist ein aus der Aufklärung stammender Mythos und Irrglaube, daß die Welt wissenschaftlich gestaltbar, daß das Irrationale im Sinne des Zufälligen oder der nicht prognostizierbaren Verschränkung von Ereignisketten eliminierbar sei. Der Mensch als freies Wesen, das sich auch anders entscheiden könnte, ist nicht kalkulierbar, und die Zukunft daher nur begrenzt vorhersehbar.

Die moderne Wissenssoziologie hat aufgezeigt, daß selbst oder gerade das rationalistischste Wissen noch mythisch fundiert ist, z.B. die binär-logische Dichotomie „wahr vs. falsch" in den Wissenschaften, die wohl bedingt ist durch die dichotome, zwiegespaltene menschliche Hirnstruktur (Groß/Kleinhirn); dadurch verliert die „wahr oder falsch"-Aussage nichts an ihrer wissenschaftlichen Legitimität, denn sie ermöglicht weiterhin adäquate Aussagen über die außermenschliche Natur (Bühl 1984). Aber relativiert wird alles doch schon!

Die Wissenschaftssoziologie (Thomas S. Kuhn) hat die sicherlich nicht von der Suche nach Wahrheit bestimmte Entwicklung in den Wissenschaften nachgewiesen. Nicht das Wahre siegt in der Wissenschaft – oder nur sehr langfristig –, sondern der setzt sich in der Wissenschaft durch, der am durchsetzungsfähigsten ist und alle seine Schüler auf Lehrstühle im Lande unterbringt. Auch hier ist die Zukunft nicht rationalistisch vorbestimmt (der Beste siegt), sondern geprägt von den z.T. undurchsichtigen und nicht kalkulierbaren Taktiken der Nachwuchsförderung.

Schließlich hat sich der neuzeitliche Rationalismus selbst dialektisch in seinen Folgen als Irrationalismus entlarvt, wie nicht zuletzt die Umweltzerstörung zeigt: Die rationale Technologie des modernen Industrialismus zeitigt irrationale Folgen u.a. in Form der Umweltkrise. Dieses dialektische Phänomen der paradoxen Umkehr, das genau das Gegenteil vom Intendierten „herauskommt", ist jedoch nicht nur auf die Neuzeit beschränkt. Es ist ein allgemeines Menschheitsproblem: Das Irrationale im Sinne des nicht rational Kalkulierbaren ist als Existential, als Grundbedingung des Menschseins nicht wegzudefinieren. Noch Machiavelli wußte von der fortuna, dem Glück als einem die Politik bestimmenden Moment, erst recht das christliche Mittelalter und die Antike, die – wie Aristoteles – bezogen auf die Politik auch nie sicheres, sondern nur wahrscheinliches und mögliches Wissen durch vorsichtiges Abwägen von Alternativen („topischer Diskurs") erlangen zu können glaubten.

Es wäre jedoch nun falsch, dämonologisch, im Glauben an Dämonen in das antirationalistische Gegenteil zu verfallen und schopenhauer-wagnerianisch-pessimistisch sich dem unergründlichen Walten des Schicksals zu ergeben. (Nietzsche: „amor fati") Das Irrationale ist nur ein Teil, das durchaus mit dem Rationalen koexistiert.

Das Irrationale ist vielmehr möglichst wissenschaftlich, und d.h. hier: mit dem Aufgebot der menschlichen Vernunft (in all ihren Grenzen), zu erfassen.

5.16 Politikwissenschaft und Theologie

Die Wissenschaft, die das jenseits von Vernunft Liegende möglichst vernünftig – soweit überhaupt möglich – begreifen will, ist die Theologie, oder, was den außerchristlichen Kulturkreis betrifft: die Religionswissenschaft. Dabei kommt es hier nicht primär darauf an, daß in die politische und politikwissenschaftliche Argumentation zuweilen religiöse Kategorien übernommen werden. Man denke nur an die Strukturidentität zwischen der christlichen Reich-Gottes-Eschatologie und der marxistischen Geschichtsphilosophie mit ihrem Endziel der kommunistischen Gesellschaft (= Paradies). Oder, wie Carl Schmitt nachgewiesen hat: daß „alle prägnanten Begriffe der modernen Staatslehre (...) säkularisierte theologische Begriffe" seien (1922: 38). Der Begriff des Wunders ist demnach analog dem des Ausnahmezustandes: So wie das Wunder Gottes Naturgesetze außer Kraft setzen kann, so setzt der staatliche Ausnahmezustand als ultima ratio die normalerweise geltenden Gesetze in einem Staat außer Kraft. Was hier vielmehr

KAPITEL 5. DIE POLITIKWISSENSCHAFT IM SYSTEM DER WISSENSCHAFTEN

gemeint ist, ist das ihrem Wesen nach „ausdrücklich bemühte Hören des glaubenden Menschen auf die eigentliche, geschichtlich ergangene Wortoffenbarung Gottes, das wissenschaftlich methodische Bemühen um ihre Erkenntnis und die reflektierende Entfaltung des Erkenntnisgegenstandes." (Rahner und Vorgrimler) In der Religion wird der Glaube in und das Vertrauen auf das Irrationale bewahrt, ohne daß nun gesagt werden dürfte, die Theologie sei weniger rational als andere Wissenschaften. Glaube, Reflexion, Kritik und Wissenschaftlichkeit schließen sich dabei nicht wechselseitig aus. Im System der Wissenschaften ist die Theologie vor allem hinsichtlich ihres Wunderbegriffs von Bedeutung. Ein Wunder ist ein Ereignis, das nicht aus den Eigengesetzlichkeiten eines Erfahrungsraumes erklärt werden kann und von daher den menschlichen Verstand übersteigt. Die Theologie interpretiert dies als Entschränkung der naturgesetzlichen durch die höhere Gesetzlichkeit der Heilsökonomie, in der Gott den Menschen in geschichtlicher Tat in seine Lebensgemeinschaft beruft. Damit vermag das „Irrationale" „rational" gefaßt zu werden.

LITERATUR

Almond, G.A. und S. Verba (1963): The Civic Culture, Princeton.

Bühl, W.L. (1974): Einführung in die Wissenschaftssoziologie, München.

Bühl, W.L. (1984): Die Ordnung des Wissens, Berlin.

Bösler, K.-A. (1983): Politische Geographie, Stuttgart.

Bernbach, U. (1984): Über die Vernachlässigung der Theoriengeschichte, in: ders. (Hrsg.), Politische Theoriengeschichte, Opladen, S. 9-31.

Cansey, R.L. (1977): Unity of Science, Dodrecht und Boston.

Durkheim, E. (1970): Die Regeln der soziologischen Methode, hrsg. von R. König, Neuwied.

Deutsch, K.W. (1970): Politische Kybernetik, Freiburg im Brg.

5.16. POLITIKWISSENSCHAFT UND THEOLOGIE

Deutsch, K.W. und D. Senghaas (1971): Die brüchige Vernunft von Staaten, in: Senghaas, D. (Hrsg.), Kritische Friedensforschung, Frankfurt a. M., S. 105-163.

Downs, A. (1968): Ökonomische Theorie der Demokratie, Tübingen.

Dovifat, E. (Hrsg.) (1971): Handbuch der Publizistik, Berlin.

Frey, B.S. (1977): Moderne Politische Ökonomie, München.

Flohr, H. und W. Tönnesmann (Hrsg.) (1983): Politik und Biologie, Berlin und Hamburg.

Gäfgen, G. (o. J.), Wirtschaftswissenschaft, in: M. Timmermann (Hrsg.) (o. J.), Sozialwissenschaften, Eine multidisziplinäre Einführung, Konstanz.

Grimm, G. (1973): Staatsrechtslehre und Politikwissenschaft, in: ders. (Hrsg.), Rechtswissenschaft und Nachbarwissenschaften, Frankfurt a.M., S. 53-67.

Januschek, F. (1985): Einleitung, in: ders. (Hrsg.), Politische Sprachwissenschaft, Opladen, S. 1-2.

Lipset, S.M. (1966): Political Man, London.

Maier, H. (1969): Politische Wissenschaft in Deutschland, München.

Mayntz, R. (Hrsg.) (1980): Implementation politischer Programme, Königstein/Ts.

Nell-Breuning, O. v. (1956): Wirtschaft und Gesellschaft, 3 Bde., Freiburg i. Brg.

Parsons, T. (1969): Politics and Social Structure, New York.

Samuelson, P.A. (1972): Volkswirtschaftslehre; Bd. I und II, Köln.

Sprout, H. und M. Sprout (1968): An Ecological Paradigma for the Study of International Politics, Princeton.

Spillner, B. (1974): Linguistik und Literaturwissenschaft, Stuttgart u.a.

Süßmuth, H. (1978): Der Beitrag der Geschichtswissenschaft zum Studium des Unterrichtsfaches Sozialwissenschaften, in: E. Forndran, H.J. Hummel und H. Süßmuth, Studiengang Sozialwissenschaften: Zur Definition eines Faches, Düsseldorf S. 63-136.

Schmitt, C. (1922): Politische Theologie, München und Leipzig.

Ueding, G. (1976): Einführung in die Rhetorik, Stuttgart.

Weber, M. (1960): Soziologische Grundbegriffe, Sonderdruck aus: Wirtschaft und Gesellschaft, Tübingen.

Willms, B. (1984): Politische Ideengeschichte, Politikwissenschaft und Philosophie, in: U. Bernbach, Politische Theoriengeschichte. Opladen

Wittkämper, G. W. und J. Stanzel (1976): Politik und Recht, Kronberg.

Zapf, W. (Hrsg.) (1974): Soziale Indikatoren, Frankfurt a. M. und New York.

Kapitel 6

Grundbegriffe der Politikwissenschaft

bearbeitet von **Andreas Kohl** und **Kai Fischbach**

Im folgenden Glossar sollen einige grundlegende Begriffe der Politikwissenschaft kurz erläutert werden. Dazu gehören die verschiedenen Politikbereiche, wichtige Begriffe aus der politischen Theorie und der Ideengeschichte sowie für die Politikwissenschaft relevante Begriffe aus benachbarten Disziplinen, z.B. den Wirtschaftswissenschaften, der Philosophie oder der Soziologie. Weder erhebt die hier getroffene Auswahl Anspruch auf Vollständigkeit noch läßt der zur Verfügung stehende Raum eine erschöpfende Beschäftigung mit den oft vieldeutigen, nicht exakt definierten Begriffen und den konkurrierenden Theorien, wie es z.B. beim Begriff „Faschismus" der Fall ist, zu. Für weiterführende Literatur sei an dieser Stelle auf die einschlägigen Handlexika der Politikwissenschaft verwiesen.

Anarchismus: Der Anarchismus ist im 19. Jahrhundert aus dem Sozialismus entstanden. Der Begriff bezeichnet einen Zustand der Herrschaftslosigkeit. Anarchisten lehnen jede Form von Organisation, die nicht auf der Grundlage freiwilliger Absprachen errichtet wird, ab. Das höchste Gut ist die totale Freiheit des Einzelnen.

Aufklärung: Aufklärung, von Immanuel Kant als „Ausgang des Menschen aus seiner selbstverschuldeten Unmündigkeit" charakterisiert, kennzeichnet eine geistige Bewegung des 18. Jahrhunderts. Die Denker dieser Zeit akzeptierten althergebrachte Herrschaftsstrukturen nicht mehr, der aufgeklärte Mensch sollte mittels seiner Vernunft den Fesseln seines Daseins, seien sie religiöser oder staatlicher Herkunft, entkommen.

Außenpolitik: Der Begriff bezeichnet die Aktivitäten eines Staates nach außen, d.h. in Wechselbeziehung zu anderen Staaten. Akteure der Außenpolitik im Sinne der klassischen Diplomatie sind die Außenminister und Staatsoberhäupter, die durch Verträge und Staatsbesuche im internationalen System agieren. Neben diesen Trägern und Instrumenten der A. wird diese auch durch die Mitarbeit in internationalen Organisationen und durch internationale Wirtschaftspolitik sowie die Verteidigungspolitik ausgeübt. Die zunehmende Internationalisierung und Vernetzung der Welt führt in beinahe allen Politikbereichen zu Aktivitäten, die Auswirkungen auf die Außenpolitik haben.

Bürokratie/Bürokratisierung: Aufgabe der Bürokratie ist es, die zum Funktionieren eines Staates notwendigen anfallenden öffentlichen Aufgaben zu erledigen. Daneben existieren B. aber auch in Verbänden, Konzernen usw. Nach M. Weber stellt die B. eine überlegene und notwendige Form der Organisation dar. Mit zunehmender Ausbreitung der B. in der modernen Gesellschaft verbindet sich das Problem ihrer Kontrollierbarkeit. Obwohl nur Befehlsempfänger politischer Instanzen, kann sich die B. verselbständigen und politische Macht erlangen.

Demokratie: Der Begriff Demokratie entstammt dem Griechischen und bedeutet Volksherrschaft. Einer genauen Definition entzieht der Begriff sich durch seine verschiedenen Auslegungen und Deutungen. Die D. als Staatsform ist im Gegensatz z.B. zur Diktatur dadurch gekennzeichnet, daß die Herrschaft direkt (direkte D.) oder indirekt (repräsentative D.) durch das Volk, welches aus gleichberechtigten Bürgern besteht, ausgeübt wird. Die direkte Demokratie ist heute nur noch selten, z.B. in der Schweiz, anzutreffen. Die am häufigsten anzutreffende Staatsform, besonders in Europa, ist die repräsentative D. In ihr üben die Bürger ihre Herrschaft nicht mehr selber aus, sondern wählen ihre Vertreter, die den Staat lenken.

Diktatur: Als Diktatur wird die Alleinherrschaft einer Person oder Gruppe in einem Staat bezeichnet. Diese Alleinherrschaft kann gegen den Willen des Volkes, z.B. durch einen Putsch, aber auch mit Zustimmung desselben erlangt werden. Die D. kann vielfältige Formen zwischen kurzfristigem Krisenmanagement und totaler Unterdrückung annehmen. Konstituierende Merkmale sind u.a. die fehlende Gewaltenteilung, die Unterdrückung der Opposition sowie der Mißbrauch von Recht und Wahlen im Sinne des Systems.

Entwicklungspolitik: Durch die zunehmende Unterentwicklung besonders von Staaten in Afrika, Asien und Lateinamerika wurde es notwendig, die Kluft zwischen den Entwicklungsländern (die allerdings wiederum auf unterschiedlich hohem wirtschaftlichen Entwicklungsniveau stehen) und den Industriestaaten mit Hilfe von E. zu schließen. Die Entwicklungszusammenarbeit kann dabei in Form von Geld- oder Sachmitteln oder als Wissenstransfer getätigt werden. Internationale Organisationen und Abkommen (z.B. Lomé IV der EG) sollen nationale Entwicklungspolitiken ergänzen.

Europäische Gemeinschaft (EG): Zunächst aus der Europäischen Gemeinschaft für Kohle und Stahl (EGKS) hervorgegangen und als Europäische Wirtschaftsgemeinschaft (EWG) der Zusammenschluß europäischer Staaten mit dem Ziel der wirtschaftlichen und politischen Integration 1958 gegründet, vereinte der Fusionsvertrag 1967 EWG, EGKS und die ebenfalls 1958 gegründete Europäische Atomgemeinschaft (EURATOM) zur Europäischen Gemeinschaft mit gemeinsamen Organen. Aus der ursprünglichen Gemeinschaft der Sechs (B, BRD, F, I, LUX, NL) entwickelte sich durch Beitritte (1973: DK, GB, IRL; 1981: GR; 1986: E, P) eine Zwölfergemeinschaft. Wichtigste Organe der EG sind seit 1958 der Ministerrat als oberstes Entscheidungsgremium, die Kommission, die für die Vorbereitung und Ausführung der EG-Maßnahmen zuständig ist, sowie das Europäische Parlament, welches seit 1979 direkt gewählt wird und Beratungs- und Kontrollfunktionen innehat. Seine Kompetenzen sollen in Zukunft noch erweitert werden. Das 1979 eingeführte Europäische Währungssystem (EWS), das feste Wechselkurse innerhalb der Gemeinschaft vorsieht, der für 1993 angestrebte Europäische Binnenmarkt sowie die geplante Wirtschafts- und Währungsunion sind wichtige Marksteine der Entwicklung der EG.

Europäische Union: Die EU ist ein wirtschaftlicher und politischer Verbund selbständiger Staaten, der auf einen gemeinsamen Problemlösungsrahmen sowie die Schaffung einer Friedens- und Wertegemeinschaft abzielt. Der „Vertrag über die Europäische Union" (Maastrichter Vertrag), welcher nach Ratifizierung durch alle Mitgliedsstaaten im November 1993 in Kraft getreten ist, benennt drei Grundpfeiler, auf denen die EU ruht: 1) die bisherigen Europäischen Gemeinschaften, 2) die gemeinsame Außen- und Sicherheitspolitik und 3) die Zusammenarbeit in der Justiz- und Innenpolitik. Zur Realisierung dieser Integrationsbestrebungen gehört insbesondere die Errichtung einer Wirtschafts- und Währungsunion. Zu den wichtigsten Organen der EU zählen 1) das Europäische Parlament, 2) der Rat der EU, 3) die Kommissionder EU, 4) der Europäische Gerichtshof und 5) der Europäische Rechnungshof. Seit 1995 hat die EU 15 Mitglieder (A, B, D, DK, E, F, GB, GR, I, IRL, L, NL, P, S, SF).

Faschismus: Der für eine Bewegung stehende Begriff des Faschismus entstammt dem italienischen Wort fascio (Bündel). Unter dem Phänomen F. werden hauptsächlich die italienische faschistische Bewegung unter Mussolini sowie im weiteren Sinne auch der deutsche Nationalsozialismus unter Hitler gefaßt. Der F. ist von seinen Anhängern kaum mit einem theoretischen Rahmen versehen worden, die zahlreichen Faschismustheorien stammen von seinen Gegnern. Gemeinsam ist den Formen des F., daß sie sich als Gegenbewegungen zu demokratischen Strömungen verstehen, ein Einparteiensystem, gelenkt von einem charismati-

KAPITEL 6. GRUNDBEGRIFFE DER POLITIKWISSENSCHAFT

schen Führer, installieren wollen und das Idealbild des kämpfenden, militärischen Menschen errichten. In Deutschland war die nationalsozialistische Rassenlehre ein wichtiger Bestandteil der Ideologie.

Föderalismus: Unter föderativem System versteht man den Zusammenschluß von Staaten oder Organisationen zum Zwecke des gemeinsamen Handelns, jedoch unter der Wahrung der Teilsouveränität der Teilstaaten. Der Föderalismus als staatliches Prinzip ist z.B. in der Verfassung der USA sowie in abgeschwächter Form im Grundgesetz der BRD verankert. Leitgedanke eines föderalistischen Staatenbundes ist im Vergleich zum Zentralismus die dezentrale Machtverteilung.

Frieden: Frieden als Wert bezeichnet einen anzustrebenden Zustand zwischen oder innerhalb von Staaten und Gesellschaften. Dabei wird unterschieden zwischen negativem F., den die bloße Abwesenheit von Krieg kennzeichnet, und dem weiter gefaßten Begriff des positiven F. Dieser beinhaltet neben der militärischen auch noch soziale und wirtschaftliche Komponenten. Der Begriff der Gewalt ist hier weiter gefaßt. Positiver F. ist, je nach Definition, erst dann erreicht, wenn z.B. keine sozialen und wirtschaftlichen Ungleichheiten oder Abhängigkeiten zwischen Staaten mehr existieren. Die Möglichkeiten, im Zeitalter der Massenvernichtungswaffen dauerhaften F. zu schaffen, sind Gegenstand der Friedensforschung.

Gewaltenteilung: Die Gewaltenteilung ist ein Merkmal demokratischer Regierungsformen, nämlich die Einteilung der Aufgaben des Staates in drei Bereiche: legislative (gesetzgebende), judikative (richterliche) und exekutive (ausführende) Gewalt. Im Idealfall kontrollieren die mit der Ausführung der Aufgaben beauftragten Institutionen sich gegenseitig und sorgen so dafür, daß kein Machtmißbrauch entsteht oder eine Gewalt die anderen dominieren kann. Die Gewaltenteilung ist z.B. im Regierungssystem der USA (Checks and Balances) verankert.

Herrschaft: Herrschaft bezeichnet die Möglichkeit, Zwang ausüben und Gehorsam erwarten zu können. Von Interesse für die Politikwissenschaft ist die Legitimation von H., die in Demokratien institutionalisiert und geregelt ist. Im Gegensatz dazu steht der Begriff Macht für eine nicht exakt zu definierende Möglichkeit, anderen die eigenen Anschauungen aufzuzwingen.

Innenpolitik: Mit dem Sammelbegriff Innenpolitik bezeichnet man politische Aktivitäten und staatliche Maßnahmen, die sich auf die Regelung innerstaatlicher Angelegenheiten, wie die Allokation begehrter Güter, beziehen. Im Verlauf der Zeit hat sich der Regelungsbereich der Innenpolitik stark ausdifferenziert. Während der Aufgabenbereich im bürgerlichen Staat des 19. Jh. vor allem Rechtsnormensetzung, Ordnungsverwaltung sowie die Wahrung der äußeren und inneren Sicherheit umfaßte, kamen vor allem in der zweiten Hälfte des 20. Jh. eine Vielzahl von leistungsstaatlichen Aufgaben hinzu (u.a. Aufbau und Ausbau des Sozialstaates, der Infrastruktur, der Wirtschaft und Umweltschutz).

Internationale Organisationen: Internationale Organisationen fungieren als Forum der Vermittlung von Interessen, die über das Staatsgebiet hinaus wirksam sind. Diese Interessen können dabei sowohl politischer, wirtschaftlicher als auch kultureller Natur sein. I.O. lassen sich aufteilen in IGO (Internationale gouvernementale Organisationen), die durch staatliche Verträge geschaffen werden und über eigene Organe verfügen, so z.B. die Vereinten Nationen, und INGO (Internationale nicht gouvernementale Organisationen), also Organisationen des internationalen Privatrechts zwischen nichtstaatlichen Akteuren wie Parteien, Gewerkschaften oder Sportverbänden.

Internationales System: Die Lehre vom Internationalen System geht von den sich ständig enger verflechtenden Beziehungen der Staaten untereinander aus. Als Akteure treten Staaten, Organisationen oder auch Konzerne auf. Das Handeln einzelner Akteure löst in diesem System eine Eigendynamik aus, die über die Interaktionen aufgrund der räumlich oder zeitlich begrenzten Handlungen und Ereignisse hinausgeht und eigenen Gesetzen folgt.

Kommunalpolitik: Kommunen (Gemeinden) stellen die politische

Organisations- und Verwaltungseinheit auf der untersten Ebene dar, ihre Aktivitäten haben die direktesten Auswirkungen auf den Bürger. Als K. werden alle auf politische und wirtschaftliche Entscheidungsprozesse gerichteten Handlungen in und zwischen Kommunen bezeichnet. Wichtige Politikbereiche sind die Sozial-, Wirtschafts-, Verkehrs-, Bau- und Kulturpolitik.

Kommunismus: Der Begriff des Kommunismus bezeichnet eine Ideologie, die das Ziel einer klassenlosen Gesellschaft ohne privates Eigentum anstrebt. Entwürfe, die eine kommunistische Gesellschaft beschrieben, existierten bereits im Altertum und im Mittelalter. Die kommunistischen Theorien des 20. Jahrhunderts beziehen sich allerdings vorwiegend auf die Werke von Marx und Engels. Ihre Gesellschaftsanalyse des 19. Jahrhunderts wurde besonders von Lenin weiterentwickelt und bildete die ideologische Grundlage z.B. der sowjetischen Gesellschaft. Daneben gibt es noch weitere Ausformungen des K., z.B. in China oder Kuba.

Konservativismus: Der Konservativismus als politische Bewegung entstand als Gegenreaktion auf Aufklärung, Rationalismus und Französische Revolution seit dem 18. Jahrhundert und zielte auf die Bewahrung althergebrachter Wertvorstellungen. Fortschrittskritisch und antiliberal eingestellt, wurden Politik und Gesellschaft nicht auf der Basis eines jederzeit kündbaren Vertrages der Bürger konzipiert, sondern auf der Grundlage von Sitte und Tradition, wie sie sich seit Jahrhunderten entwickelt hätten.

Korporatismus: Unter Korporatismus (auch Neo-K. oder liberaler K.) versteht man die Beteiligung von gesellschaftlichen Gruppen oder Interessen an politischen Entscheidungsprozessen des Staates. Neben den Parteien können damit auch Wirtschaftsverbände oder andere organisierte Interessengruppen über eine „funktionale Politikverflechtung" (v. Alemann) Einfluß auf die Politik nehmen.

Menschenrechte: Die Menschenrechte bilden die unveräußerlichen Rechte des Menschen, die vom Herrschaftsanspruch eines Staates nicht angetastet werden dürfen. Dazu gehören z.B. die Freiheit der Religionsausübung, der Meinungsäußerung oder der Versammlung. Die M. wurden erstmalig als Grundrechte in den Verfassungen der amerikanischen Bundesstaaten, nach der Französischen Revolution auch in den französischen Verfassungen garantiert.

Mitbestimmung: Die Mitbestimmung soll Arbeitnehmern in der Bundesrepublik die Möglichkeit sichern, Einfluß auf die ihn betreffenden wirtschaftlichen, sozialen und personellen Entscheidungen eines Unternehmens zu nehmen. Die innerbetriebliche M. wird durch Betriebsräte, die von den Arbeitnehmern gewählt werden, wahrgenommen. Die Unternehmensmitbestimmung sichert der Arbeitnehmerseite in größeren Aktiengesellschaften Sitz und Stimme. In Unternehmen der Montanindustrie ist der Aufsichtsrat paritätisch besetzt. Dem bundesdeutschen System angelehnte Formen der M. finden sich auch in anderen europäischen Staaten.

Naturrecht: Die Idee des Naturrechts bildet eine im Gegensatz zum positiven, d.h. vom Menschen gesetzten Recht aus der „Natur" des Menschen hergeleitete, allgemeingültige Rechtsgrundlage des Zusammenlebens von Menschen. Für Vertreter der Naturrechtslehre stehen diese Gesetze über dem positiven Recht. Allerdings existiert keine allgemeingültige Vorstellung vom Naturrecht, sondern je nach der Position des Vertreters gibt es voneinander abweichende Lehren.

Nord-Süd-Konflikt: Die immer weiter fortschreitende Verelendung in den Ländern der Dritten Welt sowie die gleichzeitige Entwicklung der Industriestaaten zu Wohlstandsgesellschaften hat den Konflikt zwischen diesen Staatengruppen, der als NSK bezeichnet wird, in den letzten Jahrzehnten deutlicher hervortreten lassen. Die Entwicklung in den Ländern Afrikas, Asiens und Lateinamerikas gewinnt immer mehr an internationaler Relevanz (Atomare Aufrüstung, Umweltzerstörung, Migrationsbewegungen), gleichzeitig fordern die unterentwickelten Staaten ein stärkeres Engagement des Nordens bei der Beseitigung des Wohlstandsgefälles. Ein Beitrag zur Lösung des NSK wird auch von multinationalen Abkommen und Internationalen Organisationen, z.B. der UNO, erwartet.

Opposition, politische: Als politische Opposition werden diejenigen Gruppen in einem Staat bezeichnet, die sich nicht an der Macht befinden, diese aber anstreben oder die politische Meinung in ihrem Sinne beeinflussen wollen. In einem parlamentarischen System sind dies i.d.R. die in Wahlen unterlegenen Parteien; hier bildet die O. ein Regulativ und Kontrollorgan. O. kann aber auch außerhalb der regierungsbildenden Institutionen in Erscheinung treten (APO, Gewerkschaften) oder, z.B. in Diktaturen, in der Illegalität arbeiten, wenn diese Systeme offene oppositionelle Aktivitäten unter Strafe stellen.

Ost-West-Konflikt: Der Ost-West-Konflikt resultiert aus der ideologischen und machtpolitischen Konfrontation der UdSSR und der USA im Gefolge des Zweiten Weltkriegs. Nach dem Zerbrechen des Alliierten Bündnisses gegen die Kriegsgegner begann die Phase des Kalten Krieges, die bis in die achtziger Jahre hinein die weltpolitischen Strukturen prägte. Diese Phase war geprägt von Blockbildung (Warschauer Pakt vs. NATO). An Bedeutung verlor der OWK erst nach dem Auftreten von Michael Gorbatschow als Generalsekretär der KPdSU. Die danach erfolgten Entwicklungen in Osteuropa haben neue Formen der Zusammenarbeit zwischen den ehemaligen Blöcken ermöglicht.

Parlamentarismus: Der Begriff Parlamentarismus bezeichnet ein Regierungssystem, in dem die Herrschaft durch eine Versammlung ausgeübt wird, deren Vertreter vom Volk gewählt werden. Konstituiv für dieses auf englische Ursprünge zurückgehende System ist die Kontrollfunktion des Parlamentes, in dem auch Angehörige der Opposition sitzen. Wichtiges Merkmal des P. ist das Bestreben, durch Kontrolle und Gewaltenteilung die Übermacht einer Gruppe gegen den Willen des Volkes zu verhindern.

Parteien: Parteien bilden das politische Bindeglied zwischen der Bevölkerung und den staatlichen Institutionen. Im Gegensatz zu anderen Interessengruppen in einem Staat stellen sich P. zur

Wahl, die Mitglieder der Regierung kommen aus ihren Reihen. Unterschieden wird zwischen Einparteiensystem (z.B. in Diktaturen), Zweiparteiensystem (z.B. in den USA) sowie Mehrparteiensystemen (z.B. in der BRD). Auch die Rolle der P. in der Gesellschaft ist unterschiedlich, so haben in den USA die P. reine Mobilisierungsfunktion in Zeiten des Wahlkampfes, während sie in der BRD oder Großbritannien auch zwischen den Wahlkämpfen aktiv sind.

Pluralismus: Die Theorien des Pluralismus entstanden erstmalig während der Diskussion um die amerikanische Verfassung und waren von dem Bestreben gekennzeichnet, keine Unterdrückung von Minderheiten zuzulassen und diesen Grundsatz in der Verfassung zu verankern. Unter P. versteht man das Vorhandensein verschiedener, um die Durchsetzung ihrer Interessen konkurrierender Gruppen in einem Staat. Die Regeln dieser Konkurrenz werden durch die Verfassung und die herrschende politische Kultur vorgegeben. Nach Fränkel besteht die Aufgabe einer pluralistischen Gesellschaft in der Verhinderung totalitärer Strukturen und der geordneten Austragung von Konflikten.

Politische Kybernetik: Durch die Anwendung der Systemtheorie auf gesellschaftliche Prozesse entstand die Politische Kybernetik, die das politische Geschehen als System, bestehend aus Elementen, definiert. Eine kybernetische Betrachtungsweise erlaubt es, politische und gesellschaftliche Teilsysteme auf ihre gegenseitigen Beziehungen und Steuerungsmöglichkeiten hin zu untersuchen.

Politische Ökonomie: Die Politische Ökonomie befaßt sich mit den Beziehungen zwischen Politik und wirtschaftlichem Geschehen. Ihre zwei Hauptrichtungen sind die klassische P.Ö., deren Hauptvertreter u.a. Adam Smith war, sowie die von Marx und Engels begründete maxistische P.Ö. Daneben wurden besonders in diesem Jahrhundert neue Theorien begründet, z.B. von J.M. Keynes oder A. Schumpeter.

Regierung: Der Regierung obliegt die politische Leitung eines Staates. Abhängig davon, wie weit der Begriff R. gefaßt wird, umfaßt er i.d.R. die Exekutivorgane und die hoheitlichen Aufgaben. Die Ausformung, die Dauer sowie die Befugnisse der R. bestimmen die jeweilige Verfassung sowie die politische Praxis.

Revolution: Der Begriff Revolution bezeichnet einen politischen, wirtschaftlichen oder sozialen Wandel in einer Gesellschaft. Zwar sind R. i.d.R. mit der Ausübung von Gewalt verbunden, diese stellt jedoch kein konstituierendes Merkmal dar. Unterschieden wird nach den Trägern der R. (bürgerliche R., R. von oben, also durch die Regierenden) und nach der Zielsetzung (soziale R., nationale R.).

Sicherheitspolitik: Das Hauptanliegen der Sicherheitspolitik ist die Interessensicherung und Verteidigung des Staates im internationalen Spiel der Kräfte. Potentiellen Bedrohungen von außen werden Rüstungsaktivitäten sowie durch Verträge fixierte Bündnisse entgegengestellt. Damit soll auch militärisch und wirtschaftlich schwächeren Staaten Schutz gewährleistet werden. Im Zuge der Konfrontation von Nato und Warschauer Pakt nach dem Zweiten Weltkrieg und der darauf folgenden nuklearen Aufrüstung ist angesichts der Gefahr atomarer Totalvernichtung auch der Bereich der Abrüstung ein wesentlicher Bestandteil der S. geworden.

Souveränität: Als souverän werden Staaten bezeichnet, die über unbeschränkte Hoheitsrechte verfügen. Dies gilt sowohl für die Innen- wie auch die Außenpolitik. Nach dem Völkerrecht sind alle Staaten als souverän anzusehen, allerdings kann die formale S. der Handlungen, besonders nach außen, durch die außenpolitischen sowie die wirtschaftlichen Abhängigkeiten und Verflechtungen mit anderen Staaten oder Bündnissen eingeschränkt werden.

Soziale Marktwirtschaft: Die Soziale Marktwirtschaft stellt eine Form der Marktwirtschaft dar, die versucht, deren Nachteile durch staatliche Eingriffe zu kompensieren. So wird eine weitreichende Freiheit des wirtschaftlichen Handelns unter Einbindung der sozialpolitischen Ziele des Staates angestrebt. Eingriffe beschränken sich auf die Bekämpfung wirtschaftlicher Monopole und Kartelle, die den Marktprinzipien widersprechen.

Sozialismus: Der Begriff entstand im 19. Jahrhundert, als die frz. Frühsozialisten erste Entwürfe einer Gesellschaft entwickelten, in der sich die Produktionsmittel nicht mehr in privaten, sondern in geellschaftlichen Händen befinden. Aus diesen Anfängen des S. entwickelten sich danach vor allem in Deutschland vielfältige Bewegungen, so z.B. die Sozialdemokratie, der Kommunismus oder der Anarchismus. In der marxistischen Terminologie bezeichnet der Begriff S. auch die dem Kommunismus vorangehende gesellschaftliche Entwicklungsstufe.

Sozialpolitik: Gegenstand der Sozialpolitik ist das Bestreben, die sozialen Bedingungen, unter denen die Bürger leben, zu gestalten. Dazu gehören z.B. als Schwerpunkte die Arbeitsbedingungen, aber auch die Versorgung benachteiligter Bevölkerungsgruppen, die Rentensicherung, das Gesundheitswesen sowie der Wohnungsbau. Akteure der S. sind sowohl staatliche Stellen als auch gesellschaftliche Gruppen und Verbände wie z.B. die Gewerkschaften.

Sozialwissenschaften: Unter dem Begriff Sozialwissenschaften werden die wissenschaftlichen Disziplinen zusammengefaßt, die sich mit dem menschlichen Dasein im gesellschaftlichen Zusammenhang befassen. Welche Disziplinen zu den S. gehören, ist nicht exakt festgelegt, im allgemeinen werden die Soziologie, die Politikwissenschaft, aber auch die Pädagogik und Teilbereiche anderer Wissenschaften zu den S. gezählt. In Abgrenzung zum Staat wird die Gesellschaft als eigenständiges Phänomen betrachtet, deren Entwicklung und Veränderung ebenfalls Gegenstand der Forschung sind.

System, politisches: Der Begriff des politischen Systems entstand aus der Konfrontation der Politikwissenschaft mit der politischen Kybernetik (K. W. Deutsch) sowie dem Versuch, die zunehmende Komplexität der politischen Entscheidungsstruktur zu erfassen. Mit dem Begriff soll nicht ein einzelnes Phänomen beschrieben werden, sondern der Zusammenhang einer Vielzahl (politischer) Phänomene, die eng miteinander verwoben sind. So wird z.B. nicht der Bundestag als solcher untersucht, sondern in seinem Zu-

KAPITEL 6. GRUNDBEGRIFFE DER POLITIKWISSENSCHAFT

sammenhang mit den anderen bedeutenden Institutionen, Gruppen und Akteuren des politischen Systems. Der Begriff des „Systems" bezieht sich also auf eine Gesamtheit, ein Ganzes, sei es nun politisch oder sozial oder wirtschaftlich.

Umweltpolitik: Der Schutz der Umwelt entwickelte sich erst in der sechziger und siebziger Jahren zu einem transnationalen Bestandteil der Poltik. Die zunehmende Verschmutzung von Boden, Luft und Wasser sowie große Umweltkatastrophen riefen Proteste hervor, die zu einer seither stetig steigenden Bedeutung von U. führten. Die Ziele der U. liegen sowohl auf nationaler und, da viele Probleme globale Dimensionen besitzen, auch auf internationaler Ebene. National sollen durch gesetzliche Maßnahmen, z.B. Grenzwerte im Bereich der industriellen Produktion, Umweltschäden vermieden werden. International werden Abkommen und Vereinbarungen, z.B. das Artenschutzabkommen, getroffen, die den Schutz der Umwelt zum Ziel haben.

Utopie: Der auf Thomas Morus zurückgehende Begriff bedeutet „Nicht-Ort" und kennzeichnet im heutigen Sprachgebrauch fiktive Gesellschaftsentwürfe. Diese können positiver oder negativer (Anti-U.) Ausprägung sein. U. als Kritik bestehender Zustände entstanden zwar bereits in der Antike (Platon, Der Staat), aber erst Morus „Utopia" nahm die Tradition wieder auf und fand viele Nachahmer (Campanella, Andreae, Bacon), die ihre gesellschaftlichen Vorstellungen in Idealstaaten beschrieben und zur Diskussion stellten. Im 20. Jahrhundert gewannen die Anti-U. an Bedeutung (Orwell, Huxley), die nicht einen Idealzustand, sondern negative Entwicklungen der Gesellschaft darstellen und kritisieren wollten.

Verbände: In einer Gesellschaft ist es die Aufgabe und der Zweck von Verbänden, gleichlautende Einzelinteressen von Bürgern, z.B. die einer Wirtschaftsbranche, zu vertreten. Der Zusammenschluß von Gleichgesinnten soll die Einflußnahme auf politische Entwicklungen und Instanzen erleichtern. Neben den Parteien, die alle gesellschaftlichen Bereiche abdecken, bilden die V. damit eine wichtige Institution zur Durchsetzung von Partikularinteressen. Einflußreiche V. in der BRD sind z.B. die Gewerkschaften, Unternehmerverbände oder Industrie- und Handelskammern.

Verfassung: Die Verfassung bildet die rechtliche Grundlage eines Staates. In ihr werden, abhängig vom Staatsverständnis der Verfassungsautoren, die Rahmenbedingungen des Staates abgesteckt. Sie kann als geschriebene V. (z.B. USA) oder auch nur als Gesamtheit der Gesetze (GB) existieren. In ihr werden der Aufbau des Staates, der Regierung, das Verhältnis von Bund und Ländern, seine Organe, deren Verhältnis zueinander sowie die Grund- und Menschenrechte festgeschrieben.

Völkerrecht: Das V. regelt, analog zum nationalen Rechtssystem, die Beziehungen der Staaten und internationalen Akteure untereinander. Bei Verletzungen des V. sind der Internationale Gerichtshof oder, im Falle von kriegerischen Auseinandersetzungen, der UNO-Sicherheitsrat zuständig. Die mangelnde Durchsetzung des V. durch die o.g. Organisationen und Organe bildet jedoch nach wie vor die Schwachstelle des Rechtssystems.

Wahlen/Wahlsysteme: Wahlen dienen in demokratischen Staaten zur Übertragung von Herrschaftsgewalt durch die Wählenden. Demokratische W. müssen vorgegebenen Kriterien entsprechen, die allen Kandidaten die gleichen Chancen bieten und die eine Einflußnahme auf die Entscheidung der Wähler ausschließen sollen. In nichtdemokratischen Staatsformen werden Wahlen auch zur manipulierten Akklamation der Herrschenden benutzt. Die gebräuchlichsten Wahlsysteme sind das Mehrheitswahlsystem, in welchem Personen mit einfacher Mehrheit gewählt werden, sowie das Verhältniswahlsystem, in dem Parteien Listen aufstellen und die Kandidaten gemäß dem prozentualen Anteil der Partei am Wahlergebnis gewählt sind.

Wirtschaftspolitik: Die Wirtschaftspolitik eines Landes bestimmt den Einsatz der die Wirtschaft regelnden Instrumente sowie die institutionellen Rahmenbedingungen für das Wirtschaften. Eine W. kann den Wirtschaftenden größtmögliche Freiheiten lassen (Laissez-faire-Politik) oder die totale Kontrolle über das Wirtschaftsgeschehen ausüben (Planwirtschaft). Die Ziele z.B. der W.

der BRD sind im sog. „Magischen Viereck" definiert: Preisstabilität, angemessenes Wirtschaftswachstum, Vollbeschäftigung, sowie ein außenwirtschaftliches Gleichgewicht. Die Instrumente der W. werden daher zur bestmöglichen Erfüllung dieser Ziele eingesetzt.

Wissenschaftstheorien Bei der Bildung von Theorien gibt es in den Sozialwissenschaften drei verschiedene wissenschaftstheoretische Hauptansätze. „Wissenschaftstheorie" befaßt sich mit den Bedingungen, unter denen wahre Erkenntnis möglich ist. Jede dieser Theorien über Theorien hat unterschiedliche Erkenntnisziele und Vorgehensweisen des Wissenschaftlers zur Folge. Der dialektisch-historische Ansatz läßt sich auf die Theorien von Marx und Engels zurückführen. Die Gesellschaft wird als Einheit, deren Teile nicht isoliert zu betrachten sind, untersucht. Sie ist nur in ihrem geschichtlichen Entstehungszusammenhang zu begreifen. Auch der Untersuchende ist Teil der Gesellschaft, er kann keine neutrale Position einnehmen. Durch das Auffinden von Widersprüchen, die für eine Weiterentwicklung der Gesellschaft sorgen, sollen gemäß dem dialektischen Prinzip deren Entwicklungsgesetze aufgezeigt und Erkenntnissee für die Zukunft gewonnen werden. Der empirisch-analytische Ansatz fußt auf naturwissenschaftlichen Methoden und will die Wirklichkeit durch systematische Beobachtung und kontrollierte Erfahrung erkennen. Durch das Isolieren von Teilphänomenen und das Sammeln von möglichst quantitativen Fakten sollen die Struktur dieser Phänomene aufgedeckt und logische Aussagen zwischen ihnen aufgestellt werden, die nur solange gültig sind, bis sie durch neue Ergebnisse falsifiziert werden. Der normativ-ontologische Ansatz setzt endgültige Wahrheiten und Werte im menschlichen Zusammenleben voraus, an denen die Wirklichkeit gemessen wird. Forschungsgegenstand sind die politischen Theorien, aus der heraus allgemeingültige, überzeitliche Werte gefiltert werden, die unter Berücksichtigung der gegebenen Situation erkannt und zum Maßstab des Handelns gemacht werden sollen.